木を見る西洋人 森を見る東洋人

THE GEOGRAPHY OF THOUGHT

How Asians and Westerners Think Differently...and Why

思考の違いはいかにして生まれるか

リチャード・E・ニスベット著
Richard E. Nisbett

村本由紀子訳

ダイヤモンド社

THE GEOGRAPHY OF THOUGHT
by
Richard E. Nisbett

Original English language edition published by The Free Press,
A Division of Simon & Schuster Inc., New York.
Japanese translation rights arranged with Brockman, Inc., New York.

日本語版への序文

東洋と西洋の考え方に優劣はない

本書の日本語版が世に出ることは、本当に嬉しく、光栄に思っている。とくに喜ばしいことに、翻訳者は自らも優れた社会心理学者であり、歴史にも造詣が深く、本書で紹介される研究プログラムについても熟知している。事実、彼女は本書の着想に貢献のあった一人でもある。

本書に対するアメリカ国内の反応は極めて好意的なものだった。「サイエンティフィック・アメリカン」誌は、本書を科学に貢献する文献として推奨してくれた。「ニューヨーク・タイムズ」紙は、本書がとても読みやすいと書いてくれた。「ウォール・ストリート・ジャーナル」紙は、本書を紹介するコラムを設け、本書の内容が国際ビジネスの現場に役立つと賞賛してくれた。

古代の社会生活や思想を研究しているアジア人、西洋人の専門家たちは、本書が古代中国とギリシアの特徴を正確に記述していると保証してくれた。また、現代の社会生活や思想に関する記述についても同様の評価を得ることができた。東アジアをよく知るアメリカやヨーロッパの人々は、本書の結論の大部分に賛成してくれた。ただし、東洋にあまりなじみのない西洋人の反応はまったく違っていた。彼らは、自分たちとこんなにも違う考え方をする人がいるとは信じがたいと言っていた。

私が最も嬉しかったのは、アメリカ国内で生活しているアジア人学生やアジア系アメリカ人学生の反応だった。彼らは自分たちがヨーロッパ系アメリカ人とは非常に異なる考え方をもっていることをよく知っている（言うまでもなく、このことを最も痛感しているのは第一世代のアジア系アメリカ人である。第二、第三世代ともなれば、普通はヨーロッパ系アメリカ人とほとんど変わらない）。しかし、誰しも、自分が少数派である場合には、人より劣っているのではないか、少なくとも多数派の人々からはそう思われているのではないかという不安を抱きやすいものである。

本書は、東洋と西洋の考え方は単に異なっているだけであって、どちらが優れているなどと考えるのはばかげていることをはっきりと述べている。アジア人学生たちは、自分たちのものの考え方が評価されると知って安心し、ときには元気づけられた。西洋的な思考が役に立たない場面で、アジア的思考に多くの利点があることを本書は示していたからである（逆もまた真であることは言うまでもない）。

本書が日本の人々にも、アメリカの場合と同じように受け止められることを願う。西洋についてよく知っている日本の読者は、いっそう体系的な形で西洋への理解を深めるために本書を役立ててくれるだろう。西洋にあまりなじみのない日本の読者は、東アジアになじみのないアメリカ人読者と同じように、本書から多くの驚きと発見を得ることができるだろう。

異なる文化の人々のものの考え方について学ぶことは、自分自身のものの考え方を向上させることにつながるはずである。こう願うのにはそれなりの理由がある。たとえば、西洋人の視野は「トンネルのように」狭く、周囲の状況や文脈を無視してしまう傾向があるが、こうした傾向は訓練によって修正できることがわかっている。

本書に込められた私の何よりの願いは、東洋人と西洋人がともに向上していくために、それぞれが得意とする思考のツールを交換しあえるようになることである。

二〇〇四年春

リチャード・E・ニスベット

木を見る西洋人 森を見る東洋人——思考の違いはいかにして生まれるか　目次

序章

世界に対する見方はひとつではない

「普遍性」への疑い

何年か前に、中国から来たある優秀な学生が、社会心理学と推論に関する研究を私と行うようになった。われわれがまだ知り合って間もないある日のこと、彼がこう言った。「いいですか、先生。先生と私の違いは、私はこの世界を円だと思っていて、先生は直線だと思っていることです」

私の顔には驚きの表情が浮かんでいたはずだが、彼は平気な様子で話を続けた。「中国人というのは、ものごとはたえず変化しながら、結局はもとのところに戻ってくると考えます。さまざまな出来事に広く気を配り、物と物との関係を探ろうとします。全体を見ずに一部だけを理解することはありえないとも思っています。それに比べて、西洋人が生きているのはもっと単純でわかりやすい世界です。中国人とは違って、彼らは全体の状況ではなく、目立つ物や人に注目します。対象の動きを支配する規則さえわかれば、出来事を自分の思いどおりにできると思っているのです」

私はにわかに彼の言葉が信じられなかったが、同時に興味を引かれてもいた。私はそれまで一度も人間の思考の普遍性について疑ったことなどなかった。ヒューム、ロック、ミルといったイギリスの経験主義哲学者から現代の認知科学者にいたる西洋の研究者たちの考え方にならって、すべての人間は同じように知覚し、同じように論理的に考えると信じてきたのだ。この伝統的な考え方は、次のようないくつかの原理にまとめることができる。

●人間の基本的な認知プロセスは誰しも同じである。マオリ族の羊飼いもクン族の狩猟採集民もネットベンチャーの社長も、みな同じやり方で、知覚、記憶、因果分析、分類、推論を行っている。

●ある文化の人々が他の文化の人々とは異なる信念を有している場合、それは認知のプロセスが異なっているためではなく、異なる経験をしているためか、異なる事柄を教わっているためである。

●「高度な」推論プロセスほど、形式的な論理規則に従っている。矛盾律（同一の命題が、真であって同時に偽であることはない）はその一例である。

●推論のプロセスは、何について推論するかに左右されるものではない。まったく別の事柄について考える場合にも同じプロセスが使われるし、また、あるひとつの事柄を、さまざまな異なるプロセスによって推論することも可能である。

先ほどの学生に出会う一〇年前に、私はリー・ロスと一冊の本を書いた。[†1] その本のタイトル『人間の推論』は、まさに私の思いを端的に表したものだった。それは、これが決して西洋人の推論ではなく（そしてもちろんアメリカ人大学生の推論でもなく！）、「人間の」推論だという思いである。この本は、あらゆる人々が世界を理解するうえで用いる推論の規則とはどういうものかを、誤った判断を生じさせてしまうような不完全な規則も含めて私なりに論じたものだった。

その一方で、中国人学生に出会う少し前まで、私は「新しい思考の規則を教わることによって推論の力を伸ばせるか」という問題に取り組んでいた。[†2] 私はもともと、推論の力は万人共通であって簡単に変わるものではないと考えていたので、たとえ統計学や経済学などのコースを長い間熱心に学んだとしても、自分がこれまで身に着けていた推論のパターンを変えることはかなり難しいだろうと予測していた。しかし意外にも、私はこの研究で顕著な訓練効果を見出した。

たとえば、統計学のコースをいくつか学んだ人は、日常生活において多くの誤りを避けることができるようになる。野球選手の「二年目のジンクス」は不可思議な災いのなせる業《わざ》ではなく、平均への回帰という統計学的な現象であると考えるようになるし、人を採用するときには、その人の一面しか見られない面接の結果だけに頼らず、志願書類に記された多くの情報にもとづいて判断すべきであると考えるようにもなる。

実際、経済の専門家ともなれば、（退屈な映画を見続けるかどうかから、外交政策についての推論にいたるまで）何につけてもわれわれとは違った考え方をする。さらに、研究に参加した人々のその後の生活を密かに調査した結果、短期間の訓練だけで、思考の習慣のみならず実際の行動まで変えられることが明らかになった。

こうして私は、例の学生の話に熱心に耳を傾ける気になった（彼の名はカイピン・ペンといい、現在はカリフォルニア大学バークレー校で教えている）。大人になってからでさえ、訓練によって思考様式が変わることがあるのだから、まして、生まれたときからそれぞれの文化に固有の思考様式を教え込まれれば、結果的に、思考の習慣に大きな「文化差」が生じたとしても不思議はない。

認知科学者は間違っていた？

私は、東西両洋の哲学者、歴史家、文化人類学者が著した思考の本質に関する比較研究の文献を次々に読み始めた。そして、ペンの言葉が正しいことを悟った。心理学者が思考の普遍性を前提としてきたのに対して、それ以外の多くの学問分野の研究者は、西洋人（主としてヨーロッパ、アメリカ、旧英連邦の人々）と東アジア人（主として中国、韓国、日本の人々）が長年にわたって非常に異なる思考の体系を維持してきたと考えていた。さらに、その違いについての研究者たちの見解は基本的に同じだった。

彼らの見解によれば、ヨーロッパ人の思考は「対象の動きは（それが物体であれ、動物であれ、人間であれ）単純な規則によって理解可能である」との前提のうえに成り立っている。西洋人はものごとをカテゴリーに分類することに強い関心をもっている。なぜなら、分類することによって、今問題となっている対象にどの規則を適用すればよいかがわかるからである。また、問題解決に当たっては形式的な論理規則を適用することが有効だと信じている。

これに対して、東アジア人は対象を広い文脈のなかで捉える。アジア人にとって、世界は西洋人が思うよりも複雑であり、出来事を理解するためには常に複雑に絡み合った多くの要因に思いを馳せる必要がある。形式論理学はほとんど問題解決の役には立たない。実際、論理にこだわりすぎる人間は未熟だとみなされることもある。

私は心理学者として、これらの主張が革命的な意味をもっていると感じた。もし彼らが正しければ、認知科学者は間違っていたことになる。つまり、人間の認知はどこでもみな同じ、ではないのだ。人文・社会科学諸分野の研究者たちは、明確にそれとは言わなかったが、実は思考の本質について非常に重要な主張を行っていた。第一に、異なる文化の人々は、世界の本質についてそれぞれ別の根本的な信念、すなわち彼らなりの「形而上学《メタフィジックス》」を有していること。第二に、それぞれの人々に特徴的な思考のプロセスには大きな違いがあること。そして第三に、そうした思考プロセスは、世界の本質についての信念に合致したものであること。言い換えれば、人は自らの世界観に合致した方法で世界を認知するということである。

注目すべきことに、社会の構造や人間観というものは、それぞれの社会に生きる人々がもつ信念体系や認知プロセスと非常によく合致しているように思われる。アジア社会は、集団や周囲の他者との協調を重んじる傾向があると言われる。こうした特質は、アジア人が文脈を重視して広い視野で世界を眺める傾向をもっていることや、「出来事は極めて複雑なもので、その生起には多くの要因が関係している」と信じていることと合致している。

これに対して西洋社会は、個人主義的でお互いの独立性を重んじる傾向があるとされる。こうした特質は、西洋人が特定の事物を周囲の文脈から切り離して捉える傾向をもっていることや、「対象を支配する規則さえわかれば、その対象を思いどおりにコントロールできる」と信じていることと合致している。

もし、人々の世界観や認知プロセスを含む思考の体系が深いレベルで異なっているとしたら、態度や信念、さらには価値や好みにいたるまでのさまざまな違いは、単に異なる経験をしたり異なる教育を受けたりしたために生じたのではなく、そもそも世界を理解する方法が異なるために生じた可能性がある。もしそうだとすれば、国際的な理解を深めようとする努力は、想像するほど容易には報われないものかもしれない。

こうして、学生がたまたま発した言葉をきっかけに、また、自分自身の文化心理学への関心やその学生の勧めで読んだ文献にも触発されて、私の新しい研究が始まった。まず私はミシガン大学の学生たちとともに、さらには北京大学、京都大学、ソウル国立大学、中国心理学研究所の研究者たちとも共同で、一連の比較研究を始めた。

その結果、アジアとヨーロッパの人々の思考プロセスの本質には、実に顕著な違いがあることがわかってきた。比較研究の結果は、心理学以外の分野の研究者たちの主張と一致したばかりでなく、彼らの主張が予想以上に多くの心的現象を説明する力をもっていることを示していた。また、調査や観察研究によって、実社会における営み（社会的実践）においても思考の習慣の違いとぴったり合致する違いが見出された。

思考に関わる謎

このように新たな視点からの研究を積み重ねることによって、われわれはこれまでの研究では得られなかった多くの情報を得ることができる。それらの情報を総合すれば、思考の違いの本質に関する新たな理論を築くことができるはずである。それによって、思考プロセスに関する違いがいかにしてもたらされたか、その違いは日常の知覚や推論においていかなる意味をもつか、さらに、その違いは異なる文化の人々の関係にいかなる影響を及ぼすか等々の問題に対する説明が可能になる。

われわれの研究は、長年にわたって教育者、歴史学者、心理学者、科学哲学者が抱いてきた、社会関係や思考に関する多くの謎に答えを与え得るものである。これらの謎に対する答えは、西洋と東洋の違いについて一般に信じられてきた画一的な見方からは得られないし、従来の学問的な研究からも見出すことができない。以下にあげるとおり、謎の範囲は実に広く、そのなかには今回の研究の過程で新たに生まれた問いも含まれている。

●**科学と数学**……なぜ古代中国人は、代数や算術には秀でていたのに、ギリシア人が得意とした幾何学に弱かったのか？　なぜ現代のアジア人は、数学や科学に強いのに、科学的発明の面では西洋人に及ばないのか？

●**注意と知覚**……なぜ東アジア人は、西洋人に比べて種々の出来事の関係を捉えるのが得意なのか？　なぜ東アジア人は、人や物を周囲の状況から切り離して捉えるのが苦手なのか？

●**原因推測**……なぜ西洋人は、物体の運動はもとより、人間の行動に関してさえ、文脈の影響を見過ごしやすいのか？　なぜ東アジア人のほうが、後になってから「最初から全部わかっていたことだ」と思い込みやすい（「後知恵バイアス」に陥りやすい）のか？

●**知識の体系化**……なぜ、西洋人の幼児は動詞よりも名詞を速いペースで覚えるのに対して、東アジアの幼児は名詞よりも動詞を速く覚えるのか？　物や出来事を分類するとき、なぜ、東アジア人はそれらが互いにどう関係しあっているかを重視し、西洋人は対象自体の属性を重視するのか？

●**推論**……なぜ西洋人は、日常の出来事について推論する際に形式的な論理法則を用いたがり、ときには論理に固執しすぎてものごとの本質を見誤ってしまうのか？　なぜ東洋人は、明らかに矛盾する命題を容易に受け入れることができ、また、いかにしてそれがときには真実へと彼らを導く助けになるのか？

思考の体系にこれほど大きな違いが生じる原因を、われわれはどこに求めればよいのだろうか。生物学的な違いだろうか。あるいは言語の違いだろうか。はたまた経済か。社会体制か。その違いは、いかにして今日まで受け継がれているのだろうか。社会的実践によってか。教育によってか。もしくは単なる慣性か。そして、この違いはこの先どうなるのか。今から五〇年先にも、あるいは五〇〇年先にも、こうした違いはなお存在しているのだろうか。

一連の研究の成果は、西洋と東洋のそれぞれにおいて、世界に対するまったく異なるアプローチが何千年も維持されてきたことを示していた。両アプローチには、社会関係、世界観、思考プロセスなどに関する本質的な違いが含まれている。そしていずれのアプローチも自己準拠的に維持、強化されてきたものである。

特定の社会的実践が特定の世界観の構築を促し、その世界観がそれに見合った思考プロセスを規定し、その思考プロセスが世界観の正しさを保証すると同時に、社会的実践を支える。こうした恒常的なシステムを理解することは、われわれが心の基本的な性質を把握したり、理想的な推論の方法について考えたり、異なる文化の人々に対する教育のあり方を検討したりするうえで、多くの示唆を与えてくれる。

本書のなかでおそらく最も重要なのは、東洋と西洋がお互いの心理的な違いを理解しながらいかにうまくやっていくかということについて指針を示していることである。東洋諸国の人々の多くは、西洋が過去五〇〇年ほどの間、軍事、政治、経済の面で優位に立ってきたことが、西洋を知的にも道徳的にも傲慢にしたと考えている。西洋の読者が本書をきっかけとして、世界に対する見方はひとつではなく別の見方もあり得るということに気づき、それを通じて自分たちの信念や習慣を見直したり批判的に捉えたりするようになれば幸いである。また、本書が東洋の読者に対しても同様のきっかけを与えることができればと思う（とはいえ、東洋の知識人たちはすでに西洋的なものの考え方にある程度通じているため、西洋人の場合ほど緊急の必要性はないかもしれない）。

本書の概略

本書では、フィールド研究、社会調査、実験といった現代の社会科学の研究と、歴史や哲学にもとづく論拠との両方を参照しながら、知覚や思考の体系に非常に大きな違いがあること、そしてその違いは何千年も前から存在してきたものであることを論じていく。

第1章では、二つの異なる思考体系の例としてアリストテレスと孔子をあげる。この哲学者たちが、そのころすでにそれぞれの社会の特徴となっていた思考の習慣をいっそう確固たるものとするうえで大きな貢献をしたことは間違いないだろう。しかし彼らの力だけで今日の体系ができあがったわけではない。そこで第2章と第3章では、現代に見られるさまざまな社会的実践が、思考の様式の違いを強化したり、場合によっては古代には見られなかったような新たな違いを生み出したりすることを示す。

これに続く第4章から第7章が本書の中心的な内容である。ここでは、知覚や推論の様式のみならず、世界の本質についての人々の基本的な信念にも驚くほど明白な違いが存在していることを明らかにする。その論拠は主として私が学生や同僚と実施した実験研究の成果である。さまざまな実験によって、人々がいかに知覚し、記憶し、思考するかが比較、検証される。第8章では、われわれが見出した思考の体系における大きな違いが、心理学や哲学、ひいては社会全体においてどのような意味をもつかを論じる。終章では、今後これらの違いが収束へ向かうのか引き継がれるのか、はたまた拡大されるのか、そして、われわれはどこへ向かうのかを展望する。

西洋人・東洋（東アジア）人の定義

この研究に関して、あらかじめお断りしておきたい。私が東アジアという場合には、中国および中国文化に多大な影響を受けた国々（主として日本と韓国）を想定している。これらの国の人々は、場合に応じて「東アジア人」「東洋人」「アジア人」などと略される。

また、私が西洋人という場合には、ヨーロッパ文化に身を置く人々を指す。ヨーロッパ系アメリカ人という場合には、アジア系を除く、黒人、白人、ヒスパニック系のアメリカ人すべてが含まれる。こうした用法はやや特殊かもしれないが、実際のところアメリカに生まれ育った人は、個人差はあれ、みな似通った文化的影響にさらされている。もちろんこのことはアジア系アメリカ人にも当てはまることであるが、われわれの研究のいくつかでは、「アジア系アメリカ人は他のアメリカ人に比して、よりアジア人に近い」という予測のもとに彼らを別のグループとして扱い、実際に予測どおりの結果が得られている。

最後に、何十億という人々をひと括りにして「東アジア人」というラベルを貼り、一緒にして扱うことに怒りを覚える読者に対して、前もってお詫びをしておきたい。私には、アジア人は一緒に扱っても構わないほど似通っているなどという考えは毛頭ない。東洋の文化、およびその下位文化《サブカルチャー》は、西洋がそうであるのと同様に、お互いに大きく異なっている。

しかしなお、「東アジア人」という広いひと括りの単語を用いることには意義があると思われる。実際、東アジア地域の多くの文化は、社会や政治のさまざまな面において全体として互いに似通っているし、逆に西洋の国々とは異なっている。この説明では東洋について多くの知識をもつ人を満足させることはできないかもしれないが、しかし我慢してほしい。無数の違いはあるにせよ、ある程度の一般化が妥当性をもつ場合もある。

言語集団の研究にもこれと似たようなことがある。インド＝ヨーロッパの諸言語は、互いに数え切れないほど多くの点で異なっており、東アジアの諸言語も同様である。それでもなお、インド＝ヨーロッパ言語と東アジアの諸言語とをひとまとめにして、それらの違いについて一般化して論じることは可能であるし、また意味のあることである。そして、これから紹介するように、この言語に関わる一般化された議論は、本書で検証される知覚や思考のプロセスにおける違いと驚くほどの共通点をもっているのである。

第1章

古代ギリシア人と中国人は世界をどう捉えたか

今日、世界中で一〇億人を越える人々が、古代ギリシアの知的遺産を受け継いでいる。一方、二〇億人を越える人々が、古代中国の思想的伝統を受け継いでいる。二五〇〇年前のギリシアと中国とでは社会構造も人々の考え方も異なり、そこから生み出された哲学や業績もやはり大きく異なっていた。この章では、それぞれの社会における知の側面に注目して両者の特徴を明らかにしてみたい。

自分の人生を自分で選択したままに生きる――主体性の観念

ギリシアのエピダウロスには、一万四〇〇〇人収容の古代劇場が残っている。丘陵の中腹に建てられたこの劇場からは、松の木々と山並に囲まれた壮観な景色を望むことができる。音響効果も完璧で、舞台上で一枚の紙をくしゃくしゃと丸める音が客席のどの場所からも聞こえるほどである。紀元前六世紀から紀元前三世紀ごろの古代ギリシア人は、エピダウロスで上演される演劇を観たり朗読を聴いたりするために、朝から晩まで何日も旅を続けて、やっとの思いでこの地を訪れた。

今日のわれわれからすれば、古代ギリシア人がこの劇場を愛し、苦労を承知で通いつめたと聞いても、さほど奇妙には感じられないかもしれない。しかし、当時のペルシア、インド、中東、そして中国といった多くの偉大な文明社会を見渡してみても、思いどおりの人生を送る力が自分にあると信じ、芸術鑑賞のためだけに長旅をしようなどと考えた人々は、ギリシア人をおいてほかにはなかったものと思われる。

ギリシア以外の当時の文明人たちは、概して独裁的な社会に生きていた。王の意思が法であって、それに逆らえば死が待っていた。人々はひとつの土地に縛られ、来る日も来る日も同じ農作業を繰り返していた。たとえ長旅に出て余暇を楽しんでみたいと思っても、統治者は国民が地方をうろうろと旅するのを認めることはなかっただろう。

ギリシアには、戦闘中の都市国家をも一時休戦させるほどの国民的行事もあった。オリュンピア祭（古代オリンピック）である。国中の人々が武器を置き、選手や観客となってこれに興じたという話には、さすがに今日のわれわれも驚かされる。

ギリシア人は他のどんな古代人たちよりも、そして実際のところほとんどの現代人よりも明確に、個人の「主体性」の観念をもっていた。[†1] それはすなわち、自分の人生を自分で選択したままに生きるという考え方である。ギリシア人の幸福の定義には、制約から解き放たれた人生を謳歌するという意味が含まれていた。[†2]

ギリシア人がもっていた主体性の観念は、「自分とは何者か」についての強い信念（アイデンティティ）と連動していた。個人主義という概念を生み出したのがギリシア人かヘブライ人かは議論の分かれるところだが、いずれにせよ、ギリシア人が、自らを他人とは違った特徴や目標をもった「ユニークな（唯一の）」個人だと考えていたことは確かである。このことは、少なくとも紀元前八世紀ないし九世紀のギリシア詩人ホメロスの時代には動かしがたいものとなっていた。ホメロスが書いた『オデュッセイア』と『イリアス』では、神々も人間も、一人ずつ完全な個性を有していた。また、ギリシアの哲学者にとって個人差は極めて重要な問題だった。

ギリシア人の主体性の観念はまた、討論《ディベート》の伝統を盛りあげる刺激にもなった。[†3] ホメロスは、人間の評価は戦士としての力強さと討論の能力で決まると明言している。一介の平民が君主に討論を挑むことさえ可能だったし、単に話をさせてもらえるというだけでなく、ときには聴衆を自分の側になびかせることもできたのである。討論は市場でも政治集会でも行われ、戦時下に討論がなされることさえあった。

日常的な問題のみならず、国家の重要事項であっても、しばしば権威者の布告ではなく公の場での論戦によって決定された。専制的な圧制はギリシアでは一般的ではなかったし、専制政治が始まっても、多くの場合は複数の実力者による寡頭制に取って代わられた。さらに紀元前五世紀の初頭には、民主政治が台頭した。都市によっては、役人が専制君主になるのを防ぐシステムを憲法に盛り込んだところもあった。たとえばクレタ島の都市ドレラスでは、行政のトップを務めた人間はその後一〇年間再任を禁じられた。

自由や個性の観念をもっていたことに加えて、ギリシア人にはもうひとつの特徴があった。それは世の中に対する好奇心の強さである。アリストテレスは、好奇心とは人間固有の重要な財産であると考えていた。聖ルカは後の世のアテネ人について、「何か新しいことを見聞きするためだけに時間を過ごしている」と述べた。[†4]

ギリシア人は、同時代の他の文明の人々に比べてはるかに熱心に、自分たちが生きる世界の本質に思いをめぐらし、その本質を表現するためのモデルを創造した。さまざまな事物や出来事を分類し、それらについての厳密な規則を見出すことによって、世界についての体系的な記述と説明を試みたのである。

こうした特徴のゆえに、ギリシア人たちは、物理学、天文学、公理幾何学、形式論理学、理論哲学、自然史学、民族学といった多くの学問領域において卓越した力をもっていた（これらの学問はギリシア人が発明したと言う人もいる）。ちなみに、「自民族中心主義的《エスノセントリック》」という言葉はギリシア語が起源である。ギリシア人は元来、自分たちの生き方はペルシア人より優れていると信じていたが、それがおそらくは単なる偏見にもとづくものだったという自戒の念を込めてこの言葉を生み出したのである。同時代の多くの優れた文明において、また、それ以前のメソポタミア文明、エジプト文明、後期のマヤ文明においても、人間は、あらゆる科学の領域で体系的な観察記録を蓄積していった。しかし、自らが観察した事柄を説明する根本原理を見出そうとしたのはギリシア人だけだった。[†5]

こうした根本原理を探究することは、ギリシア人たちの楽しみの源だった。今日われわれが用いている「学校（school）」という単語は、ギリシア語で「余暇」を意味する「スコレー（schole）」が語源である。ギリシア人にとっての余暇とは、知識を追い求める自由だった。アテネの商人たちは自分たちの好奇心を満たすために、息子を学校へやることに幸せを感じていたという。

世の中から切り離された私は存在しない――調和の観念

古代ギリシア人にとって演劇や朗読を見聞きすることが何よりの楽しみだとするなら、同時代の中国人にとっては友人や家族を訪ねることがそれに当たると言えるだろう。当時の中国には「串門」と呼ばれる慣習があり、字義どおりに言えば「扉を連ねる」という意味である。人の家を訪問することは、その人への敬意を表すということで、主要な休日にはとくによく行われた。大切な人であればあるほど、その人の家へはより早く訪問するものと考えられていた。

ギリシアにおける主体性に対応する中国の概念といえば、「調和」である。中国では個人は何よりもまず、氏族や村落、そして家族といった「集合体の一員」だった。ギリシア人の場合には、個人はいかなる社会的状況においても一貫した特有のアイデンティティを維持する存在として位置づけられていたが、中国人の場合は違っていた。

哲学者のヘンリー・ローズモントは次のように書いている。「儒家の人々にとっては、世の中から切り離された私というものは存在しない。私とは抽象的に捉えるべきものではなく、特定の他者たちとの関係のなかにあるいくつかの役割の総体である。……多くの役割が集められ、織り合わされることによって、個々人に特有のアイデンティティのパターンが形づくられる。もし自分の役割の一部が変化すれば、織り合わさっている別の役割も必然的に変化し、文字どおりその人は別の人間になるといえる」[6]

中国人は、他者や環境を思うままに動かすことにはさほど関心がなかった。むしろ、家族や同じ村の人々との間の軋轢《あつれき》を最小限にするため、また統治者の要求に従うために、自らを律することに心を配っていた。彼らが理想とする幸福とは、ギリシア人が考えるような、自分だけの才能を自由に発揮できる人生ではなく、調和のとれた人間関係の輪のなかで平凡ながら満ち足りた田舎の生活を送ることだった。[7]ギリシアの花瓶やワイングラスには戦争や運動競技、にぎやかな酒宴の様子などが描かれているが、中国の巻物や磁器には家族の団欒や田舎の娯楽の光景が描かれている。

当時の中国人は、自分たちが上官や家族に束縛されていると感じていたわけではない。むしろ、その反対に「集合的な主体性」の感覚をもっていたと考えられる。中国の主たる道徳体系である「儒教」の本質は、主君と臣民、親と子、夫と妻、兄と弟、友と友の間に存在する義務の集大成である。社会とは、相互に義務を果たすことを道徳的行為の規準とする、大きくて複雑な、そして恵み深い組織体である。中国人は自らをそうした有機的組織体の一部分として捉えていた。

組織や階層のシステムに従って定められた役割を担うことが、彼らの日常の本質だった。ここにはギリシア人の考える「個人の自由」に相当する概念はなかった。中国における個人の権利は、共同体全体の権利のうちの個々人の「取り分」であって、個人が好きなことをできるという許可証ではない。[8]社会では、討論を含めていかなる形の対立も好まれなかった。紀元前六〇〇年から紀元前二〇〇年ごろまでの中国には「諸子百家」の時代があり、少なくとも哲学者たちの間では礼儀正しい討論がなされることはあったが、公の場での意見の不一致に類するものはすべて避けるべきと考えられた。イギリスの科学哲学者ジョフリー・ロイドは次のように書いている。「哲学であれ医学であれ、また他のいかなる分野であれ、異なった視点に対する批判はつきものである。……（しかし）中国人は、自分に向けられた反対意見がもっともであるということを、ギリシア人に比べてはるかに簡単に認めてしまうのだった[†9]」

中国人は単旋律の音楽を好んだが、これも「一体感」への関心を反映していたといえるだろう。歌い手たちは全員同じメロディーを歌い、楽器は揃って同じ旋律を奏でた。これに対して、さまざまな楽器や声がみな別のパートを担当するような交響楽を生み出したのがギリシア人であるという事実は、今や驚くに値しない。

中国人の社会的調和を、妥協と混同すべきではない。むしろ孔子は、調和を望む紳士の心を賞賛し、妥協を求める卑しい心とは区別した。この区別は、儒教の古典である『左伝』のなかでは料理の比喩を使って説明されている。優れた料理人はさまざまな風味をブレンドして調和のとれたおいしい料理を生み出す。どの風味も完全に隠れることなく、個々の風味が混ざり合いつつもそれぞれに確かな貢献をすることによって、上質の味が生まれるのである。

自然界に対する中国人の理解のしかたもギリシア人とは異なっていた。当時、天空を研究していた中国人たちは、彗星や日食、月食といった宇宙の出来事は地球上で何か重要なこと（たとえば征服者の誕生）が起きるのを予言していると考えた。しかし、やがてこうした出来事の規則性がわかると、彼らはそれをモデル化するどころか、逆に関心を失ってしまった[†10]。

当時の中国人に好奇心があまりなかったということは、中国文明が技術面でギリシア文明を大きく引き離していた事実に照らして考えると、かなり意外に感じられる。灌漑のしくみ、インク、磁器、羅針盤、あぶみ、手押し車、ドリル、パスカルの三角形、運河の水門、縦帆船、船の防水区画、船尾舵、外輪船、定量的地図作成法、免疫技法、新星の天文観察、地震計、そして音響効果。ギリシア人たちがこれらの技術を事実上何ひとつ手に入れていなかった時代に、中国人たちはこうした偉大な技術の多くを実用化させていた。[†11]

しかし、哲学者の中村元が指摘しているように、中国人がこうした技術開発に秀でていたのは、ものごとを実用化することにかけての非凡な才能のゆえであって、科学の理論や研究を強く好んだためではなかった。[†12]哲学者で中国学者のドナルド・ムンロは、こう記している。「儒教においては、実行に結びつかないことを『知る』という考えはなかった」[†13]

抽象的な「本質」の重視

ギリシアと中国の哲学は、それぞれの人々の社会的実践を反映したものだった。ギリシア人は、世界の根本的な性質を理解することに関心があった。ただし、その理解のしかたは、時代が変わるにつれて変化していった。紀元前六世紀のイオニア（西トルコ、シチリア、南イタリアを含む地域）の哲学者たちは徹底した実証志向で、自分たちが見たもの、聞いたものにもとづいて理論を構築した。

しかし、紀元前五世紀には抽象志向への移行が起こり、視覚や聴覚などの感覚に対する信頼は崩れた。プラトンによれば、ものごとの本質は、その理想形としての「イデア」[*1]にある。世界の意味は理性によってのみ知ることが可能であって、目に見えるこの世界を参照する必要はない。もし、理性に

よって導かれた結論と感覚とが矛盾していると感じられたときには、感覚のほうを無視すべきである。†14

＊1訳注　たとえば、三角形のイデアとは、「三本の直線に囲まれた図形」の「本来の姿」を示す抽象的な存在であり、いわば「三角形そのもの」というべきものを指す。われわれは具体的な三角形を紙の上に描くことができるが、それは常に、三角形のイデアを不完全な形で模写したものであり、いわば「三角形の一例」にすぎない。

アリストテレスはイデアこそが真実であるとは言わなかったが、属性とは具体的な対象物《オブジェクト》のなかにのみ現れるのではなく、属性それ自体が抽象的なリアリティをもつのだと考えていた。彼は、特定の物体について論じるだけではなく、固さとか白さといった抽象的な性質についても論じ、そうした抽象性に関する理論を得ることを重視した。

アリストテレスによれば、物の中心的、基本的、必要不可欠な性質はその物の「本質《エッセンス》」を形づくっており、本質は変化しない。なぜなら、ある物の本質が変わってしまったら、それはもはやその物とは言えず、他の何かになってしまうからである。本質を変えることなく変化し得るような性質は、「付随的な」性質である。たとえば、私には残念ながら音楽の才能がないが、もし、突如音楽の才能に目覚めたとしても、やはり私は元の同じ人間だと言えるだろう。音楽の才能は、つまりは付随的な性質であり、それが変化してもその人物の本質を変化させることにはならない。

このようにギリシア哲学では、物の性質のうち、その物をそれたらしめているような性質は何か、また、その物の本質を変えずして変化し得るような性質は何か、という問いに深く関心を寄せていた。それは中国哲学とは大きく異なる関心だった。

ギリシアの言語はそれ自体、属性およびそれを抽象化することに人々の眼を向けさせるようにできていた。他のインド=ヨーロッパ言語と同様、ギリシア語の形容詞は、末尾に英語のnessに相当する語を接尾辞として加えることによって、名詞として成り立つ。「white（白い）」が「whiteness（白さ）」に、「kind（親切な）」が「kindness（親切）」にといった具合である。

ギリシア哲学者たちはいつも、対象物（人・場所・物体・動物）の属性を分析し、抽出された属性にもとづいて対象物をカテゴリーに分類していた。彼らは、分類されたカテゴリーがもっている規則にもとづいて、対象物の性質や行動の原因を理解しようとした。たとえば彗星を見たら、まずはその彗星の属性に注目する。観察された属性に従って、その彗星をカテゴリーに分類する。候補となるカテゴリーはいくつかあり、それぞれ抽象化の度合いが異なっている（この彗星、彗星一般、天体、動く物体）。それぞれのカテゴリーに当てはまる規則を検討し、それらの規則に照らして当該の彗星の動きを説明する。

こうした特徴のさらに背景にあるのは、周囲から切り離された対象物それ自体を単独で観察し分析するという、ギリシア哲学の基本姿勢である。多くのギリシア人は、人間は一人ひとりが互いに他者とは切り離された別個の存在であり、それぞれの物質も他とは異なる別個の対象物を形づくっていると考えていた。

いったんある対象物に眼が向けられると、その先に彼らがすることは決まって次のとおりであった。

対象物の属性を明らかにし、属性にもとづいて対象物をカテゴリーに分類する。それらの対象物に当てはまる規則について検討する。そして、種々の出来事を、対象物が規則どおりの行動をした結果として理解する。ここでいう「対象物」には人間も人間以外のものも含まれるが、ギリシア哲学者が大いなる関心を寄せていたのは、むしろ物質界のほうだった。人間関係も道徳もギリシア人にとって重要ではあったが、彼らは中国人ほどにはそれらに多くの関心を注ぐことはなかった。

不変不動の世界

ギリシア哲学の重要な特徴のひとつとしてあげられるのが、この世界を不変で動かないものと考えていたことである。もちろん、初期には世の中の変化に思いをめぐらせる哲学者もいた。たとえば、紀元前六世紀の哲学者ヘラクレイトスは、「人は同じ河に二度足を踏み入れることはできない。なぜなら二度目に入ったときには、河の流れもその人自身もすでに変化しているからである」と述べた。

しかし、紀元前五世紀までには変化はどこかへ押しやられ、世界は不変で永続的であるという考え方が主流になった。パルメニデスは変化が不可能であることを極めて簡単に「証明」してみせた。彼いわく、存在しないものについて語ることはできない。「ない」ということを言うのはそれ自体、矛盾である。すなわち、「ない」ものが「ある」ということはあり得ない。もし「ない」ものが存在し得ないなら、いかなるものも変化することはあり得ない。なぜなら、もし事物1が事物2に変化すれば、事物1は「ない」ことになってしまうからである。パルメニデスは「論理をとるか、感覚をとるか」という選択肢をギリシアの哲学者たちに示した。そして、プラトン以降の哲学者たちは論理をとることが多かった。

パルメニデスの弟子であるゼノンは、同様の考え方で運動の不可能性について論じた。彼は二つの論証を提示した。そのひとつは、有名な「矢」のパラドックスである。矢を的に届かせるためには、まず、矢を射る場所と的との中間点まで矢を到達させなければならない。次いでその場所と的との中間点まで、さらにその場所と的との中間点まで……。たとえ中間点の中間点の中間点にまで到達しても、矢はまだ的には届いていない。それゆえ、見た目にはそうは見えないにもかかわらず、運動というものは起こり得ないのである。

ゼノンのもうひとつの「証明」はさらに単純である。物が今ある場所にあるかないかということを考えてみる。今ある場所にある限りは、動くことはあり得ない。また、物が今ある場所にないということはあり得ない。したがって、何ものも動くことはない。コミュニケーション研究者のロバート・ローガンは、「(当時のギリシア人たちは)直線的で二者択一的な自分たちの論理の奴隷になっていた」と書いている。[†15]

ギリシア哲学者の全員が、論理一辺倒に変化の不可能性を証明しようとしていたわけではない。とはいえ、アリストテレスの推論にもこうした性質は備わっていた。たとえば、彼はすべての天体は不生不滅かつ完璧なものであり、何らかの運動や事象が起きても本質が変化することはないと考えていた。さらに、アリストテレスの物理学は極めて直線的だった。彼の物理学では、循環運動はいうにおよばず、運動における変化というものはほとんど重視されなかった(このこともあって、アリストテレスの物理学はかなり見当はずれのものだった。私の友人の物理学者であるゴードン・ケーンはアリストテレスの著作に含まれる膨大な数の物理学命題を調べたが、彼によれば、そのほとんどは誤りだという。イオニアにおけるアリストテレスの先達たちが多くの正解を出していたことを考えると、実に不思議な話である）。

人間万事塞翁が馬

中国人の人生観は、三つの異なる哲学の混合によって形づくられていた。道家思想、儒教思想、そして、この二つよりかなり後になってから入ってきた仏教思想である。いずれの哲学も調和を強調し、抽象的な思索をあまり重んじていなかった。

古代中国の物語で、今も東アジアの多くの人々の間でよく知られているものに、「塞翁が馬」という話がある。年老いた農夫が一頭の馬を飼っていたが、あるとき、その馬が逃げてしまった。その馬が彼の生活を支える頼みの綱であったことを知っている近所の人々は、気の毒に思ってその翁のもとを訪ねた。すると彼は「これがどうして幸福に転じないことがありましょう」と言って、人々の同情を拒んだ。

数日後、彼の馬は無事に戻り、しかも別の野生馬を連れていた。翁の友人たちは早速お祝いを言おうとやって来たが、彼はまたも首を横に振って「これがどうして災いに転じないことがありましょう」と言った。はたして数日後、翁の息子がこの野生馬を乗りこなそうとして落馬し、足の骨を折ってしまった。友人たちは息子の不運を嘆きに訪れたが、翁は「これがどうして幸福に転じないことがありましょう」と言うのだった。数週間後、軍隊が村にやってきて、隣国との戦争のためにすべての丈夫

図1　道（タオ）の印

な若者を徴兵してしまったが、翁の息子は足が悪かったため戦闘に駆り出されることはなかった。

　聴き手の忍耐が続く限り繰り返されるこの物語は、人生に対する東洋人の基本的なスタンスをよく表している。世の中は絶え間なく変化し、また矛盾に満ちている。事象のひとつの状態について理解し認識するには、その逆の状態の存在を必要とする。今、本当だと思っていることが、この先まったく反対の結果になることもあるかもしれない（たとえば、共産主義時代の中国の首相、周恩来は、フランス革命の結果が有益であったと思うかどうかを尋ねられたとき、こう答えたという。「まだ語るには早すぎる」[*2]）。

＊2訳注　フランス革命が起きたのは一七八九年。それから二〇〇年近くを経てなお、周恩来はこの問いに答えるのは時期尚早であると答えたのである。

陰（女性・闇・受動）は陽（男性・光・能動）と相補的な関係にある。陰と陽はお互いがあって初めて存在し得るものである。世界が陰の状態にあるときには、それは陽の状態が近いことの確かな兆しである。

道（タオ）の印は、自然や仲間と共存するための「道（みち）」を意味し、白と黒の渦巻きの形で表された二つの力から成り立っている。しかし、黒い渦には白い点が、白い渦には黒い点が含まれている。そして「正真正銘の陽は、陰のなかにある陽である」。陰と陽の原理は、正反対でありながら相互に浸透しあうことによってお互いをつくりあげ、お互いの理解を可能とし、一方が他方へと転化するための条件をつくり出すような、両者の関係を表しているのである。

『道徳経』第五八章には、次のような言葉がある。「禍には福が寄り添い、福には禍が隠されている。誰がその行き着く先を知ろうか。そもそも絶対に正しいものなどない。正もまた奇となり、善もまた妖となる」。また、第二六章には「重は軽の根本であり、静寂は喧噪の主君である」というくだりがある。

道（タオ）の基本には、終わりなき流転と回帰がある。

これを縮めんと欲すれば、必ずしばらくこれを張る。
これを弱めんと欲すれば、必ずしばらくこれを強くする。
これを廃せんと欲すれば、必ずしばらくこれを興す。
これを奪わんと欲すれば、必ずしばらくこれに与える。

（『道徳経』第三六章より）

道教[*3]は、対立、矛盾、変化、循環についての教えのほか、自然、田園生活、さらに質素であることにも高い価値を置いていた。奇跡、呪術、空想を好み、自然と人間の融合をうたった宇宙観を重んじた。[†16]

中国医術の背景にある哲学は、その多くの部分が道教にもとづいている。古代中国の生理学は、陰陽と「五行」（木・火・土・金・水）によって象徴的に説明されていた。[*4]この陰陽と五行の原理は、魔法や呪文、催淫の術にも用いられていた。これらのいたるところでキーワードとなったのが「気」の概念であり、呼吸、大気、魂といった多くの意味をもっていた。[†17]

＊3訳注　「道教」は、老子、荘子の道家思想を基盤として発展した民間信仰であり、道家思想そのものとは区別される場合も多い。

＊4訳注　人間の身体や組織は、五行に相当する「五臓（肝・心・肺・脾・腎）」に分類された。五臓の間にはそれぞれプラスマイナスの相関関係があり、互いに助けたり抑制したりしながら、陰陽のバランスを保っていると考えられていた。

真実は双方にある

孔子（紀元前五五一年〜紀元前四七九年）は、宗教的リーダーというよりはむしろ倫理哲学者であった。彼は、人間関係の正しいあり方に関心を抱いていた。それは階層的で厳密に規定された関係を指していた。孔子の考える人間関係の体系のなかでは、重要な関係にある二者（たとえば夫と妻）が、互いに相手に対して明確な義務をもっていた。

孔子を開祖とする儒教は、常識の宗教などと呼ばれる。その支持者たちは「中庸」の教えを守ることに努めている。中庸の教えとは、何ごとも極端にならず、二つの主張や二人の論者の両方に真実があると考えよ、ということである。とはいえ、実際のところ、儒教は道家思想と同様、真実を見出すことよりも、この世の中を生きる「道」を見出すことのほうに、より多くの関心を払っている。

儒教では経済的な安寧と教育が重視される。個人は自分自身のためではなく家族のために働く。実際、家族の利益とは異なった自己利益を追求するという考え方は、儒教思想が浸透した文化にとっては異質の概念である。将来有望な若者は、国家の登用試験を受けて官吏になることが期待されていた。もしそれが果たされれば、若者の家族全体が経済的な恩恵を受けることとなった。

この時代の中国は、他の多くの国々では類を見ないほど、階層にも富にも流動性があった。自分の家族がその生まれよりもずっと高い地位に上りつめたり、逆にはるか下の地位に沈んでしまったりすることは、長生きをすれば誰もが経験し得ることだった。おそらくはそのためもあって、儒家の人々はアリストテレスの子孫たちとは比較にならないほど、人間の順応性の高さを信じていた。

儒教の教えは難なく道教と融合した。とくに、人生における矛盾や変化を重視することやものごとの全体を見極めようとすることなど、陰陽宇宙観に欠かすことのできない考え方は、儒教哲学にも同じように見られた。とはいえ、自然や田園生活についての教えは儒教よりも道教との関わりが深く、家族や立身出世は道教よりも儒教で重視された。
こうした主題の違いは、磁器や巻物の絵柄にも表れている。道教的な主題として特徴的に見られるのは漁師や木こり、または木々の下に一人で座っている人の絵などである。儒教的な主題は家族の絵、つまり世代の異なる大勢の人々が一緒に活動している様子を描いたものが多い。[†18]古代中国の人々はめいめい道教か儒教のどちらかを他方よりも強調する傾向があり、これは現代の中国人も変わっていない。これは、その人が人生のどのような局面にいるかによるところもあるかもしれない。中国人は上り坂にあっては儒教に従い、下り坂にあっては道教に従うということわざもある。[†19]
仏教がインドから中国に入ってきたのは、ここで論じている時代よりも何百年も後のことだった。中国人はすぐに、仏教から自分たちの性分に合う部分を吸収した。そのなかには中国哲学に欠けていた認識論、すなわち知識の理論も含まれていた。
道教、儒教、仏教の三思想はいずれも、調和と包括性を重んじ、万物は互いに影響しあうと考えていた。こうした見解のゆえに、中国哲学においては個人の権利という概念が欠落していた。それどころか、(とくに仏教の影響力が増してからは)個人の精神というものさえ認められないことがあった。一二世紀の新儒教には次のようなくだりがある。「宇宙はわが心であり、わが心は宇宙である。はるか昔の賢人たちも同じように考えていたし、はるか未来の賢人たちも同じように考えるだろう」[†20]
三思想は共通してものごとの包括性を重視し、すべての出来事が互いに関連しあっていると考えていた。ここで鍵となっているのは「共鳴」という概念である。ある楽器の弦を弾けば他の弦も共鳴する。人間、天、地球は互いに共鳴しあっている。もしも皇帝が何か誤った行為をすれば、宇宙全体に悪い波紋を投げかけることになる。[21]

連続体としての世界

古代ギリシア哲学では抽象志向が特徴的だったが、中国哲学にはこれに対応するような考え方はない。中国の哲学者たちは、できるだけ具体的な形で世の中を理解することを好んだ。実際、中国の言語そのものが驚くほど具体的である。

たとえば、中国語には「大きさ（size）」という語がない。誰かにぴったりの靴を見立てたいと思ったら、その人の足の「大小（big-small）」を尋ねる。中国語には、「〜さ（-ness）」に合う接尾語がない。つまり、「白さ（whiteness）」という言葉はなく、ただ「白鳥の白」や「雪の白」というだけである。中国人たちはどんな場合にも厳密に定義された用語やカテゴリーを用いたがらず、代わりに表現豊かで比喩的な言語を用いるのである。

中国文学批評には、文章法を形容する表現として、「岸を隔てて火を観ず」（超俗的な文体）、「蜻蛉水を点す」（軽妙な筆調）、「画龍点睛」（文章全体の主眼の提起）などがある。

文芸批評家　林語堂[22]

中国人が世界を見るときの基本姿勢は、個々別々の対象物の寄せ集めとしてではなく、ひとまとまりの実体《サブスタンス》として捉えるということである。[23]たとえば一片の木材を見て、中国哲学者はそれを単一の実体または互いに融合しあった何種類かの実体から成る、継ぎ目のない統一体として捉えた。ギリシア人の哲学者ならば、多数の粒子から成る対象物であると考えただろう。

世界が原子の集まりなのか、それとも連続体なのかという問題はギリシアでは討論の種となったが、中国では議論の余地はなかった。世界は連続体である、それ以外に言うことなどない。科学哲学者のジョセフ・ニーダムが観察したように、「彼らの宇宙は完全な連続体である。そこで起きている種々の相互作用は原子のぶつかり合いではなく、互いに距離を隔てて波動を送り合っている」のだった[†24]。

このように中国とギリシアでは、社会生活や自己概念が違っているのと同じように、哲学もまた違っていた。二つの哲学の違いは、それぞれの社会の違いをさまざまな角度から映し出していた。

ギリシア人たちは自立的で、人々に真実として受け入れてもらえるものを見出すべく、自己主張や討論に力を注いだ。自分は他者とは違う特性をもった個人であり、他者とは切り離された社会単位であると考えた。また、自分の運命は自分の支配下にあると思っていた。

同様に、ギリシア哲学では分析の単位として人、原子、家といった個々の対象物を念頭に置き、そうした対象物の特性を問題にした。世界は原則として単純でわかりやすいものだった。世界を知るうえで必要なのは、ある対象物に固有の属性は何かを理解すること、それによって対象物が属する重要カテゴリーを見極め、そのカテゴリーに対して適切な規則を適用することだけだった。

中国人の社会生活は他者との協調を重んじ、自由ではなく「調和」(道教においては人間と自然の調和、儒教においては人間と他の人間との調和)をモットーとしていた。これと同様に、中国哲学が目標としたのは真実の発見ではなく「道」であった。行動の指針にならない思考は無意味であるとされた。世界は複雑で、出来事は互いに関連しあっており、物も（人も）「切り分けられたパイのようにではなく、網の目のように」結びついていた。[†25]「家族」はギリシア人から見れば異なる属性をもった個人の集まりだが、中国人哲学者たちの眼には互いに関係しあった仲間として映っていた。

世界がかくも複雑で相互に関連しあったものである以上、中国人にとって、文脈に眼を向けることなく対象物を理解しようとするのは無謀なことだった。ほとんどの場合、ものごとの結果を自分の思いどおりにすることは難しいと考えられていた。

以上のようなギリシアと中国の社会行動や哲学観は、いずれも、当時の科学や数学と極めて一貫性が高かった。次の節ではこの点を見ていくことにしよう。

自然の発見から科学の発明へ

ギリシアにおける最も偉大な科学的発見は、「自然」の発見（哲学者ジョフリー・ロイドによればむしろ「発明」）だった。[†26] ギリシア人は、宇宙から人間と人間の文化を除いたものが自然であると定義した。自然と人間との区別は、われわれから見ると自明のことのように思われるが、ギリシア以外にこれと同じ考えをもつ文明はなかった。

ギリシア人はどのようにして自然を発明するにいたったのだろうか。おそらくそのひとつのきっかけは、客観的な外の世界と主観的な内の世界とを区別したことにある。[†27] こうした区別を思いついたのは、討論の伝統を通じて、主観というものについて他のどんな人々よりも明確に理解していたためだった。たとえば、他者を説得しようとするときには、自分の理解のほうが相手より上だということにリアリティがなければならない。自分の望むことを無理やり相手にやらせたり、自分が信じることを「私も信じる」と無理に言わせたりすることはできるかもしれないが、自分の解釈が相手の解釈よりも優れていると相手が信じない限りは、その相手を説得したことにはならない。

その意味で、客観性は主観性から生じたと言える。二人の人間がいれば、世界に対する両者の見方は異なっている可能性がある。そして世界はそのどちらの見方からも独立して実在している。このような認識が客観性を生み出したのである。

こうした認識をもつことは、おそらくギリシア人たちにとって有益なことだった。というのも、当時のギリシアは交易の中心であったため、世界についてまったく異なった考え方をする人々と日常的に接していたからである。これに対して中国文化は早い時期に統一されており、哲学観や宗教観の根本的に異なる人々と出会うことは稀だった。

ギリシアにおける自然の発見は、科学の発明へとつながった。中国で科学が発達しなかった理由は、ひとつには好奇心の欠如があげられるが、自然という概念の欠如もまた、科学の発達を阻んだ。哲学者の馮友蘭は、「なぜ」という問いを発するためには、人間の精神は自然と同じものではないがどこか符合している、という認識をもつ必要があると指摘している。[†28]

ギリシア人は、目立つ対象物とその属性に注目していたがために、因果の本質について誤った理解をすることがあった。アリストテレスは、石が空中を落下するのは石に「重さ」という性質が備わっているからだと説明した。しかし当然のことながら、水中に投じられた木片は、沈まずに水面に浮かぶ。アリストテレスはこれを、木には「軽さ」という性質が備わっているからだと説明したのである！　彼の眼はもっぱら当該の対象物（石または木）に向けられており、対象物の外にある何らかの力が重要だという可能性は考慮されなかった。

しかし、中国人は、世界は絶え間なく相互作用しあう種々の実体から成り立っていると捉えていたので、この現象を「場」全体、すなわち文脈あるいは状況全体の複雑さに起因するものとして理解した。出来事は常にさまざまな力の集まる場のなかで起こるという考え方は、まさに中国人の直観であった。したがって中国人は、ガリレオより二〇〇〇年も早く「遠隔作用」の原理についてある程度認識していた。彼らは磁気や反響といった概念をもっていたし、潮の干満の原因が月の動きにあるというガリレオさえ見逃していた事実にも気づいていた。[†29]

万物は関連している

中国西部の砂漠地帯で、背が高く髪が赤い（つまりは白人の容貌をした）複数の遺体が驚くほどよい保存状態で見つかった。彼らは何千年も前にこの地にやって来た人々だった。遺体の多くには、外見以外にも先住民とは異なる興味深い点があった。明らかに外科的な手術を受けた跡が見られたのである。中国の歴史全体のなかで、手術というのは極めて稀だった。

中国人は外科手術に消極的だった。そのことは、彼らが「調和」と「関係」を重視していることを考えれば非常に理解しやすい。彼らは、健康状態は身体のなかのさまざまな力のバランスや身体器官どうしの関係によって決まると考えていた。[†30]当時のみならず現代の東アジアの多くの人々も、ほとんどの身体器官は互いに関連しあっていると考えている。

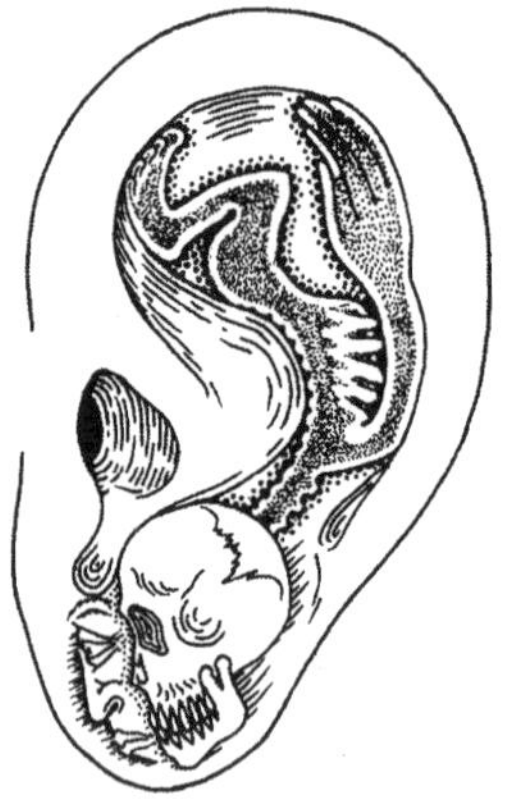

図2　耳にある全身（皮膚と骨）のツボの位置のイメージ

こうした考え方は、現代の鍼灸師が考える耳のツボの図（図2参照）によく表れている。この図では耳の各部と全身の皮膚や骨との対応関係がイメージされている。耳と内臓との間にも同じくらい複雑な対応関係が考えられている。正常に働かなくなったり傷ついたりした身体の一部を、他の部分との関係を無視して除去するという発想は、中国人にとってはあまりに単純すぎる考え方なのだろう。一方で西洋の社会においては、外科手術は多くの地域で何千年もの間行われている。

複雑に入り組んだ場における種々の関係に焦点を当てるという中国人の傾向は、今も東洋で行われている「風水」にも表れている。家を建てたいと思ったら、風水の専門家を呼ぶのは重要なことである。専門家は、標高、風、方位、海や湖への近さなど、実に多くの要因を考慮して、その建物をどの方角に建てるべきかをアドバイスする。こうした慣習に対応するような事例は西洋には見られないが、香港の多くの近代的な高層ビルは、この風水の判断を仰いでから建てられている。

中国人は、すべてのものが根本的には互いに関連しあっているという確信をもっているがゆえに、対象物が文脈に応じて変化することを当然だと考えている。対象物をカテゴリーに正確に分類しようとしたところで、それはたいして出来事を理解する助けにはならない。[†31] カテゴリーや規則で対象物を理解したり制御したりするには、世界は複雑すぎるし、込み入りすぎているのである。

対象物の動きを理解するには場を理解することが大切だという中国人の考えは正しかった。また、世界の複雑さについての彼らの考えも正しかった。しかし彼らは、カテゴリーに関心を示さなかったがために、さまざまな種類の出来事を説明できる法則を見出すことができなかった。[†32]

一方のギリシア人は、過度にものごとを単純化しがちであり、ありもしない対象物の特性をもち出すような怪しい説明にも満足してしまう傾向があった。しかし彼らは、対象物に規則を適用するにはまずそれを分類する必要があることを正しく理解していた。規則というのは、それが広い範囲の対象物に適用できる限りにおいては便利なものである。そのためギリシア人たちは、規則の適用範囲を最大限にすることができるよう、常に高いレベルの抽象化を行おうという思いに駆り立てられていた。こうした抽象化への衝動は、(いつもではないが)ときには役に立つことがあった。

ギリシア人のカテゴリー信仰は、当時もその後も、彼らの知的後継者たちに科学的遺産をもたらした。ギリシア人が成し遂げた自然界の分類は非常に精密なもので、ギリシア以外の人々がつくった素朴生物学的な分類枠組みとは一線を画していた。[†33] 彼らの統一的な分類の体系は、最終的には説明力のある理論を生み出す可能性を備えていた。

「矛盾」への関心

ピタゴラス学派の数学者たちは、メンバーの一人が無理数というわけのわからないものを見出したことがわかると、彼を海に突き落としたと言われている。無理数とはたとえば$\sqrt{2}$（1.4142135…）などの、予測不能なパターンでただただ続いていく数のことである。先の話の真偽のほどは別として、ほとんどのギリシア人数学者が無理数を実数とは認めようとしなかったのは確かである。[†34] バラバラの粒子の世界に住むギリシア人にしてみれば、連続的で終わりのない無理数の性質はあまりに胡散臭くて、数学者として真剣に取りあげる対象とはみなせなかったのである。

しかしその一方でギリシア人は、$\sqrt{2}$が無理数であることの証明が矛盾から導かれたことについては、おそらく満足したことだろう。具体的には、$\sqrt{2}=n/m$であるような二つの整数nとmがともに存在すると仮定し、これが矛盾であることを導けばよい。[*5]

＊5訳注　矛盾が生じたのは$\sqrt{2}$が有理数である（分数で表すことができる）と仮定したためである。したがって、ルート2は無理数であることが背理法で証明できる。

ギリシア人は、矛盾という概念に強い関心を寄せていた。取りつかれていたと言ってもよいかもしれない。ひとつの命題が別の命題と矛盾する場合、どちらかの命題を棄却しなければならない。命題論理学においては、矛盾のないことが基本原理である。論理学を生み出したのがほかならぬギリシア人だったのはなぜかといえば、討論を重視する社会の人々は、議論の破綻が矛盾によってもたらされることを知るからである。三段論法をはじめとする論理学の基本規則はアリストテレスが築いたものだが、彼が論理学をつくり出すことができたのは、政治集会や民会において悪い議論に悩まされたためであるという！

論理的分析は、文脈を排除するというギリシア人の傾向の延長上にある。論理を適用するときには、文章から意味をはぎとり、形式的な構造だけを残すという方法をとる。こうすることで、議論が妥当か否かの判断が容易になる。

もちろん、文脈を排除することには危険がつきものである。現代の東アジア人も、そのことを好んで指摘する。彼らは古代中国人と同じように、合理的であることよりも道理をわきまえることに力を注いでいる。[†35]「極端を避けよ」という命令は、「矛盾を避けよ」と同じくらい、有用な原理として機能し得る。

紀元前五世紀、中国哲学者の墨子は論理的思考に眼を向け、大きく進展させた。[†36]しかし墨子は自分の思想体系を定式化することがなかったので、中国における論理学は若くして途絶えた。こうしたわずかな例外を除いて、中国人は論理のみならず矛盾の原理さえももたなかった。[†37]インドには強い論理学の伝統があったが、インドの教典の中国語訳は間違いと誤解だらけだった。[†38]

中国人は代数や算術にはかなり秀でていたものの、幾何についてはほとんどだめだった。というのも幾何の証明は形式論理学、ことに矛盾の理解に頼るところが大きいためである（デカルト以前の代数は演繹的ではなかった。[†39]われわれの教育制度には今も両者の区別の痕跡として、代数と幾何を別の科目として教えるという特徴が残っている）。

ギリシア人は数学の根源的な議論に深い関心を寄せていた。他の文化の人々は個々の問題の解法にしか関心がなかったが、ギリシア人だけは、それを体系的な形で一般化していた。とはいえ、ギリシア人の論理性と根源に対する関心は、彼らにとって強みであるとともに弱みでもあった。

ギリシア人は決してゼロの概念を発達させなかった。ゼロの概念は代数にとってもアラビア数字の体系にとっても必要なものだった。ゼロ自体はギリシア人が考え出したものだったが、彼らは矛盾をもたらすという理由でそれを却下した。ゼロとはないことに等しく、そしてないものはないからである！　ゼロの理解は、無限大や無限小の理解と同様、結局は東洋から輸入しなくてはならなかった。

中庸を導く弁証法

中国では、論理学に代わるものとしてある種の「弁証法」が発達した。これはヘーゲルの弁証法とは厳密には異なっていた。ヘーゲルの弁証法は、定立（テーゼ）の後に反定立（アンチテーゼ）が続き、それらが統合（ジンテーゼ）によって解決に導かれる。つまりそれは、最終的には矛盾を解決することを目的とした、いわば「攻撃的」な弁証法だった。

中国の弁証法はそうではなく、矛盾の概念を用いて、事物や出来事の間の関係を理解したり、明らかな反対意見を統合したり、粗削りでも得るところのある考え方を取り入れたりするものだった。中国の知の伝統においては、「Aである」という信念と「Aでない」という信念とは、必ずしも両立不可能ではない。逆に、道（タオ）や陰陽原理の精神にのっとれば、Aのなかには、Aでないということ（または少なくとも近いうちにAでなくなるかもしれないということ）が含意されてよい。†40

弁証法的な思考は、ある意味で論理的思考と逆のものである。弁証法では、文脈を排除するのではなく、むしろものごとを適切な文脈のなかに置いて見ようとする。ある出来事は他の出来事から孤立して生じることはなく、常に、意味に満ちた全体のなかにある。そこでは個々の要素が絶え間なく変化し、再編成されている。事物や出来事を単体で捉え、そこに抽象的な規則を当てはめようとすれば、極端で誤った結論を導くことになる。したがって、「中庸」こそが推論の目標である。

古代のギリシア人と中国人（少なくともわれわれがその精神生活を知ることのできる古代知識人たち）の間に、かくも異なる思考の習慣があったのはなぜだろうか。そして、社会のあり方と自己理解のしかた、また、哲学的推論と科学的アプローチとが、互いに「共鳴」しあっているのはなぜだろうか。こうした問いに答えることは、現在の東洋と西洋の思考の違いについて理解するための足がかりとなるだろう。

第2章

思考の違いが生まれた社会的背景

アリストテレスと孔子を産んだ社会

かつて、私はある中国の哲学者に、東洋と西洋の思考慣習はなぜこんなにも違っているのかと尋ねたことがあった。「そちらはアリストテレスで、こちらは孔子だからね」。彼はそんな冗談を言った。アリストテレスも孔子も、その後の人々の歴史に、多大なる知的、社会的、政治的影響を与えたのは確かである。とはいえ、二人はそれぞれの文化の産みの親というよりむしろ文化が産んだ偉人というべきだろう。また、二人の教えがそれぞれの生きた社会を反映したものでなかったら、これほどまでの影響力をもつことはなかっただろう。

その「証拠」と言えるかどうかはわからないが、実際、ギリシアの哲学者であるヘラクレイトスは、西洋というよりむしろ東洋的な精神をもっていたし、中国の哲学者である墨子は、西洋の哲学者たちと多くの点で同じ考え方を共有していた。しかしこうした「異端」の哲学は、当時の人々から大いに注目されたにもかかわらず、実を結ばずに終わった。その後も西洋ではアリストテレスの伝統が、そして東洋では孔子の伝統が続いたのである。

なぜ古代の中国とギリシアはこれほどまでに異なっているのか。この問いを探求した研究者たちは、いくつかの答えらしきものにたどり着いた。

ギリシアは、個人の自由、個性、客観的思考に関して、同時代のどの文明とも異なる発展を遂げてきた。その理由のひとつは都市国家という特有の政治システムにあると思われる。都市国家には民会があり、人々は合理的な議論の力でお互いを説得する必要に迫られていた。

また、都市から都市への移住が可能だったため、反体制的な思想を保持する自由も比較的保たれていた。実際、ある都市国家で「好ましからぬ人物」とされた知識人を、その名声を耳にした別の都市国家が探し求めることもあった。ソクラテスの弟子たちは、「死刑の執行を黙って待たず、アテネを出てどこか別の場所へ行ってください」と師に懇願した。もしそうしていれば、ソクラテスはどこへ行っても歓迎されただろうし、アテネ市民による追撃もなかったことだろう。

ギリシアが海に囲まれており、貿易で十分な利益をあげることのできる土地柄だったことも見逃せない。ギリシアには、息子に教育を受けさせるだけの余裕のある商人階級の人々がいた。もちろん、商人たちが息子に教育を受けさせたがった理由も考えておく必要がある。中国と違ってギリシアでは、教育を受けたからといって力や富が得られるわけではなかった。ギリシア人は、好奇心と知識それ自体の価値を信じていたがために教育を希求したのである。

ギリシアが世界の交易の中心に位置していたことは、ギリシア人の好奇心を育むもとにもなった。ギリシア人の大半は海岸沿いに住んでおり、たえず、目新しく不可解な人や風習や信念を目の当たりにしていた。誰もが日常的に、民族、宗教、政治形態の異なった人々と遭遇していた。アテネはまるで、『スター・ウォーズ』に出てくる酒場のようだったに違いない。

ギリシア人の周辺には、さまざまな慣習や信念が渦巻いていた。いわばその当然の帰結として、人々は矛盾を処理する必要に迫られた。ギリシア人は常に、ある人物が「事実はAだ」と言い、別の人物が「事実はAではない」と言う状況に直面していたのである。外からやって来た人々の考えに矛盾を感じることもあれば、議会や市場ではギリシア人どうしの意見交換のなかで矛盾が表面化することも多い。こうした状況に対処するためには、形式論理学などの方法が発達したのは必然だった。

これと対照的に、中国の人々は今日でもその九五%が同じ漢民族に属している。この国には五〇を超える少数民族集団があるが、そのほとんどすべてが中国西部に居住している。それ以外の地域に住む中国人にとっては、自分と大きく異なる信念や習慣をもった人に出会うことは稀である。

中国民族の均質性は、中央集権的な政治体制によってもたらされた部分も少なくない。加えて、中国の村の生活においては誰もが互いに顔見知りであるため、人々は必然的に、調和を保つことや共有する行動規範に従うことを重視するようになっていった。意見の相違はあまり見られず、あるとすればそれは権威者との間か、仲間どうしの間で見出される不一致だった。中国人にとっては、二つの命題のいずれが正しいかを決定するための方法はほとんど必要なかったのである。彼らの目標は、意見の不一致を解決する手段を見つけること、すなわち「中庸」を見出すことだった。

生態環境から認知にいたる流れ

以上の説明が示すとおり、古代ギリシアと中国の生態環境は大きく異なっており、そのことが経済、政治、社会のあり方にも違いをもたらしたと考えられる。図3の左側は、ギリシアと中国の思考に違いが生じる過程を私なりに説明したものである。

この図には、心の起源についての問いに取り組んできた多くの人々の考え方のエッセンスが表れている。[†1] 図の右側は、同じことを、ある中国系アメリカ人の学生が説明したものである。彼女は、私の描いた直線的な図よりもこうした環状の図のほうがわかりやすいと言うのだ！

この考え方は一見、物質主義的である。文化に関する事実を物理的事実によって説明しようとしているからである。物質主義は決定論と同一視されやすいために、今では時代遅れだと言われることもある。しかし、物質主義は必ずしも決定論ではない。単に「他の条件が等しければ、物理的要因が経済にある程度の影響を及ぼし、その影響がさらに社会や文化にも波及することがある」というだけのことである。逆に「心の習慣には社会や文化が重大な影響を与えており、しかも、社会や文化の重要な事象は、経済以外の要因によって生み出されたり維持されたりすることがある」という言い方もできる。その意味では、この考え方はまったく物質主義的ではないと言える。

生態環境→経済および社会構造……中国は、比較的肥沃な草原に恵まれ、低い山々と航行可能な河川をもつ国である。こうした生態環境は農耕に好都合であり、さらに、中央集権的な支配を容易にした。

農耕を営む人々は、互いに上手につきあうことが大切である。必ずしもお互いを好きである必要は

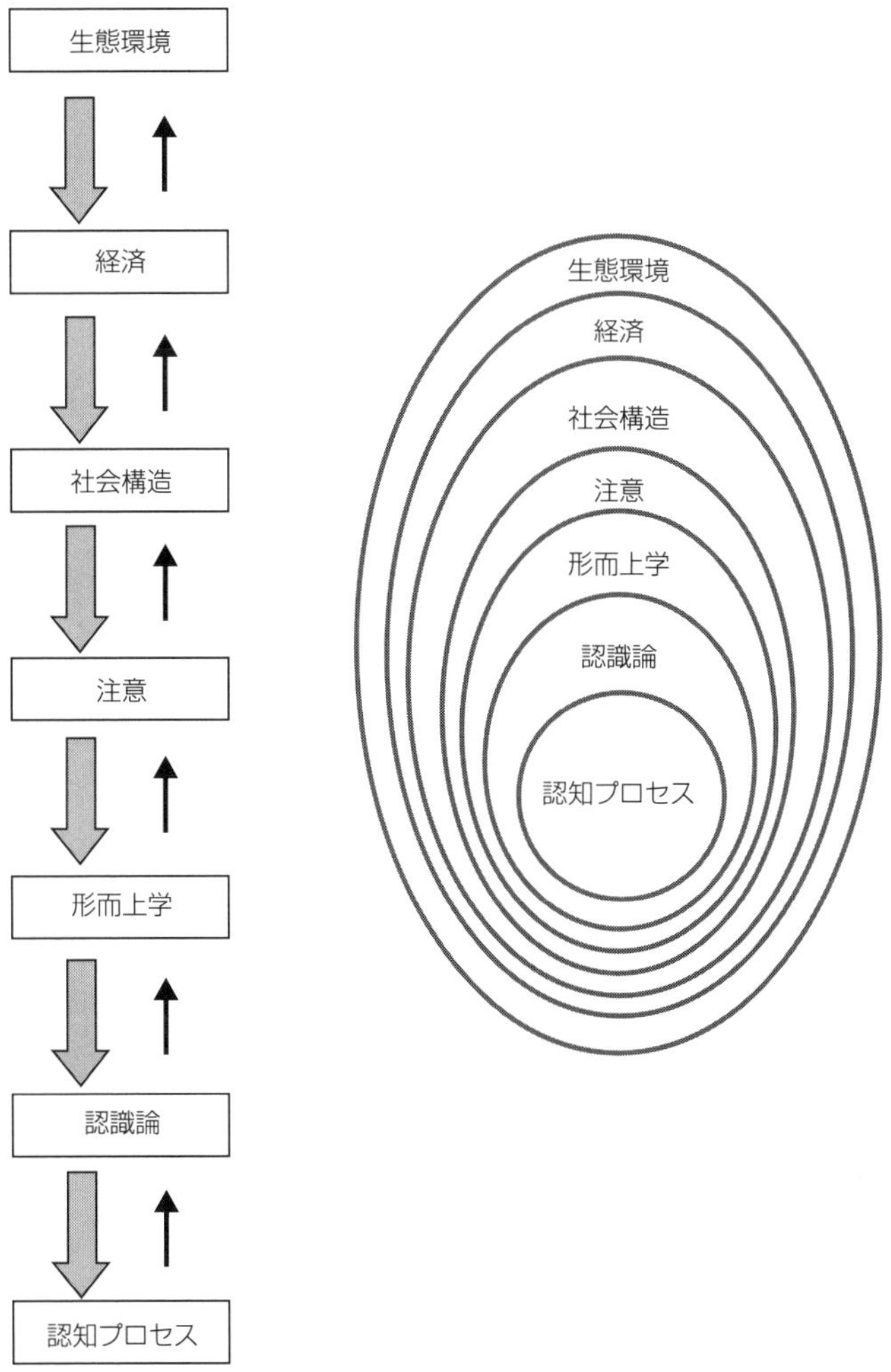

図3　認知プロセスをめぐる影響についてのモデル図

ないが、適度に調和を保ちながら暮らしていくことが求められる。なかでも、中国南部や日本によく見られる稲作においては、互いに協力して土地を耕す必要があるため、調和はとりわけ重要である。稲作に限らず、商王朝（紀元前一八世紀～紀元前一一世紀）や周王朝（紀元前一一世紀～紀元前二五六年）があった中国北部の黄河流域など、灌漑が必要な地域ではどこでも人々の調和が求められた。この場合、近隣どうしの協力体制に加えて、灌漑システムの集中的な管理も必要である。

あらゆる古代の農業社会がそうであったように、古代中国も専制君主によって支配されていた。小作農たちは近隣の人々とうまくやっていかなくてはならないうえに、村の長老や、王（中国統一以降は皇帝）の代理として地方を治める役人たちにも従わなくてはならなかった。一般の中国の人々は、かくも複雑な社会的制約に満ちた世の中に生きていたのである。

一方、ギリシアの国土には山岳地帯が多く、海岸線間近まで山が迫っている。こうした生態環境は、狩猟、牧畜、漁撈、貿易に（さらに言えば、海賊にも）適していた。これらは他者との協力をあまり必要としない仕事である。事実、貿易を除けば、これらの経済活動は他者と同じ共同体に定住していなくても行うことができる。

ギリシアに農耕が定着したのは中国より二〇〇〇年も後のことだったが、すぐに多くの地域で、単なる自給ではなく商業化がなされた。ギリシアの土壌と気候はワインやオリーブ・オイルの生産に適しており、紀元前六世紀までには、多くの農民たちが小作人の域を超えてほとんどビジネスマンのようになっていた。[†2] ギリシア人にはなんとしても仲間との和を維持しなければという気持ちはなく、市場で意見を戦わせたり政治集会で討論をしたりといったことを日常的に行っていた。

社会構造と社会的実践→注意と素朴形而上学《メタフィジックス》……中国人は、経済、社会、政治のいずれの場においても、常にまわりに目を配り、権威者の様子を窺いながら生活しなければならなかった。他者との関わりは、人々の生活を束縛するものでもあり、同時に、多くの機会を与えるものでもあった。

中国人は常に社会的世界に広く眼を向けていたため、より一般的な意味での「場」を眺める傾向を身につけていった。また、社会関係に注意を向ける必要に迫られていたため、あらゆるものごとの関係に注意を払うようにもなった。社会心理学者のヘーゼル・マーカスと北山忍が述べたように、「もし人が、自らを大きな文脈のなかに埋め込まれた存在であると感じ、個人はそのなかで相互に支え合う要素のひとつにすぎないと知覚しているとすれば、物や出来事も同じように知覚されやすいといえるだろう[†3]」

その意味で、中国人は「社会的世界に十分な注意を払う」というひとつの事実を出発点として、社会的世界と物理的世界の両方に関する「素朴形而上学」(一般の人々が世界の本質について抱く信念)をつくりあげてきたといえるかもしれない。

中国人は、さまざまな人間関係や義務の網の目のなかに自己があると感じていた。こうした自己観のゆえに、世界全体をばらばらで互いに異なった対象物《オブジェクト》の集まりではなく、いくつかの実体《サブスタンス》から成る連続体として見るようになったのかもしれない。彼らはものごとの原因を、「場」あるいは対象物と場の関係のなかに見出した。場に注意を向けることによって、ものごとの複雑さや変わりやすさ、そして多様な要素の間に生じる矛盾を認識するようになった。

一方のギリシア人は、他者との関係に縛られることなく、他者を含めた対象物や、それに対する自分の目的に注意を向けることができた。収穫のプランを立てたり、羊の群れを移動させたり、新しい商品を売ったら儲かるかどうかを調査したりする際に、他者に相談する必要はほとんど（もしくはまったく）なかった。だからこそ、対象物の属性に焦点を当て、カテゴリーに分類し、対象物の動きを予測したり制御したりするための規則を見出そうとするようになったのかもしれない。ものごとの原因は、対象物の性質もしくは対象物に対する自らの行為のうちに見出された。こうした因果認識のゆえに、ギリシア人はものごとの安定性と永続性を信じ、自分の思いどおりに対象物を変化させることができると信じるようになった。

このように、二つの社会の素朴形而上学は、人々がどこに注意を向けたかによって決まったと言ってもよいだろう。中国人が注意を向けた先は環境または場であり、ギリシア人の場合は対象物であった。科学としての形而上学も実は、こうした素朴な見方をそのまま反映したものだったのかもしれない。

素朴形而上学→暗黙の認識論と認知プロセス……素朴形而上学は、暗黙の認識論（新しい知識を得る方法についての信念）に影響を及ぼすと考えられる。世の中のあらゆることがさまざまな物や出来事の間の関係によって決まるのだとすれば、場のすべての要素を観察する、物と物との関係を見る、部分と全体の関係を見るといった能力を備えていることが重要である。注意、知覚、推論といった認知プロセスは、さまざまな重要な出来事を検出することと、出来事どうしの複雑な関係を理解することに主眼を置いて発達する。

他方、世の中のあらゆることが、規則とカテゴリーに支配された対象物の反応として生じるのだとすれば、対象物を文脈から切り離して捉え、何のカテゴリーに属しているのかを推測し、そのカテゴリーに対してどのように規則が適用されるかを推測する能力こそが重要である。認知プロセスはこうした機能に役立つような方向で発達する。

最後に、人々の社会的実践は、思考の習慣に直接的な影響を与えることもある。弁証法と論理学はいずれも、社会における対立に対処するために発達した認知ツールとして捉えることができる。調和を基盤とした社会生活を営んでいる人々が、直接対決や討論の伝統を発達させることは考えにくい。むしろ彼らは対立する考え方に直面した場合、矛盾を解決する、超越する、「中庸」を見つけるといった弁証法的なアプローチを目指すだろう。

これと対照的に、自由な議論を是とする人々は、討論を実施する際の規則を発達させるだろう。矛盾律（無矛盾の原理）や形式論理学はそうした規則のひとつである。この意味で、論理学は科学へと簡単に展開できる。物理学者であり科学史学者であるアラン・クローマーは次のように述べている。「科学は文章技法《レトリック》の延長である。この考え方はギリシアにおいて生まれ、ギリシア以外では生まれなかった。公的な民会制度ゆえに、討論のスキルをもつ者が大いに威信を高めることになったからである。……幾何学の証明は、……究極の文章技法の形である」[†4]

以上のような、ギリシア人と中国人の心の違いの原因についての考え方が意味しているのは、社会の恒常性を維持する暗黙のしくみ、「ホメオスタシス」[*1]の存在である。経済的な諸力によって、異なった社会構造が維持される。そのなかで異なった社会的実践やしつけを経験することによって、環境のなかで何に焦点を当てるかに違いが生じる。異なった事物に焦点を当てることによって、世界の本質についての理解も異なったものとなる。そして今度は異なった世界観が、注意の向け方や社会的実践の違いをいっそう顕著にし、異なった知覚や推論のプロセスの生起をも促す。それらのプロセスが、翻ってそれぞれの世界観をさらに確固たるものにする。

＊1訳注　もともとは生理学の概念で、生体を安定した恒常的状態に保とうとするしくみのこと。

認知プロセスにいたるまでの一連の流れ（シークエンス）が、生態環境から始まらなければならないと考える理由はない。さまざまな経済上の理由から、ある社会やグループが仲間の人間に多くの注意を払う場合もあれば、対象物やそれに対する自分たちの目的のほうにより注意を払う場合もある。たとえば、現代の多くのビジネスや官僚組織、とくに起業家ビジネスでは、必ずしも広範囲の同僚や何人もの上司に眼を向ける必要はない。それどころか、めいめいが目標の焦点を絞り、互いに独立してその目標を追求することが求められる。実際のところ、他者に深く注意を払うよりも、ある程度思い切って他者を無視したほうが、よい成果をあげることもある。

このシークエンスはまた、経済状態から始まる必要さえもない。他者に注意を向ける理由は実にさまざまである。たとえば、固く結びついた宗教集団のメンバーの間には、守らなければならない厳格なルールがある。同様に、対象物とそれに対する自分の目的に焦点を当てる理由もまた、実に多様であると言える。

知の進歩はいかにして起こったか

認知プロセスを経済や社会の観点から説明するこのモデルは、偶然にも西洋史上の重要な変化にもよく当てはまっている。中世の西洋は、農耕が主体となるにつれて、以前ほど個人主義的ではなくなった。ヨーロッパの小作農の日常生活における協調性や自由度は、中国人の小作農とたいして変わらなかったし、合理的な推論を好む程度にも大きな違いはなかった。また、知や文化の進歩という点でヨーロッパは停滞期に入ってしまった。アラブの首長がプラトンやアリストテレスを論じ、中国の行政官たちがあらゆる芸術において秀でた才能を発揮しているときに、ヨーロッパの貴族たちは湿気の多い城のなかで牛肉の塊をかじっていた。

しかし、中世が終わりに近づくと、ヨーロッパの農耕は十分な富の余剰を生み出すまでに発達した（とりわけ、馬の首かせを発明したことによって馬に鋤を引かせることができるようになったことが大きかった）。このためヨーロッパには、古代ギリシアの都市国家のような新しい貿易の中心地がいくつか出現した。

イタリアの都市国家や後年の北部の都市国家は極めて自律的で、専制君主の権威に服従することなどほとんどなかった。それらの都市国家の多くは、ある程度民主主義的な性質を帯びているか、少なくとも寡頭制をとっていた。裕福な商人階級を伴った都市国家が再生したことによって、個人主義、個人の自由、合理主義、そして科学が再び盛んになってきた。

一五世紀のはじめ、ヨーロッパと中国の違いをはっきりと示す出来事が起こった。中国の宦官による航海である。彼らは何百隻という船隊を組み、中国から南アジアおよび南西アジア、中東、そして西アフリカへと、富と不思議の種を積んで旅をした（その技術力は、ピンタ、ニーニャ、そしてサンタ・マリア[*2]をはるかに凌ぐものだった）。航海の主たる目的は、中国があらゆる面で優れているということをインド洋、ペルシャ湾、紅海に隣接する国々に認めさせることであり、その目的は達せられた。

＊2訳注　一四九二年、アメリカ大陸を発見したコロンブスがときの航海において座乗していたのが、ニーニャ、ピンタの僚船を伴った旗艦サンタ・マリアである。

しかし中国人は、訪れた先の社会が何を生産しており、またどのような知識をもっているかについては極めて無関心だった。アフリカでキリンを見せられたときでさえ、中国人は「これは自分たちの知っている麒麟だ」と主張しただけだったという。麒麟とは、偉大な皇帝が誕生したときなどの重要な場面で姿を現すという想像上の動物のことだった。

好奇心の欠如はまさに中国の特徴だったといえる。文字どおり「中国（世界の中心）」に住んでいた人々は、外国人からもち込まれた物語にはほとんど興味を示さなかった。さらに、知識それ自体に対して強い関心を抱くということもなかった。現代の中国人哲学者たちでさえ、知識の抽象的な理論化よりも実用化のほうにはるかに高い関心を寄せ続けている[†5]。

一五世紀から現在にいたるまで、ヨーロッパの知のレベルは目覚ましく進歩した。近年のマクロ歴史学者たちは、この進歩について生態学や地政学にもとづく説明を提起しており、ジャレド・ダイアモンドの優れた著作、『銃・病原菌・鉄』(邦訳・草思社)もそのひとつである。

しかし、それだけでは足りないように思える。たしかに、中国の生態環境はヨーロッパに比べて専制政治を生起させやすく、その結果として言論や独創性の抑圧が導かれたというのは事実だろう。だが、ヨーロッパにおける探究の自由や科学的進歩を純粋に物理的な要因のみによって説明するのは誤りであると思われる。一五世紀よりもはるか以前から、ヨーロッパ人は探求の自由や科学的進歩に価値を置くという精神性《メンタリティー》を身につけていたのである。

マルティン・ルターが教会の職権乱用や非道な行為に抵抗する九五か条の論題を世に出したのは、単に地理的に見てルターがそれをやり遂げやすかったからではなく、ヨーロッパの歴史が新しいタイプの人間、すなわち、個人を大きな共同体から切り離された存在として認識し、自由な発想のしみこんだ言葉で考える人間をつくり出していたからであった。また、ガリレオとニュートンがさまざまな発見をしたのは、単に彼らが簡単に抑圧されなかったからではなく、好奇心と批判的精神を身につけていたからだった。

もちろん、現在の東洋は、西洋が蓄積してきた多くの着想をかつてないスピードで吸収している。これらの着想は東洋にどのような影響を及ぼすのだろうか。それらは東洋のフィルターを通すとどのように見えるのだろうか。東洋で修正が施された後に再び西洋に採り入れられるものはどれだろうか。こうした問題に対する答えは、現代人の心の習慣の違いに眼を向けることによって浮かびあがってくるだろう。

場依存性

なぜギリシアと中国はかくも違っていたのか。この問いについて私がここで提起している説明は、歴史学的には不確かなものである。それでもやはり、これは科学的理論である。なぜなら、そこからは検証可能な予測が導かれるし、その検証は心理学実験室においても可能だからである。

二〇世紀の心理学者たちは、経済や社会の要因が知覚の習慣に影響を及ぼす証拠を提供してきた。ハーマン・ウィットキンと共同研究者たちは、対象物を周囲の環境から切り離して捉えることが得意な人と苦手な人がいることを示した。[†6] 彼らはこれを、対象物を知覚するときにその背景や環境（場）に影響を受ける程度という意味で、「場依存性」と呼んだ。

ウィットキンらはさまざまな方法で場依存性を測定した。そのうちのひとつが「棒‐枠組み検査（RFT）」である。この検査では、参加者が長い箱のなかを覗き込むと、そのいちばん奥に一本の棒とそのまわりを囲む枠とが見える。棒の傾きと枠の傾きは別々に変えることができる。参加者は、棒の傾きが完全に垂直になったと思った時点で合図をする。棒の垂直さに関する判断が、まわりの枠の傾きの影響をどの程度受けるかによって、その参加者の場依存度が判定される。

第二の方法は「身体調節検査（BAT）」と呼ばれる。参加者は、傾いた部屋に配置された椅子に座る。この椅子の角度は部屋の傾きとは無関係に変化させることができるようになっている。自分の身体の傾きがその部屋の傾きの影響をどの程度受けるかによって、その参加者の場依存度が判定される。

第三の方法は最も実施が簡単で、「埋没図形検査（EFT）」と呼ばれる。参加者の課題は、複雑な図形のなかに埋め込まれた単純な図形を探し出すことである。複雑な文脈のなかから単純な図形を見つけるのに時間がかかる人ほど、より場依存性が高いと考えられる。

経済的要因が認知の習慣に影響を及ぼすという考え方からすれば、農耕に従事する人々は、狩猟採集民のように他者との親密な共同作業にあまり頼らずに生計を立てている人々よりも、場依存性が高いはずである。こうした傾向はたしかに見られる。[†7] また、伝統的な農家の人々は、さまざまな社会的役割や義務にあまり注意を払わずに個人目標を追求する産業社会の人々よりも、場依存性が高いとも考えられる。これもまた、たしかにそうである。[†8] 実際、狩猟採集民と産業社会の人々の場依存性はほぼ同程度である。

世の中に対する農耕民の注意の向け方と、狩猟採集民および産業社会に生きる自立した近代市民の注意の向け方には、重要な違いがあるかもしれない。とすれば、ひとつの社会のなかに社会的制約の程度が異なる複数の下位文化《サブカルチャー》が存在する場合にも、それぞれの人々の場依存度には、やはり違いがあるはずである。

この仮説を検証するため、性格心理学者のザカリー・ダーショヴィッツは、正統派ユダヤ教徒の少年たちの場依存性について調べた。[†9] 少年たちは家族とともども、役割関係が極めて明確で社会的制約の厳しい社会環境のなかに生活している。ダーショヴィッツは、彼らの検査結果を一般のユダヤ人の少年たちやプロテスタントの少年たちの結果と比較した。一般のユダヤ人の生活における社会的制約は、正統派ユダヤ教徒よりもゆるやかなものであり、プロテスタントはそれよりさらに制約の少ない生活をしているという。ダーショヴィッツの予測どおり、最も高い場依存性を示したのは正統派ユダヤ教徒の少年であり、次に一般のユダヤ人の少年、そしてプロテスタントの少年の順だった。

場依存性は、外から強制された社会的制約の結果としてのみ生じるとは限らない。他者に対する関心は（いかなる理由で関心を向けるのかにかかわらず）、場依存性と関連があると思われる。実際、場依存的な人々のほうが場独立的な人々よりも、他者と一緒にいることを好む傾向がある。[†10] 場依存的な人はまた、場独立的な人々よりも、人の顔や社会的意味をもつ単語（「訪問」「パーティー」など）[†12]に関する記憶力がよいことも知られている。[†11] さらに、場依存的な人は場独立的な人に比べて、他者の近くに座りたがる傾向があることもわかっている。[†13]

導かれる予測

この章で提起されてきた考え方は、環境に応じた対象物の知覚のしかたのみに当てはまるものでなく、それよりもはるかに広い範囲に適用できるものである。[†14] もし、社会的要因と思考プロセスとの関係についての本章の説明が正しく、また、今日の東洋と西洋の社会における違いが古代における両者の違いと類似しているとすれば、現代の東アジア人と西洋人の認知の違いについて、さらに明確な予測を立てることができる。具体的には以下のような領域において違いが見出されることが予想される。

- **注意と知覚のパターン**……東洋人は環境に多くの注意を払い、西洋人は対象物に多くの注意を払う。東洋人は西洋人よりも、出来事の間の関係を見出そうとする傾向が強い。
- **世界の成り立ちについての基本的な仮定**……東洋人は実体、西洋人は対象物から成り立っていると考えている。

●**環境を思いどおりにできるか否かについての信念**……西洋人は東洋人よりも強く、自分の思いどおりに環境を変えられると信じている。

●**安定と変化に関する暗黙の仮定**……西洋人は安定を、東洋人は変化を仮定している。

●**世界を体系化する習慣**……西洋人はカテゴリーを好み、東洋人は関係を強調する。

●**形式論理学の使用**……西洋人は東洋人よりも、論理規則を用いて出来事を理解しようとする。

●**弁証法的アプローチの適用**……明らかな矛盾に直面したとき、東洋人は「中庸」を求め、西洋人は一方の信念が他方よりも正しいことにこだわる。

右記のように、もし東洋人と西洋人が根本的に異なった見方で自分や世の中を眺めているというのが本当だとしたら、心の習慣についても多くの予測が成り立つといえる。

第3章

西洋的な自己と東洋的な自己

一般論の限界

ほとんどの西洋人、少なくともほとんどのアメリカ人は、次のような一般論が誰にでも当てはまると信じている。

- 人はそれぞれ、他者とは違う個性をもっている。さらに人は、肝心な点で他者と違っていたいと思っている。
- 人は、だいたいにおいて自分の思うとおりに行動している。そして、自分の選択や好みによって結果が決まると気分がよい。
- 人は、個人的な成功や達成を目指している。他者や集団との関係は、目標にとって障害になることがある。

●人は、自分のことをよく思いたいものである。成功することや、優れた資質があるという自信をもつことは、幸福感を得るうえで重要である。

●人は、対等な人間関係を好む。もし人間関係が階層的なものならば、上位のポジションにいたいと思う。

●人は、誰にでも同じ規則が適用されるべきだと思っている。特別な身分であるとか、重要人物とコネがあるといった理由で、特別扱いされるようなことがあってはならない。正義は誰に対しても平等であるはずだ。

実際、何百万人もの人々がこのような考え方をもっているが、その多くは主にヨーロッパ（とくに北ヨーロッパ系）と、アメリカを含めた旧英連邦の人々である。世界のそれ以外の地域、とくに東アジアの人々の社会心理的特徴は、程度の差こそあれ、これとは異なっている場合が多い。[†1]

東洋の自己と人間関係

「出る杭は打たれる」。これは、個性に対する社会の偏見を表現したアジアのことわざである。一般に東アジア人は、個人目標や立身出世に対する関心が西洋人ほど強くないと言われる。彼らの関心は集団目標や協調的な行動に向けられることが多く、調和的な社会関係を維持することが個人の成功よりも優先される。

成功は多くの場合、集団目標として追求するものであって、個人の栄光として得るものではない。他者と違っていることはとくに望ましいことではない。アジア人が自分をよく思うのは、所属する集団と同じものを目指し、集団の期待に応えることができていると感じるときである。誰もが平等に扱われるべきだという前提はないし、必ずしもそれが望ましいとは考えられていない。

東アジアにおいては、人間関係のルールは普遍的というよりも局所的で特別なものであり、役割によって異なると考えられている。あるアジア人の友人に聞いたところによると、アメリカの家庭を訪問していちばん驚くのは「テーブル・セッティングをしてくれてありがとう」「車を洗ってくれてありがとう」といった具合に、家族がお互いに感謝を述べ合うことだという。彼女の母国では、誰もが定められた文脈のなかで明確な義務を負っているので、その義務を果たしている人にわざわざお礼を言うことはない。

また、アジア人を含めた世界のほとんどの人々にとって、「選択」はさほど重要なことではない(以前、東アジアの友人に、なぜアメリカ人はスーパーマーケットでシリアルをひとつ選ぶのに四〇種類もの選択肢が必要だと思っているのか、と尋ねられたこともある)。アジア人は必ずしも、自分が何かを選択しなければならないとき、「意思決定者としての自分の能力が試されている」などと感じてはいない。

ある年齢以上のアメリカ人なら、ほとんどの人が『ディックとジェーン』という初級読本のことをよく憶えている。ディックとジェーン、そして彼らの飼い犬スポットは、非常に活動的な個人主義者たちである。一九三〇年代に出た旧版（このテキストは一九六〇年代まで広く普及していた）の最初のページには、芝生を走る少年の姿が描かれている。最初の文章はこうである。「ご覧、ディックが走っている。ご覧、ディックが遊んでいる。ご覧、ディックが走って遊んでいる」

西洋人の発想からすれば、この文章は子どもについての最もありふれた情報を伝えているように思える。しかし、同時期の中国の初級読本の最初のページでは、背の高い少年が背の低い少年に肩車をしている。「兄は弟の面倒を見ます。兄は弟を愛しています。弟は兄を愛しています」

つまり中国においては、子どもが最初に出会うべき活字にふさわしいとされるのは個人の行為についての記述ではなく、人間関係についての記述なのである。

実際のところ、西洋型の自己は東アジア人にとってはほとんど絵空事である。哲学者の故適によれば、「人間中心主義的な儒教哲学においては、人間は一人では存在し得ない。すべての行為は人と人との相互作用の形でなされなければならない」[†2]。人は常に、特定の人間関係で結ばれた人々とともに、特定の状況のなかに存在している。社会環境の制約を受けない属性や行為があるという考え方は、アジア人の発想とは相容れない。

文化人類学者のエドワード・H・ホールは、自己理解のしかたの違いを把握するために、「低コンテクスト社会」、「高コンテクスト社会」という概念を提起した。[†3] 西洋人がある人について話す場合、その人が状況や人間関係に左右されない属性をもっていると考えることは理にかなっている。自己とは、周囲と切り離された不可侵の自由な主体であって、集団から集団へ、ひとつの環境から他の環境へと移っても著しく変化することはない。

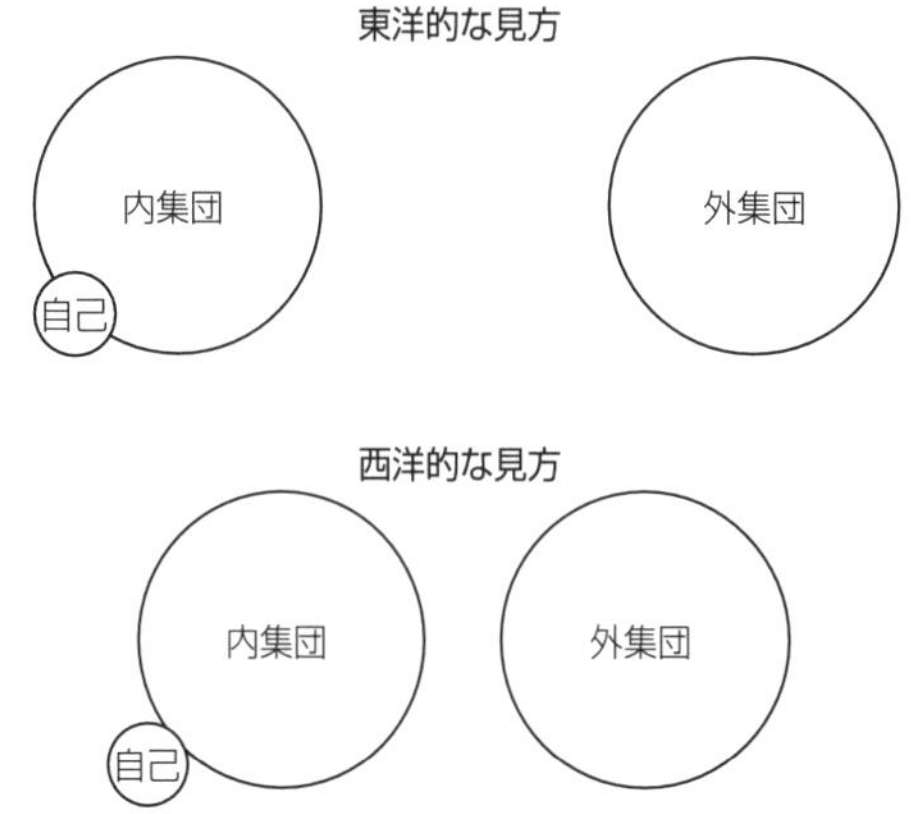

図4　自己、内集団、外集団の関係についての東洋的な見方、西洋的な見方

しかし、東洋人にとっては（また、程度の差こそあれ、その他の地域の人々にとっても）、人は他者とつながっており、変わりやすく、状況依存的な存在である。哲学者のドナルド・ムンロによれば、東アジア人は「家族、社会、道教、儒教など、自らを取り巻くすべてのものとの関係のなかで」自分自身を理解する。[†4] 人は多くの関係に参加しており、そうした関係があって初めて行動することができる。純粋に周囲から独立した行動をとることはたいていの場合不可能だし、実際のところ望まれてもいない。

すべての行為は他者とともになされるか、または少なくとも他者に影響を与えるので、人間関係において調和を保つことが社会生活の主たる目標となる。図4は、自己と内集団（親しい友人グループや家族などの所属集団）との関係のあり方を理解するために示したものである。[†5] この図には、内集団と外集団（多くの場合、単なる知り合い程度の集団）との間の相対的な距離感も表されている。東洋人は、自己は内集団に埋め込まれており、外集団とは離れていると感じている。また、自らを内集団の人々と非常に似ていると考える傾向があり、内集団成員を外集団成員よりもはるかに信頼している。一方、西洋人は、自己を内集団と比較的切り離して捉えており、東洋人ほど内集団と外集団を区別しない。

相手が変われば自分も変わる

東洋と西洋の人々の心理的な違いは、言語にも見てとることができる。

中国語には、英語のindividualism（個人主義）に相当する語がない。最も近いのは自分勝手を表す「利己」である。またbenevolence（慈悲・博愛）を意味する漢字「仁」は、二人の人を表している。

日本語では、一般的な意味での自己を意味する言葉（英語の〝I〟に相当するもの）が会話のなかで用いられることはあまりない。日本語には〝I〟を意味する言葉が数多くあり、聴き手や状況に応じて使い分けられる。日本の女性が公的な場で話す場合には、習慣的に「私」が使われる。これは状況に依存せずに使用できるという意味で〝I〟に最も近い。男性が大学の仲間とおしゃべりするときなら、「僕」または「俺」を使う。父親が子どもに対して話すときには「お父さん」と言う。幼い少女が家族と話すときには、「トモは今日学校へ行くよ」というように自らを愛称で呼ぶこともある。また、日本人はしばしば「自分」という表現も使うが、これは「自らの取り分」という意味である。

韓国語で「Could you come to dinner?」（夕食にいらしてくださいますか）という意味のことを尋ねるときには、学生を誘っているのか先生を誘っているのかによって、you（あなた）に相当する語の使い分けが必要なだけでなく（この使い分けは多くの言語に見られる）、dinner（夕食）の言い方も変えなければならない。こうした言語使用の特徴は、単なる敬意や謙遜の表れというより、「接する相手が変われば自分も変わる」という東洋的な信念の表れであると考えられる。[6]

「あなたはどんな人ですか」という質問はややストレートすぎる気もするが、この問いに対する答え方には、社会による違いが非常によく現れる。アメリカ人やカナダ人の場合には、自分の性格特性（たとえば「親しみやすい」「勤勉である」）、役割カテゴリー（「教師である」「マイクロチップをつくる会社で働いている」）、趣味の活動（「よくキャンプに出かける」）に関する答えが多い。[7]また、アメリカ人は自己を記述する際に限定条件をつけない。一方、中国人、日本人、韓国人にとっては、自己は文脈に依存する度合いが極めて大きい存在である（「私は仕事中まじめだ」「友達といると楽しい」）。

ある研究では、日本人とアメリカ人に対して、特定の状況における自己と状況を特定しない場合の自己について記述するように求めた。[8]日本人にとっては、状況（職場で、家で、友達といるときなど）を特定せずに自らを記述するのはとても難しいことであるという。対照的にアメリカ人は、状況を特定されると困ってしまい、「私は私だ」などと書く傾向があった。自己を記述するときに社会的役割に言及する程度は、アジア人のほうがアメリカ人よりもずっと大きい（「私はジョアンの友人だ」[9]）。また、他者に言及する程度は、日本人のほうがアメリカ人の二倍大きいとの研究結果もある（「私は妹と夕食をつくる[10]」）。

対照的な自分への評価

アメリカ人やカナダ人の属性や好みについて調査すると、彼らは決まって、他者と自分の違いを過度に強調する。どんな質問に対しても、彼らは自分のことを実際以上に個性的だと答える。[†11] アジア人はこういう錯覚を起こしにくい。西洋人はまた、環境や自分のもち物に関しても、個性的であることを好む。

社会心理学者のヒジャン・キムとヘーゼル・マーカスは、韓国人とアメリカ人にいくつもの図形が並んでいる絵を見せて、好きな図形を選ぶように求めた。[†12] その結果、アメリカ人は最もめずらしい図形を選び、韓国人は最もありふれた図形を選んだ。また、調査協力のお礼としてペンを一本選ぶように言うと、アメリカ人は最も数の少ない色のペンを選び、韓国人はたくさんある色のペンを選んだ。

西洋人は東洋人に比べて、自分を高く評価したり他者から高く評価されたりすることについての関心が高い。アメリカ人が自分について好意的にコメントする傾向は日本人よりもはるかに強い。[†13] アメリカ人とカナダ人に対して自己評価尺度[*1]を用いると、彼らはまるで「レイク・ウォゴビン[*2]」の子どもたちのように、こぞって自分が平均より上だと答える。

＊1訳注　個々の質問項目に記載された事柄がどの程度自分自身に当てはまるかを、何段階かに設定された数値を用いて評定してもらうという測定法（たとえば、1＝まったく当てはまらない、7＝非常によく当てはまる、など）。

＊2訳注　ギャリソン・キーラーの小説『レイク・ウォゴビンの人々』に出てくる町で、そこでは女性は誰も

が強く、男性は誰もがハンサムで、子どもたちは誰もが平均以上の学力をもつとされている。

これに対してアジア人は、たいていの側面で自分のことを低く評価する。[†14] 彼らは自分の長所をあまり多くあげないだけではなく、自分に短所があることを主張したがる。こうしたアジア人の自己評価の傾向は、単に北アメリカの社会よりも謙遜の価値が高いということだけでは説明できない。実のところ、アジア人は必ずしも謙遜をよいこととは思っていない。しかし自己評価における違いは、回答の匿名性が完全に守られている状況においてもやはり存在している。

アジア人は何も自分の属性について悪い感情を抱いているわけではない。むしろ、アジアの文化では、自分は特別だとか非凡な才能をもっているなどと無理に考えなくてもよいのだろう。社会と結びついた自己にとっての目標は、他者より秀でていることや個性的であることより、人と人との支え合いのなかで調和を維持することや、集団の目標を達成するために何らかの役割を果たすことである。

こうした目標のためには、ある程度の「自己批判」、すなわち自慢とは正反対の姿勢が必要である。集団に適応するためには、他者をいらだたせたり迷惑をかけたりするもとになるような自分の欠点は、克服しなくてはならない。アジアの学校では、他者と調和し周囲に溶け込むことを子どもたちに教えるが、アメリカの学校のなかには、毎日子どもたちのなかから「今日のＶＩＰ」を決めているようなところもある（事実、私の故郷の教育委員会では数年前に、学校は子どもたちに知識を与える場であるべきか、自尊心を植えつける場であるべきかという討議が行われた。同じころに流行した漫画のなかで、「自尊心の部屋（Esteem Room）」というドアの表札を見たこともある）。

日本の子どもたちは、学校で自己批判のしかたを教えられる。自己批判は、他者との関係を向上させるためにも、自分自身の問題解決力を高めるためにも必要なものとされている。自己批判を通じて培われた日本人の完璧主義は生涯にわたって続く。寿司職人も数学教師も、仕事を始めて一〇年たつまでは一人前と認められない。実際、日本の教師たちは、現役を退くまでずっと、同僚の参観を受けたり助言を得たりして、教え方の上達に努める。

これとは対照的にアメリカの場合には、教員養成大学を卒業した者は二、三か月の研修を受けただけで教室に放り込まれる。[†15] その後はうまく行こうが行くまいが放任されるので、生徒たちにとっては、よい先生に当たるかどうかが運命の分かれ道になりかねない。

スティーヴン・ハイネと共同研究者たちが行った実験は、自己が優れていることを実感していたいという西洋的な心理と、精進して自己を向上させたいというアジア的な心理の違いを明らかにするためのものだった。[†16] 実験に参加したカナダ人と日本人の学生は、「創造性テスト」と称する架空の試験を受け、その採点結果として「非常によい成績」または「非常に悪い成績」を受け取った（ただしこれらは架空の成績だった）。その後で実験者は、参加者がテスト課題とよく似た練習課題にどのくらいの時間にわたって取り組むかを密かに計測した。

カナダ人は自分が成功したとき（よい成績をとったとき）に、類似の課題により長い時間取り組んだ。一方、日本人は失敗したとき（悪い成績をとったとき）に、より長い時間取り組んだ。日本人は別に自虐的になっていたわけではない。彼らはただ、与えられた自己向上のチャンスを実践したのである。この研究の結果から、東洋と西洋におけるスキル発達について考えることは興味深い。西洋人は、取りかかってすぐにうまくできた事柄についてはかなり上達しやすいと思われるが、逆に東洋人は、いわゆる器用貧乏になりやすい可能性がある。

相互独立、相互協調

これまで論じてきたように、二つの社会には明らかな違いがある。これは一九世紀以来、社会科学において常に指摘されてきた問題である。両者の区別は、フェルディナンド・テンニエスをはじめとする一九世紀のドイツ人社会科学者たちの知見とも符合している。[†17]

彼らはさまざまな文化を比較するうえで有効な概念として、「ゲマインシャフト」（共有されたアイデンティティ意識にもとづく共同社会）と「ゲゼルシャフト」（道具的な目標を達成するために組織された利益社会）という区別を提起した。ゲマインシャフトは自然発生的な人間関係を基盤とし、一体感と互助性に支えられた社会である。[†18] 家族関係、教会の集会組織、友人ネットワークなどがこれに当たる。その基本は、思いやり、頻繁に顔を合わせての相互作用、共通の経験、財産の共有などである。

一方、ゲゼルシャフトの基盤となる相互交流は、たいていの場合、目的を達するための手段である。財や労働が頻繁に交換され、交渉と契約がしばしば行われる。この社会システムでは、個人が利益を得ることや競争で優位に立つことが許されている。企業や官僚組織などはゲゼルシャフトの例である。

ある組織や社会が、完全にゲマインシャフトであったり、ゲゼルシャフトであったりすることは考えにくい。これらは単なる理念モデルである。しかしこの区別は現代の社会科学、とくに文化心理学において大きな分析上の意義をもたらした。ゲマインシャフトという語はしばしば「集団主義的」な社会システムを指し、ゲゼルシャフトは「個人主義的」な社会システムを指すことが多い。ヘーゼル・マーカスと北山忍によって提起された「相互協調」、「相互独立」という語もこれに似た概念である。本書では今後、通常はマーカスらの概念を用いることとしたい[†19]。

相互独立性または相互協調性の訓練は、文字どおり、ゆりかごのなかにいるときから始まる。アメリカの赤ちゃんは両親と別のベッドで眠ることが多く、場合によっては別の部屋で寝ることさえある[†20]。東アジアの赤ちゃんにはそのようなことはあまりなく、親と同じベッドで眠る場合がはるかに多い。こうした違いは、目覚めている間にいっそう強化される。中国の赤ちゃんは何世代もの親たち（父母、祖父母、……）の熱い視線をしばしば受ける（この傾向は一人っ子政策によって子どもが「小さな皇帝」と化す以前から見られた）。日本の赤ちゃんは、ほとんどいつも母親と一緒である。

日本人の母親との親密な関係は、人によっては無期限に続く場合もあるように見受けられる。最近、ミシガン大学社会調査研究所の研究員たちが、日米の成人が母親と一緒にいることをどの程度望んでいるかを比較調査するための測定尺度をつくろうとしたが、その作業は困難を極めた。というのも、日本人研究員たちが、尺度の一方の極を「私は母親とほとんどいつも一緒にいたいと思っている」にすべきだと主張したからである。当然ながらアメリカ人研究員たちは、そんな尺度はアメリカの回答者から見ればあまりに滑稽なので、インタビューをまじめに受けてもらえなくなると主張した。

西洋の子どもたちの相互独立性は、かなり明示的な方法で育まれることも多い。西洋の両親は常に子どもに対して自分のことは自分でするように求め、自分自身で選択をするように促す。「今すぐべッドに行く？　それとも先にお菓子を食べてからにしたい？」。これに対してアジアでは、子どものための選択を親が行う。そこには、何が子どものためになるかを最もよく知っているのは親だという前提がある。

相互独立的な子どもを育てようとする親は、子どもが「選択の自由を脅かされた」と悩んでいても驚いてはいけない。それは訓練がとてもうまくいっていることの表れである。社会心理学者のシーナ・アイエンガーとマーク・レッパーは、七歳から九歳までのアメリカ人、中国人、日本人の子どもに「ＧＲＥＩＴを並べ替えて単語をつくりましょう」というようなアナグラム（文字の並べ替え課題）を解かせた[†21]。このとき、ある子どもたちには、あらかじめ決められた種類のアナグラムを与え、別の子どもたちには、自分で好きな種類のアナグラムを選ばせた。さらに別の子どもたちには、「実験者が（その子の）お母さんに尋ねて選んでもらった」というアナグラムを与えた。その後、それぞれの子どもたちが解いたアナグラムの数と、課題に取り組んでいた時間を測定した。

その結果、アメリカの子どもは、自分で課題を選択する条件で最も高い意欲を示した（つまり、最も長い間課題に取り組み、最も数多くの問題を解いた）。彼らは、お母さんが選んだ課題だと言われた条件で、最も意欲が低かった。この条件の子どもは、自主性が侵害されたと感じたために課題に対する関心を失ったと考えられる。これに対してアジアの子どもは、お母さんが課題を選んだという条件で最も高い意欲を示した。

人間関係を強調する子育てにおいては、他者の気持ちに配慮することが奨励される。アメリカの母親は幼い子どもと遊んでいるとき、物についての質問をしたり、それらについての情報を子どもに与えたりすることが多い。しかし日本の母親の場合は、子どもと遊ぶときに、気持ちに関する質問をすることが多い。[†22]とりわけ、子どもがよくない振る舞いをしたときには、気持ちに関係する言葉が頻繁に用いられる。「全部残さないで食べないと、お百姓さんが悲しむわよ」「おもちゃが泣いてるよ、投げつけられたーって」「壁さんが痛いって言ってるよ」といった具合である。

アメリカでは、子どもはやがて世の中に出て相互独立的に振る舞うことが期待されている。アメリカの親のように子どもの注意を特定の事物に向けさせることは、そうした世の中に出るための準備として役立つ。一方アジアでは、他者の反応を前もって予測し、それに合わせて自分の行動を調整しなくてはならない。気持ちや社会関係に焦点を当てるアジアの母親のやり方は、子どもが他者の気持ちを読む力を身につけるのに役立つ。

他者の感情状態に対する焦点の当て方の違いは、大人の間でも見られる。アジア人はたしかに、西洋人に比べて他者の気持ちや態度に敏感である。たとえば、ジェフリー・サンチェス＝バークスと共同研究者たちは、雇用主が従業員に対して行った評価の結果（尺度による評定）を韓国人とアメリカ人に見てもらった。[†23]その結果、韓国人はアメリカ人に比べて、雇用主が従業員に対してどんなことを感じているかをその評定から推測することに長けていた。アメリカ人は多くの場合、その評定をただ額面どおり受け取るだけだった。

さらにアジア人は、動物の世界を知覚する場合でさえ、その感情に焦点を当てる傾向がある。増田貴彦と私は、日米の学生たちに水中シーンのビデオ映像を見せ、自分たちの見たものを報告するように求めた。[†24]日本の学生はアメリカ人学生よりも多く、「赤い魚はうろこを傷つけられて怒っている」

などと、魚の気持ちや動機を「見た」と報告した。

同様に、カイピン・ペンとフィービー・エルズワースの実験でも、中国とアメリカの学生にさまざまなパターンの魚の群れのアニメーションを見てもらった。[†25] たとえば、ある群れが一匹の魚を追いかけているように見えるものや、一匹の魚が群れに近づくと、群れが逃げ去っていくようなものなどである。ペンらは学生に、一匹の魚と群れの魚たちがそれぞれどのような気持ちだと思うかを尋ねた。中国人は直ちにその質問に答えたが、アメリカ人にとっては二つの問いはいずれも難しく、とくに群れの魚がどう思っているかと聞かれたときには、まさに答えに窮した。

他者の感情に対する感受性の強さは、コミュニケーションについての暗黙の考え方にも反映される。西洋人は子どもに、自分の考えを明確に人に伝える「発信機」であれと教える。話し手には、聴き手が明確に理解できる言葉、さらに言えば、その場の状況と無関係に理解できる言葉を発する責任がある。もしコミュニケーションがうまくいかなければ、それは話し手の責任である。

これと対照的に、アジア人は子どもに、よい「受信機」であれと教える。つまり聴き手の側が、話の内容を理解する責任を負うのである。もし、子どもが大声で歌を歌っていてうるさいと思ったら、たいていのアメリカ人の親は、ただ「静かにしなさい」と言うだけである。そこには何のあいまいさもない。これに対してアジアの親は「お歌がお上手ねぇ」などと言うことが多い。最初、子どもは喜ぶが、そのうち何か別の意味があると気づき始め、結局、もう少し声を小さくするか、歌うのをやめるかすることになる。[†26]

西洋人（おそらく、とくにアメリカ人）は、アジア人のことを理解しにくいと感じることが多い。

それはアジア人が多くの場合、論旨を上手にぼかしながら述べることを当然だと考えているからである。そんなとき、西洋人は本当にわけがわからずにいる。一方アジア人は、西洋人（おそらく、とくにアメリカ人）の発言は論旨が直接的で、恩着せがましかったり無作法だったりすると感じることが多い。

相互独立的な社会と相互協調的な社会とを区別する視点はたくさんあるが、以下の四つの側面に焦点を当てて考えると理解しやすい。これらの側面は互いに関連しあっているが、ある程度異なったものである。[†27]

- ●個人活動の自由にこだわるか、集団活動を好むか
- ●一人ひとりの個性を求めるか、集団のなかに調和的に溶け込むことを好むか
- ●平等主義と「獲得される地位」を好むか、階層的関係と「属性による地位」を好むか
- ●適切な行動を決める規則は普遍的でなければならないと信じるか、文脈や人間関係の性質を考慮した個別的なアプローチを好むか

ＩＢＭの調査からわかったこと

右記の側面は単に相互に関連があるだけで、同じものではない。たとえばひとつの社会が、いくつかの側面では極めて相互独立的であり、別の側面ではそうでもないということもある。社会科学者は、価値観調査、記録資料の分析、実験といった多様な研究方法によって、これらの側面やそれ以外の関

連する諸側面についての測定を試みてきた。

なかでも、さまざまな文化のビジネスマンを対象とした調査は興味深い。こうした調査では、回答者の経済状況や教育水準などがある程度一定しているので、とくに説得力のあるデータが得られる。このタイプの研究の古典はヘールト・ホフステッドによるものである。ホフステッドのデータは比較するうえで最適のものだった。というのも、調査対象者は全員、何十という国や地域で勤務しているIBM社員だったのである。ホフステッドは、ビッグ・ブルー（IBMの愛称）の従業員の価値観でさえ、文化によって大きく異なることを見出した。[†28]

同様のデータは、オランダの国際ビジネススクールの教授であるチャールズ・ハムデン゠ターナーとアルフォンス・トロンペナールスによっても集められている。[†29] 彼らは数年にわたって世界各地でセミナーを催し、参加した中間管理職の人々に何十という質問を行った。セミナーの参加者は総計一万五〇〇〇名で、その出身国はアメリカ、カナダ、オーストラリア、イギリス、オランダ、スウェーデン、ベルギー、ドイツ、フランス、イタリア、シンガポール、日本（さらにスペインと韓国から若干名）だった。

ハムデン゠ターナーとトロンペナールスは、相互独立的な価値と相互協調的な価値とが競合するさまざまな状況を受講生に提示した。たとえば以下の質問は、「個々人の区別」と「集団との調和的関係」という二つの価値について検証するものである。

あなたは、次のどちらのタイプの仕事が好きですか？

（a）個人の独創性が奨励され、それを発揮できる仕事
（b）特定の個人に特権が与えられることなく、全員で一緒に働くことのできる仕事

アメリカ、カナダ、オーストラリア、イギリス、スウェーデン、オランダの回答者の九〇％以上は（a）、つまり個人の自由という選択肢を選んだ。一方、日本、シンガポールの回答者のうち（a）を選んだ人は五〇％に満たなかった。ドイツ、イタリア、ベルギー、フランスは両者の中間だった。

アメリカは何度も引っ越す人が多い国だといわれる。アメリカで「引越しが多い」と言われるには、五年ごとに市外局番を変えるくらいの頻度でなければならない（その後アメリカでは、引越しをする前に電話会社の事情で市外局番が変更されることも増えたが）。他国のなかにはアメリカに比べて、自分が勤める会社や同僚との関係にはるかに高い価値を置き、その関係をある程度永続的なものとして捉えているところもある。こうした文化差を測定するため、ハムデン＝ターナーとトロンペナールスは参加者に対して以下のような質問をした。

あなたは就職活動をするとき、次のどちらの考えで臨みますか？
（a）たぶん一生その会社で働く
（b）たぶんその会社にはしばらくの間しかいない

アメリカ、カナダ、オーストラリア、イギリス、オランダの回答者の九〇％以上が、その仕事は期

間限定だろうと考えていた。しかし日本人の場合、そう考えている人は四〇%程度しかいなかった（とはいえ、現在の日本では「リストラ」のせいで、この数字はもっと高くなっているに違いない）。フランス、ドイツ、イタリア、ベルギーの回答者はここでもまた両者の中間だったが、アジア人よりは他のヨーロッパ人に近かった。

ハムデン＝ターナーとトロンペナールスはまた、以下の質問によって、「獲得された地位」と「属性による地位」のどちらにより高い価値が置かれているかを検討した。

あなたは次のような考え方を支持しますか？

- 成功や尊敬を得られるか否かは、一生懸命に働くかどうかで決まる
- 管理職が部下よりも年長であることは重要である
- 年長者は若年者よりも尊敬されるべきである

アメリカ、カナダ、オーストラリア、スウェーデン、イギリスの回答者の六〇%以上が、年齢にもとづいて地位が決まることはどのような形であっても許されないと考えていた。一方、日本、韓国、シンガポールの回答者の六〇%が、年齢による序列をある程度許容した。フランス、イタリア、ドイツ、ベルギーの回答者はまたしても中間だったが、アジア人よりは他のヨーロッパ人に近かった。

いうまでもなく、異なる志向性をもつ文化の人々が顔を合わせた場合には、葛藤が生じる可能性が大いにある。とりわけ、一般法則に価値を置いている人と、状況に応じてメリットを見極め、人によ

って違う規則を当てはめる必要があると考えている人との間には問題が起こりやすい。

西洋人は、抽象的な規則を好み、その規則が誰にでも当てはまると信じる傾向がある。特別なケースに合わせるために原則を曲げることは、西洋人にとってはモラルに反する。しかし東洋人の眼には、どんな場合でも同じ規則に固執する態度は融通のきかないものであり、悪く言えば冷酷に映る。ハムデン＝ターナーとトロンペナールスは多くの設問を通じて、人が広く一般に当てはまる規則を好むか、状況に応じた特別の配慮を好むかには、文化によって大きな違いがあることを明らかにしている。次はその一例である。

一五年間にわたって優秀な成績をおさめていた従業員が、ある年、不幸にも十分な成果をあげることができませんでした。成績が向上する見込みはありません。この場合、あなたの考えに近いのは次のどちらですか？

（a）年齢やこれまでの功績がどうであれ、水準以下の業績しかあげることができなければ、その従業員は解雇されるべきである

（b）その従業員のこれまでの一五年間の働きを無視すべきではない。会社には彼の人生について責任があるということを考慮しなくてはならない

アメリカ人とカナダ人の七五％以上が、この従業員は会社を去るべきだと考えていた。この見方に賛同した韓国人とシンガポール人は二〇％に過ぎなかった。日本、フランス、イタリア、ドイツでは

回答者の三〇％、イギリス、オーストラリア、オランダ、ベルギーでは四〇％が賛同した（この質問に限って、イギリス人とオーストラリア人は北アメリカよりもヨーロッパ大陸の人々に近かった）。

これらの結果が示すとおり、普遍的な法則を重んじる西洋人の考え方は、個人と企業の間の契約に関する考え方にも影響を及ぼしている。これを拡大して考えると、西洋的な見方では、いったん結ばれた契約は、その後で一方の側に不都合が生じたとしても拘束力を失わない。しかし、相互協調的で高コンテクストの文化に生きる人々にとっては、状況が変われば契約を見直す必要が出てくることもある。

このような大きな見解の相違は、決まって国際社会における誤解を引き起こす。一九七〇年代半ばに起きた日本とオーストラリアの「砂糖契約」問題は、とくに印象的な事例である。日本の砂糖精製業者がオーストラリアの供給者と、一トン当たり一六〇ドルで五年契約を結んだ。しかし、契約書が交わされた直後に、国際市場における砂糖の価格が暴落した。日本側は、状況が著しく変化したことを理由に契約の見直しを要求した。しかしオーストラリア側は、いったん交わした契約は状況のいかんにかかわらず拘束力をもつとして、いかなる変更をも拒否した。[†30]

企業の広告戦略においても、相互独立的な社会と相互協調的な社会の違いを考慮に入れて、視聴者の文化に応じた広告を打つ必要がある。マーケティングの専門家であるサンピル・ハンとシャロン・シャヴィットは、アメリカと韓国の主要なニュース誌と女性誌に掲載された広告を分析した。[†31]アメリカの広告は個人の利益や好みを強調し（たとえば「群集をかき分けてわが道を行け」「喜びに満ちて生きる」）、韓国の広告は集団の利益や好みを強調する傾向（「人々をもっと近づける方法があります」

「本物のビジネス・フレンドシップのお知らせです」）が見られた。ハンとシャヴィットはさらに、アメリカ人と韓国人にさまざまなタイプの広告を見てもらうという実験を行った。その結果、個人主義的な広告はアメリカ人に対してより効果的であり、集団主義的な広告は韓国人に対してより効果的だった。

二者択一では語れない

相互独立と相互協調は、当然ながら二者択一の問題ではない。どのような社会も（そしてどのような個人も）、両方の要素を併せもっている。そして、驚くほど簡単にどちらか一方の志向性を顕在化させることができる。心理学者のウェンディ・ガードナー、シャイラ・ガブリエル、アンジェラ・リーは、アメリカ人大学生に対して、相互独立か相互協調のいずれかの状況を想起させるような「プライミング（事前の方向づけ）」を二通りの方法で行った。[†32]

最初の実験に参加した大学生は、王のもとに送る兵士を選ばなくてはならない将軍の物語を読んだ。物語には二つのバージョンがあり、参加者にはいずれか一方が与えられた。相互独立的な物語では、王は最も仕事のできる兵士を求めていた。相互協調的な物語では、王は家族にとって最も役に立つ兵士を求めていた。[†33]また、二度目の実験の参加者は、ある都市への旅の話が書かれた短い文章のなかから指定された単語を探す作業を行った。参加者によって、相互独立的な単語（たとえば「私」「私のもの」）を探す場合と、相互協調的な単語（「私たち」「私たちのもの」）を探す場合とがあった。

物語を読むか、または単語探しを行った後で、参加者は、個人主義的な価値（自由、変化に富んだ生活など）や集団主義的な価値（所属する、年長者を敬うなど）をどの程度重視しているかについての価値観調査に回答した。参加者はさらに、次のような物語を読んだ。登場人物の「リサ」が友人の「エイミー」にアート・ショップへの道を聞かれるが、そのときリサは本を読むことに熱中していたために、案内することを拒んだという話である。その後、参加者はリサの行動が自分勝手か否かの判断を行った。

その結果、相互独立的なプライミングを受けていた学生は、相互協調的なプライミングを受けていた学生に比べて、個人主義的な価値をより高く評価し、集団主義的な価値をより低く評価した。彼らはまた、本に熱中していたリサに対して、より寛大な評価を下した。

ガードナーらは、アメリカ人のみならず香港の大学生に対しても同様の手続きを用い、さらに何のプライミングも行わない条件も追加して研究を行った。その結果、アメリカ人学生は、相互協調的なプライミングを受けない限りは、集団主義的な価値よりも個人主義的な価値をより高く評価した。逆に香港の大学生は、相互独立的なプライミングを受けない限りにおいては、個人主義的な価値よりも集団主義的な価値をより高く評価した。

言うまでもなく、東洋人は日常的に相互協調的なプライミングを受け、西洋人たちは相互独立的なプライミングを受けている。たとえ彼らの受けたしつけがどちらか一方に偏ったものではなかったとしても、周囲のさまざまな手がかりのおかげで、相互協調的な社会に生きる人は概して相互協調的な行動をとるようになり、相互独立的な社会に生きる人は概して相互独立的な行動をとるようになるだろう。

実際、一時的に別の文化への移住を経験した人からは、よくその手の話を聞く。私が気に入っている事例は、日本に数年間住んだ若いカナダ人心理学者の話である。彼はその後、北アメリカの大学に職を求めて志願したが、彼の指導教官は、願書に付された手紙を読んでひどく驚いた。その仕事に自分がふさわしくないことについての謝罪文から始まっていたからである。

また、自尊心とは極めて柔軟性の高いものだということもわかっている。[†34]日本人の自尊心は、しばらくの間欧米に暮らすことによって飛躍的に高まるという。[†35]これはおそらく、日本にいるときと比べて、日々、より自尊心の高まりやすい状況に接していたためであると思われる。このように、複数の異文化に育った人々の心理的特徴は、大いに変化しやすいものなのである。

変化する視点

ハムデン=ターナーとトロンペナールスの研究は、西洋が単に相互独立か相互協調かという一本の柱では語れないことを明らかにした。西洋諸国の間に違いをもたらす重要な法則も存在する。東アジアの国々を一方の極、プロテスタントかつアングロ=サクソンの文化の影響を最も強く受けている国々をもう一方の極とすれば、地中海諸国やベルギー、ドイツは両者の中間に位置している。

それだけではない。「イデアが西洋を動かす」という誰かの言葉にもあるとおり、いわゆる肥沃な三日月地帯で生まれた文明が西へと広がるにつれて、個性、自由、合理性、普遍性といった価値はますます優勢になり、明確化していった。バビロニア人は法を成文化することによって普遍的なものにした。ユダヤ人は個々人の違いを強調した。ギリシア人は個性にいっそうの価値を置き、個人の自由、討論《ディベート》の精神、形式論理学への関心を高めた。ローマ人は合理的な組織体系と、中国人の才覚にも通じる高い技術とをもたらした。そして、一〇〇〇年近く続いた停滞期の後、彼らの子孫であるイタリア人がこうした価値を再び発見し、ギリシア・ローマ時代の偉業を復興させた。

さらに、ドイツ、スイスで始まり、フランスやベルギーを通じて広まった宗教改革によって、個人の責任という概念が生まれ、また労働が神聖な活動として定義づけられた。宗教革命はさらに、家族をはじめとする内集団との結びつきを弱め、逆に外集団を信頼してその成員と取引しようという機運を高めた。

こうした価値はいずれも、ピューリタンや長老教会を含むイギリスにおけるカルヴァン派によって強化された。彼らがもっていた平等主義的なイデオロギーは、アメリカ合衆国政府の土台となった（事実、トマス・ジェファーソンが起草した独立宣言は、単にピューリタン支持者のジョン・ロックの言葉を言い換えたものだった。「われわれは、次の真理を自明のものであると考える。すなわち、人間はすべて平等に創造され……譲渡できない一定の権利を付与されている……これらの権利のなかには、生命と、自由と、幸福の追求がある……」）。

ハムデン＝ターナーとトロンペナールスの研究結果やホフステッドの研究結果は、こうした東から西へのイデオロギー変遷の道筋をおおむね正確になぞっている。一般に、ある国が西方にあればあるほど、その国における相互独立的な価値への傾倒の度合いは大きい。さらに、ヨーロッパ諸国間のこうした違いは、アメリカ国内における彼らの子孫の下位文化《サブカルチャー》にも反映されている。経済学者のトマス・ソーウェルなどによる移民文化史の研究には、そのことを示す事実が見出されている。[†36]

かつて私は、非常に高名で社会的地位もある、一人の社会科学者を知っていた。彼は気難しいスコットランド系アメリカ人で、カルヴァン派の清廉の精神を信奉していた。彼の息子も社会科学者だったが、息子は一九七〇年代、アメリカで研究者ポストが不足していたために、職探しに苦労していた。彼はときどき誇らしげに、「息子を救おうと思えば簡単にできたが、一度もそうしようと考えたことはなかった」と言っていた。アングロ＝サクソンかつプロテスタントである彼の友人たちは、これこそ私的な困難に直面したときにとるべき正しい態度であるとして、賛同の意を表していた。これに対して、大陸的な価値観をもつユダヤ人やカトリックの同僚たちは、彼が家族の情をもっていないことをいたく嘆いていた。

この逸話よりも少しだけ科学的な例もあげておこう。われわれの研究において最も「西洋的な」行動パターンを示すのは白人プロテスタントのアメリカ人参加者である。カトリック系の人々や、アフリカ系アメリカ人やヒスパニックを含む少数民族《マイノリティー》の人々は、それよりはやや東洋に近いパターンを示すのである。

不思議な選択

西洋のみならず、東洋の諸文化の間においても、社会行動や価値観の違いは存在する。そのなかには、相互独立と相互協調に関係するものも含まれている。

一九八二年、私は中国にいた。当時の中国は文化大革命の末期にあった。私の眼には、中国の伝統的な側面も共産主義を強要する雰囲気も、極めてエキゾチックに映った（これは、北京の紫禁城にスターバックスが出現するよりずっと以前の話である！）。
滞在中に、文化大革命が始まって以来、初めての西洋劇が上演されることとなった。アーサー・ミラーの『セールスマンの死』である。これはとても不思議な選択に思えた。私の知る限り、この劇は極めて西洋的なだけでなく、極めてアメリカ的な作品だった。主人公は一人のセールスマンで、「靴をテカテカ光らして、ニタニタ笑いながら、フワフワと青空の向こうに浮いている人間」[*3]である。

*3訳注　菅原卓訳『アーサー・ミラー全集Ⅰ』（早川書房、一九七五年）より。

驚いたことに、この劇は大成功を収めた。しかし、この劇を共同プロデュースするために中国に来ていたアーサー・ミラーは、この作品が受け入れられるのに十分な理由を提供した。「これは家族についての劇です。そして、家族を発明したのは中国の人々です」と言ったのだ。ミラーにはさらに、これは面子（他者の尊敬を得たいという欲求）についての劇であり、中国人は面子を発明した人々でもあると付け加えてもらいたかったところだが。
おそらく日本人も、中国人と同じくらい面子にこだわりをもっているだろうが、家族に対しては中国人ほど深くは気持ちを注がず、企業に対しては中国人以上に献身的である。日本人と中国人にはこの他にもいくつかの大きな違いがある。社会学者のロバート・ベラー、哲学者の中村元、心理学者のドラ・ディエン、社会哲学者の林語堂、その他多くの研究者たちが日中の違いについて論じている。[†37]
日本人も中国人も、一般に西洋人と比べて大きな社会的制約を受けている。中国人の場合には主として権威による制約であり、日本人の場合には仲間からの制約である。たとえば、中国の教室を支配するのは教師であるが、日本の教室を支配するのは同級生である。ドラ・ディエンは、「中国人は特定の二者関係を強調しながら個性を保ち続けるのに対し、日本人は集団のなかに自らを埋没させる」と述べている[†38]。

中国人であれ日本人であれ、日常生活を円滑にこなしていくには周囲に合わせることが求められるが、中国人はそうした要求に苛立ち、他方、日本人はそれを楽しんでいるという。日本人は人生のすべての局面に秩序を求めるという点でドイツ人やオランダ人と相通じるものがあり、中国人は人生に対してもっとリラックスした態度で臨むという点で地中海の人々と似通っている。

日本人に特有の人間関係としてしばしば注目される概念に「甘え」がある。この概念は、日本人精神分析学者の土居健郎によって長く論じられてきた[†39]。甘えとは、目下の者が、目上の相手が自分と親密であるがゆえに自分の行動を大目に見てくれるという確信のもとに、常軌を逸した行動をとることである（たとえば、子どもが親に高価なおもちゃをねだる、従業員が上司に企業の方針に反するような昇進を要求するなど）。甘えは、その二者がお互いに対する信頼を高め、絆を強めるといった機能をもつが、その代償として甘える側の自立を妨げてしまう一面もある。

このように、東洋の諸文化の間にも、西洋の諸文化の間にも、たしかにさまざまな違いがある。とはいえ、多くの重要な価値や社会心理的特性に関して、東洋と西洋とが互いに大きく異なっているという事実を見失うべきではない。

討論の伝統をもたない人々

古代中国と同様、現代のアジアにおいても、討論はほとんどなじみのないものである。実際、西洋人の第二の天性とさえ言われる論争に関わる技法は、そのほとんどがアジアでは見出されない。アメリカやカナダでは、幼稚園のころから「ショウ・アンド・テル（show-and-tell）」の時間があり、子どもたちはたちまち、自分の意見を述べたり自分を正当化したりといったことをし始める（たとえば自分の自慢の品物を皆に見せて、「これは僕のロボットです。彼と遊ぶのは楽しいです。どうしてかというと……」などと話す）。

これに対して、アジア人の生活においては意見を戦わせ合う機会はあまり多くない。ある日本人の友人は、「活発な議論」の概念は日本にはないと私に言っていた。それは集団の調和を乱す恐れがあるからだという。かつてその友人は、アメリカ式のディナー・パーティーを日本で開いて大いに議論しようとした。そのとき彼は、マティーニに始まり、ステーキを経てアップル・パイで締めるといった根っからのアメリカ好きを自認する日本人ばかりを集めた。それでも、意見を言う人も自己弁護をする人もいなかったために、彼の努力は報われなかった。

討論の伝統がないということは、とくに政治活動を行ううえでは重要な意味をもっている。最近、韓国では初めての民主主義政府が誕生した。それまでは、北朝鮮について論じることは法律で禁じられていた。韓国が過去四〇年間に世界でも最も目覚ましい経済発展を遂げた国のひとつであり、北朝鮮があらゆる点においてうまくいっていないという状況から考えると、北朝鮮問題に触れることを禁じるという韓国の政策は、西洋人には理解しがたいことだった。

しかし、討論の伝統をもたない韓国の人々には、さまざまな考え方がはびこっても結局は正しい考えが勝利するという確信がない。そのため以前の政府は、共産主義の考え方や北朝鮮の施策について討論することを禁じることによって、市民を「守った」のである。

討論の伝統は、法律や科学におけるある種の文章技法《レトリック》とともに発達してきた。科学論文の文章技法は、検討されるアイディアの概要、関連する基本的な理論の説明、研究の仮説、研究方法とその正当性についての記述、その方法論によって得られた証拠の提示、証拠が仮説を支持する理由についての考察、別解釈可能性の排除、基本理論の再吟味、その論文の内容を包含するさらに広い枠組みに関わるコメントから成り立っている。アメリカ人にとって、文章技法は幼稚園から大学までの間に少しずつ身につけていくものである。大学院生になるころには、それは彼らの第二の天性といえるまでになる。

しかし、アジア人学生にとっては、文章技法の大部分が初めてのものである。その学習には時間もかかるし苦労も多い。アメリカ人の教授が勤勉でできのよいアジア人学生に感銘を受けることは珍しくないが、同時に、その学生の書く最初の論文に失望させられることも珍しくはない。

それはアジア人学生が英語を十分に使いこなせないことによるものではなく、専門領域における基本的な文章技法を身につけていないことからくるものである。そしてまた、問題は西洋式の技法が欠けていることであって、研究プロジェクトに対する理解不足といった深刻なものではないということに、教授が気づかないことも珍しくない。

争いのための文章技法の形式は、アジアの法律にも欠けている。西洋の法律のほとんどの部分を占めているのは敵対する者どうしの争いに関するものだが、それらはアジアでは見出されない。もっと典型的なことに、アジアの論争者たちは問題の解決を仲裁人に委ねる。[†40] 仲裁人に課せられているのは公正な判断ではなく、敵対する者たちの主張の「中庸」を探して憎しみを軽減することである。アジア人には普遍的な原則によって法律上の紛争に対する解決策を見出そうという考えはない。それどころか、抽象的で型どおりの西洋流の正義は、融通がきかなくて冷酷なものだと考える傾向がある。

「選び」か、「合わせ」か――交渉のスタイル

交渉のスタイルも、高コンテクストの東洋社会と低コンテクストの西洋社会では異なっている。[†41] 政治学者の武者小路公秀によれば、西洋の交渉では「選び」という主体的かつ能動的なスタイルがとられる。その根底には「人間は自分自身の目的のために環境を自由に操ることができる」という信念がある。「こうした考え方に従って、人は自分の目的を設定し、その目的に到達するために計画を立て、その計画に従って環境を変えるべく動くといった一連の行動を起こす」のである。[†42]「選び」の交渉スタイルをとる人にとっては、人間関係に力を注いでもあまり意味がない。重要なのは結果である。交渉の場でなされる提案や決定は二者択一的なものになりやすい。なぜなら、西洋人は自分が望むものが何かを知っているし、満足な取引をするためにはいかなるギブ・アンド・テイクが適切かということについて、明確な考えをもっているからである。

これに対して、日本の交渉においては「合わせ」という調和的かつ適合的なスタイルがとられる。「合わせ」スタイルは、「人間が環境を操作できるという考えを否定し、人間のほうが環境に合わせる

べく自らを調整する」ものである。[†43] 交渉は、いったん発射されたら再び戻ることのない「弾道」として捉えられてはおらず、人間関係が長期にわたることが前提となっている。二者択一的な選択は避けられる。「短期的な賢さは長い眼で見れば愚かさかもしれない」という信念がある。[†44]

日本人の交渉者は、西洋人に比べて、初回の取引時に譲歩する度合いが大きい。それは、今回の取引によって将来的な信頼と協力関係の基礎を築けるかもしれないとの期待からくるものである。交渉における論点は、複雑で、主観的で、もつれ合ったものとして想定されている。それは、アメリカ人の「選び」スタイルが想定しているような、単純で客観的で「ばらばらに分解できる」論点とは異なっている。

異なる価値観

このように、東アジアの人々をひとつのグループとして捉え、同様にヨーロッパ文化の人々をひとつのグループとして捉えてみると、両者の間にはかなり顕著な社会心理的な違いが見出される。東アジア人は相互協調的な世界に生きており、自己は大きな全体のうちの一部であると考えている。西洋人が生きる世界では、自己は単一の自由な主体として捉えられている。成功や達成は、東洋人にとっては所属集団に名誉をもたらすという意味で重要だが、西洋人にとっては個人的利益をもたらすという意味で重要である。

東洋人は周囲と調和することに価値を置き、自らを省みて、それができているかどうかを確認する。西洋人は個性に価値を置き、自分をよく見せるために奮闘する。東洋人は他者の気持ちに十分な注意を払い、人間関係の調和を保つために奮闘する。西洋人は自分自身を知ることに関心があり、公正であるためには調和を犠牲にすることをいとわない。東洋人は上下関係と集団管理を受け入れるが、西洋人は平等と個人の裁量を好む。アジア人は論争や討論を避けるが、西洋人は法律から政治、科学の領域にいたるまで、討論の技法を信奉する。

当然のことながら、それぞれの文化に生きるすべての人に当てはまることなどひとつもない。どんな社会にも、自分の社会よりも別の社会の人間にずっと近い個人は必ず存在する。また、どんな個人も、一生の間には（実際のところは一日の間にでも）相互独立的になったり相互協調的になったりするものである。しかし、ひとつの社会のなかや複数の社会の間に多様性があり、さらには一人の個人のなかにも多様性があったとしても、「東アジアの人々とヨーロッパ文化の人々の間には、平均的に見ればかなり本質的な違いが存在する」という事実が否定されるわけではない。

こうした社会環境の違いは、古代の中国人とギリシア人の間に見出された違いと同じものであると言ってほぼ間違いないだろう[†45]。古代の中国人とギリシア人の認知の違いを生み出したのがその社会環境の違いであったとすれば、現代の東アジア人と西洋人の間にも、古代の中国人とギリシア人の違いに対応するような認知の違いを見出すことができるはずである。

第4章

目に映る世界のかたち

包括的に見るか、分析的に見るか

もし人が本当に、自らの人間観に合致するように世界を理解しているとしたら、現代の東アジア人は古代中国の思想家と同じような包括的な世界観をもっているかもしれないし、現代のヨーロッパ人は古代ギリシアの思想家と同じような分析的な世界観をもっているかもしれない。

さらに、こうした社会的リアリティ（人々が世界をどのようなものとして認識するか）の違いは、文字どおり世界をどう「見る」か、ということについても大きな違いをもたらすと考えられる。自分以外の力が大きな役割を果たす世界に生きている人々は、環境に周到な注意を払うかもしれない。個人の主体性によってすべてが決まる世界に生きている人々は、まずは自分の目的に役立つ事物に焦点を合わせるかもしれない。

先日、私が北カリフォルニアからの飛行機に乗っていると、近くの席から男性の声が聞こえてきた。ヨーロッパ系アメリカ人の父親が、二歳半の息子に話しかけているのだった。

父　この風船の形は？　（返答なし）。　丸だよ、ジェイソン。
父　これは靴下だね。靴下は長い、短い？
息子　短い。
父　そうだ、短い。
父　これはズボンだね。ズボンは……？
息子　短い。
父　違うよ、ジェイソン。ズボンは長い。

こうしたやりとりは、西洋人にとってはよくあるクイズのように思えるが、アジア人の一般的感覚からすると、かなり変わった会話である。父親の質問は、息子の注意を対象物《オブジェクト》に向けさせ、対象物がもつ特性について尋ねるという形をとっている。これは西洋人が子どもの注意を引くときの最もありふれたやり方だが、東洋人はこういうやり方を好まない。その理由を考えることは、知覚や認知における文化差について理解するうえでとても役に立つ。

古代中国の哲学者は、世界を連続的な実体《サブスタンス》として捉えていた。一方、古代ギリシア哲学者は、世界を個別的な対象物または要素から成ると考える傾向があった。当時の中国人にとって、木片は継ぎ目のない単一体だったが、ギリシア人にとっては細かい粒子の集まりだった。たとえば貝殻などの目新しい何かを前にしたときも、中国人には実体が見え、ギリシア人には対象物が見えたことだろう。注目すべきことに、現代のアジア人もまた、世界を連続的な実体として見ており、現代の西洋人は対象物に眼を向けがちである。

認知心理学者の今井むつみとディードレー・ゲントナーの研究は、二歳未満から成人までのさまざまな年齢層の日本人とアメリカ人を対象としたものだった。[†1] 今井らは実験参加者に物体を見せ、それが対象物か実体かには触れないように気をつけて説明した。たとえば、「この『ダックス』を見てください」と言いながら、コルク製のピラミッドを見せた。

次に、参加者の前には二つのトレイが置かれた。ひとつのトレイには、その物体と形は同じだが材質の異なるもの（たとえばプラスチック製のピラミッド）が載っており、もうひとつのトレイには、材質は同じだが形の異なるもの（たとえばコルク片）が載っていた。参加者は、「『ダックス』が載っているトレイ」を指差すように求められた。

その結果、アメリカ人は日本人よりも、同じ形のものが「ダックス」であると答える傾向が多く見られた。つまり、アメリカ人は物体を対象物として認識していた。日本人は同じ材質のものが「ダックス」だと答える傾向があった。つまり、日本人はそれを実体として認識していた。この日米差は極めて大きかった。

異なる材料を用いた多くの試行を通算すると、平均で、アメリカ人の四歳児の三分の二以上が同じ形の対象物を「ダックス」だと答えたのに対して、日本人四歳児の場合は三分の一未満だった。成人の間でも同じようにこの違いは見出された。二歳児でさえ、アメリカ人幼児のほうが日本人幼児よりも同じ形の対象物を選ぶ傾向があった。

今井とゲントナーの研究結果をそのまま信じれば、西洋人とアジア人は文字どおり異なった世界を見ている。古代ギリシア哲学者と同様、現代の西洋人も、対象物、すなわち個別的で互いに関連のない「モノ」の集まりとしての世界を見ている。そして古代中国哲学者と同様に、現代のアジア人は、実体、すなわち連続的な「材」の総体としての世界を見ている。西洋人が彫像を見ているとき、アジア人は大理石を見ている。西洋人が壁を見ているとき、アジア人はコンクリートを見ている。すなわち、西洋人は目立つ対象物とその性質に焦点を当てた分析的なものの見方をし、東洋人は実体の連続性と環境のなかでの関係に焦点を当てた包括的なものの見方をしている。これを支持する歴史や科学的証拠、逸話は数多い。

原子論的なエピソード

私が住む中西部のミシガン州アナーバーの近郊には、白い羽目板と切妻屋根でつくられた魅力的な労働者住宅がたくさんある。この家々は、かつてシアーズ・ローバック社[*1]が多数の部品の状態で駅まで輸送し、馬車に積み替えて丘の上へ運んでからパズルのように組み立てたものだ。

＊1訳注　アメリカ有数の総合小売業の老舗。現在では全米に数百店舗のデパート・チェーンをはじめ、自動車部品、家庭用品、家電製品、衣料品等々の専門店も多数展開している。

その後間もなく、私の街から四〇マイルのところにあるフォード自動車会社のヘンリー・フォードが、組み立てラインを発明した。各従業員はライン上の決められた持ち場に立ち、何度も何度も同じ作業を繰り返す。それにより、多数の自動車部品が順々に組みあげられていく。このような単純な流れ作業によって、ミシガン州ディアボーンのリバー・ルージュ工場に届けられた鉄鉱石は、製錬され、単純な部品に生まれ変わり、最後にはフォードAモデルとして世に出て行った。

一八世紀の終わりから一九世紀の初頭にかけて、西洋、とくにアメリカでは、商工業界における原子化、いわゆる「モジュール化」が始まった[†2]。マスケット銃から家具まで、あらゆる物の生産が、可能な限り標準的な部品と最も単純な繰り返し作業に分割された。用具、構成部品、労働作業の一つひとつについて分析がなされ、最大限に効率化された。以前は職人の手で数カ月かけてつくられていた製品が、今や数時間のうちに生産できるようになった。さらには、時間それ自体がひとつのモジュールとなった（キャブレーターのボルト締めに三分、点火プラグに導火するのに二分半、といった具合に）。

一九世紀の後半には、小売店がモジュール的な「チェーン」に変わり始めた。国中のあらゆるところに「シアーズ」ができ、半世紀後には「マクドナルド」ができ、世界中に広がった。どこへ行っても同じ商品販売方式、つまり同じブースと同じバーガーを見ることができた（私の好きな雑誌『ニューヨーカー』の漫画にこういうものがある。二人の年老いたアメリカの婦人がホテルのドアマンにこう尋ねるのだ。「ここはジェノバ・シェラトンなの、それともブリュッセル・シェラトンなの？」）

西洋人のこうした原子論的な考え方は、社会制度の性質をどのように理解するかということにも現れている。ハムデン＝ターナーとトロンペナールスは、中間管理職に対する調査のなかで、企業は仕事を組織的にこなすシステムか、または一緒に働く人々をとりまとめる有機体かということについて、参加者の考えを尋ねた。[†3]

（a）企業とは、さまざまな職務や仕事を効率的にこなすためにつくられたシステムである。従業員は、機械や設備の助けを借りながら、これらの仕事を成し遂げるために雇われている。彼らは自分が行った仕事に応じた賃金の支払いを受ける。

（b）企業とは、人々が集まってともに働く集団である。従業員は、仲間や組織そのものとの間に社会関係を築いている。企業の仕事はそれらの社会関係に依存している。

その結果、アメリカ人のおよそ七五％、カナダ人、オーストラリア人、イギリス人、オランダ人、スイス人の五〇％以上が（a）を選択したのに対し、日本人とシンガポール人で（a）を選択した人は約三分の一に過ぎなかった。ドイツ人、フランス人、イタリア人は、アジア人と、イギリス系および北ヨーロッパ系の人々との中間に位置していた。つまり、西洋人、とくにアメリカ人や北ヨーロッパ系の人々にとって、企業とは、別々の職能を発揮する人々が寄り集まった原子論的なモジュールの社会である。

一方、東アジアの人々にとっては、企業とはそれ自体ひとつの有機体である。企業における人間関係は、ものごとをひとつに束ねるうえでなくてはならない要素と考えられている。東ヨーロッパや南ヨーロッパの人々も、程度の差はあれ、ある程度東アジア人的な考え方を有している。

古代中国における全体論は、人間と自然、さらに超自然をも一体化して捉える発想へと拡大されていった。地上で起こっている出来事は自然界や宇宙の出来事と共鳴している。この考え方は、現代の東アジアにおいてもなお真実である。中国をはじめとする東アジアでは今も道教の影響力が大きく、日本では今も神道が重んじられているが、両方とも「アニミズム」、つまり動物や植物、自然物、さらには人工物にさえも霊魂があるとする考え方を強く保持している。

自然を強調する広告は、欧米よりもアジアにおいてはるかに効果的である。日産自動車は、アメリカ市場で高級車インフィニティの販売キャンペーンを行ったとき、この事実に気づいて悔しい思いをした。インフィニティの広告に、自動車の写真ではなく自然の写真を使ったのである。それは自然の連続写真を使った数ページの高価な広告で、車の名前が最後に出るだけのものだった。このキャンペーンは失敗に終わった（あるアメリカ人の広告代理店の社員は、「いやいや、石や木の売上げは上り調子だよ」と皮肉った）。

大陸の知の歴史と「ビッグ・ピクチャー」

ヨーロッパ大陸の人々の社会的態度や価値観が東アジア人とアングロ・アメリカ人の中間であったことにも見られるように、大陸の知の歴史はアメリカや英連邦に比べれば全体論的である。アメリカは、大陸よりもはるかに「ビッグ・ピクチャー」（将来を見据えた大きな展望）の感覚が乏しい。アングロ・アメリカ人の哲学者は何十年もの間、原子論的な日常言語分析に取り組んできたが、その間、ヨーロッパの哲学者は、現象学や実存主義、ポスト構造主義、ポストモダニズムなどを生み出していた。

政治、経済、社会に関する大きな思想体系は、主としてヨーロッパ大陸から生まれた。マルクス主義はドイツ生まれだし、社会学はフランスのオーギュスト・コントが生み出し、ドイツのマックス・ヴェーバーが最高水準まで高めた。心理学に関しても、ビッグ・ピクチャーと呼べる理論を打ち立てたのはやはり大陸の人々だった。おそらく二〇世紀における最も影響力のある心理学者は、オーストリアのフロイトとスイスのピアジェだろう。

私が専門とする心理学の一分野、社会心理学では、クルト・レヴィンとフリッツ・ハイダーという二人のドイツ人が、非常に守備範囲の広い包括的な理論をつくりあげた。そして、私自身も遅まきながら仲間入りすることになったのが、ロシア人心理学者のレフ・ヴィゴツキーとアレクサンダー・ルリアがつくり出した心理学の歴史文化学派だった。

アングロ・アメリカ人学者は、単に包括的な理論の生成に貢献しなかったのではなく、どうやら積極的に理論を嫌ったようである。アメリカ心理学界の重鎮ともいえるB・F・スキナーは、極端な原子論学派に属する還元主義者だっただけではなく、実際に、どんな種類の理論も不適切だと信じていた。理論は一般的すぎて確固たる真実からかけ離れているというのである。

私の大学院生時代の学生仲間には、ぼんやりと大きなアイディアを考えている者もいたが、よく同級生から「形而上学《メタフィジックス》の夜間授業」に首を突っ込んでいると批判されていた。理論に理解のあるアングロ・アメリカの社会科学者でさえ、壮大な理論は好まない傾向があった。大学院での私の社会学の先生はロバート・マートンだったが、彼は「中位理論」（中範囲の理論）を最も望ましいものとして評価していた（かつて、あるイタリア人学者が、おそらくは皮肉からこの言葉を「平均レベルの理論」と訳し、マートンを狼狽させたことがあった）。

世界を知覚する

東アジア人が、自分の行動を他者に合わせ、周囲の状況に順応しなければならないとすれば、他者の態度や行動に対して西洋人よりも多くの注意を払うはずである。実際にわれわれの研究では、東アジア人が西洋人よりも世の中に注意を向けていることを示す証拠が得られている。私はリジュン・ジ、ノーバート・シュワルツと共同研究を行い、ミシガン大学の学生よりも北京大学の学生のほうが、友人の態度や行動についてよく知っているという結果を見出した。[†4]

トレイ・ヘデンとデニス・パークを中心とするミシガン大学のチームと中国科学院心理研究所のキチェン・ジンによるチームが共同で行った研究は、単語を背景画像と一緒に表示したときに、背景画像が単語の記憶にどのような影響を与えるかを検証するものだった。[†5]

研究に参加した中国人とアメリカ人の大学生および成人は、膨大な数の単語を見るように求められた。そのなかには、人々の画像などの「社会的」背景と一緒に表示される単語と、花の画像などの「非社会的」背景と一緒に表示される単語、さらにまったく背景なしで表示される単語が含まれていた。一連の画像を見た後、実験参加者はできるだけ多くの単語を思い出して報告した。

その結果、非社会的背景とともに表示された単語と背景なしで表示された単語については、アメリカ人も中国人も同じ程度に記憶していたが、社会的背景とともに表示された単語については、中国人のほうがアメリカ人よりも多く思い出すことができた。[†6] 中国人にとっては、人々の画像についての記憶が、単語を思い出すための「検索手がかり」になったのである。こうした結果は、アメリカ人よりも中国人のほうが社会的な手がかりに多くの注意を払っていることを示している。

西洋人とアジア人は、文字どおり世界を異なったものとして体験している。こう信じるには十分な理由がある。西洋人は自伝的小説の主人公であり、アジア人は自分たちの生活に関わりのある映画の出演者の一人である。発達心理学者のジェシカ・ハン、ミシェル・リーチマン、キ・ワンは、四歳と六歳のアメリカ人児童、中国人児童に、毎日の出来事を報告するように求めた。[†7] たとえば、昨夜ベッドに入ってから何をしたか、前回の誕生日に何をして過ごしたかといったことである。

ハンらは三つの驚くべき結果を見出した。第一に、すべての子どもが他者のことより自分のことを多く話したが、自分のことを話す比率はアメリカ人のほうが中国人の三倍も多かった。第二に、中国人の児童は出来事の細部にいたるまでよく覚えていて、それらを簡潔な説明口調で話した。アメリカ人の子どもは、自分が面白いと思った数少ない出来事だけをのんびりと話した。第三に、アメリカ人の子どもは、自分自身の心の状態、つまり好き嫌いや感情について、中国人の子どもの二倍も多く話した。アメリカの子どもは要するに、こうだった。「もうきみの話はいいや。ぼくの話をしようよ」

アジア人が出来事に対して包括的な見方をし、他者の視点を取り入れていることは、社会心理学者のドヴ・コーエンとアレックス・ガンズの研究からも窺える。彼らは北アメリカの大学生（多くはカナダ人）とアジア人大学生（香港、中国、台湾、韓国、および南・南東アジア諸国など）に対して、自分が注目を浴びた一〇個の異なる状況（たとえば「恥ずかしかったこと」）を思い出してもらった。[†8] 北アメリカ人はそのときの自分の視点に立ってそのシーンを思い出す傾向があった。アジア人はそのシーンを見ていた人がどう感じたかを想像して、第三者的に描写することが多かった。

ここでひとつ留意すべき点がある。この節で紹介している研究も含めて、われわれの研究においては、ある参加者には英語で実験を行い、別の参加者には別の言語で実験を行うことが少なくない。この場合には両者を比較することの妥当性を保証するために、必ず、「バック・トランスレーション」の手法を用いている。まず言語Ａでつくった材料を言語Ｂに翻訳する。言語Ｂのネイティブ・スピーカーがそれをまた言語Ａに翻訳する。言語Ａのネイティブ・スピーカーが、もとの実験材料と再翻訳された材料とを同一であると判定すれば、それを研究に用いる。もしも同一でないと判定されれば、翻訳手続きはやり直しとなる。

「トンネルのような視野」

私の研究室の新しい日本人学生、増田貴彦は、身長一メートル八八センチ、体重一〇〇キロで、アメリカン・フットボールをやっていた（そう、アメフトである。このスポーツは日本でも人気があるらしい）。ミシガンにやってきて間もないその秋、彼は初めてのビッグテンの試合を見に行けるというので、非常に興奮していた。

実際、増田は試合にはとても感動したのだが、仲間の学生たちの態度には唖然としていた。皆がずっと立ちっぱなしだったので、よく見えなかったというのである。「日本では」と彼は言った。「誰でも小さいころから、後ろにも目をつけていろと言われています」。これは何も、疑心暗鬼になれという意味ではない。自分の行為によって他人が不愉快な思いや不便な思いをしていないか、常に気をつけなさいという意味である。アメリカ人の学生があまりに後ろの人に対して無頓着なので、それが彼の眼にはひどく無礼に映ったのだろう。

アメフト・ファンの態度を見て、増田は「アジア人は世界を広角レンズで見ているが、アメリカ人はトンネルのような視野しかもっていない」という仮説を検証しようと思い立ち、非常にシンプルな方法で実行に移した。水中の様子を描いた八種類のカラー・アニメーションをつくり、京都大学とミシガン大学の学生に見せたのである。[†9]

図5の上段はその一コマをモノクロで再掲したものである。どの場面にも、一匹または複数の「中心的な」魚がいた。その魚は、画面中に登場する他のどの生き物よりも大きく、明るい色をしていて、いちばん動きが速かった。それぞれの場面にはこの魚のほかに、もう少しゆっくりした速度で進む生き物と、水草、石、泡などが描かれていた。実験参加者は約二〇秒間の場面を二度ずつ見た後で、自分の見たものを説明する（記憶を「再生」する）ように求められた。参加者の回答は内容に応じて、中心の魚、その他の生物、背景や無生物といった具合に分類された。

アメリカ人、日本人とも、中心の魚についての回答数はほぼ同じだった。しかし、水や石、泡、水草、動きの鈍い生き物といった背景的な要素については、日本人の回答数はアメリカ人より六割以上も多かった。加えて、日本人もアメリカ人も、活動的な生物と他のものとの関係についての回答数はほぼ同じだったのに対して、日本人は、背景の無生物と他のものとの関係についての回答がアメリカ

図5　水中場面の例（上　再生課題に用いられたアニメーションの1コマ；下　再認課題に用いられた静止画）

人のおよそ二倍もあった。

とくに印象的なことに、日本人参加者はその第一声で環境について述べることが多かったのに対して（「池のようなところでした」など）、アメリカ人は中心の魚から話を始めることのほうが三倍も多かった（「大きな魚がいました、多分マスだと思います。それが左に向かって泳いでいきました」など）。

こうして自分の見たものを報告した後で、参加者は、魚やその他の生物、無生物が描かれた九六枚の静止画を見て、前に見たことがあるかないかを答える（記憶を「再認」する）ように求められた。半数はアニメーションのなかに登場していたもので、もう半数は初めてのものだった。さらに、アニメーションと同じ環境のなかに描かれたものと、見たことのない環境のなかに描かれたものがあった。下段の二つの図はその例である。

日本人学生の場合、それらがもとの環境のなかに描かれているときのほうが、新しい環境のなかに描かれているときよりはるかに再認成績がよかった。魚も物も、最初に眼に入ったときに環境と「結びつけられ」、そのままの形で記憶に残されたと考えられる。[†10] 一方、アメリカ人の場合には、もとの環境のなかにあろうと新しい環境のなかにあろうと、まったく何の影響もなかった。魚も物も、環境とは完全に切り離された形で知覚されていたと考えられる。

その後の追試研究で、増田と私は、さまざまな種類の動物をいろいろな文脈のなかに配置して実験参加者に見せた。今度は再認の正確さだけではなく、再認のスピードも測定した。やはり、日本人はアメリカ人よりも背景の影響を受けやすく、動物が新しい背景と一緒に示されると、もとの背景と一緒のときよりも誤答数が増えた。さらに、日本人の判断のスピードは動物が新しい背景とともに示されると遅くなったが、アメリカ人の判断のスピードは変化しなかった。

環境への注意

街で、あなたがある男の人に道を尋ねられたとしよう。その人に道を教えようとしていると、二人の男が大きなベニヤ板を抱えてあなたとその人の間に割って入ってきた。道を尋ねていた人はベニヤ板の端をつかんだ。そしてベニヤ板が通り過ぎた後には、別の男があなたの目の前に残り、あたかも最初からあなたと話していたかのように振る舞った。

　このとき、あなたが目の前の男が入れ替わっていることに気がつかない可能性はどのくらいあるだろうか。双子でもない限り、そんな間違いは起こりっこないと思うかもしれない。ところが実際は、こうやって人をだますのは簡単なことである[†11]。

　一般に、人は自分が見ている景色に本質的な変化が起きていることに対して、驚くほど鈍感である。映画の編集者はこうしたことに敏感でなければ務まらない。あるシーンでの俳優たちの位置関係が一秒前とほんのわずか変わっているとか、前のシーンのほうが後のシーンよりもタバコが短いといったことに気づかなくては困るのである。

　東洋人が西洋人よりも多くの注意を場に向けているとすれば、西洋人は、東洋人に比べて、背景にある物の変化や、物どうしの関係には気がつきにくいはずである。また、逆に西洋人は東洋人よりも、目立つ物の変化には早く気づくという予測も成り立つ。

こうした可能性について検討するために、増田と私はコンピューターでカラーのショート・フィルムを作成し、日本人とアメリカ人の実験参加者に見せた[12]。フィルムはだいたい同じだったが、いくつか違うところがあった。図6は二つのフィルムの一場面をモノクロで再掲したものである。

参加者の課題は、フィルムのどこが違うかを答えることだった。違いは数カ所にわたっていた。たとえば、下のほうのヘリコプターは、バージョン1では回転翼の左側が黒いが、バージョン2では右側が黒い。離陸していくコンコルドは、バージョン1では車輪を降ろしているが、もう一方では上げている。物どうしの関係にも違いがある。たとえば、ヘリコプターと小型飛行機の間隔は、バージョン1のほうが2よりも接近している。さらに、管制塔の形がバージョン1と2で異なっているなど、背景の細部にも違いがある。

予測どおり、日本人参加者はアメリカ人よりも、二つのショート・フィルムの間の背景の違いや関係の違いに気がつくことが多かった。アメリカ人のほうは、前面にある中心的な物の違いを指摘することが多かった。

アジア人が西洋人よりも環境に多くの注意を払うとすれば、彼らは出来事どうしの関係を西洋人よりも正確に知覚するはずである。この問題について調べるため、リジュン・ジ、カイピン・ペンと私は、中国人とアメリカ人の実験参加者に二分割されたコンピューター画面を見せた[13]。

まず、画面の左側にひとつの図形が一瞬映し出され、その直後に、画面の右側に別の図形が映し出された。表示される図形は、左右それぞれ、二種類のイラストのうちのどちらかひとつと決まっていた（たとえば、左側は「メダル」または「電球」のいずれか、右側は「人差し指」または「コイン」

空港のショート・フィルムの1コマ　バージョン1

空港のショート・フィルムの1コマ　バージョン2

図6　空港のショート・フィルムの2つのバージョン

のいずれか）。

また、左に表示される図形と右に表示される図形の間の関連の強さは、三段階のいずれかに設定されていた。まったく関連がない条件、ある程度の関連がある条件、非常に強い関連がある条件である[†14]。関連がある二つの条件においては、たとえば左側に「メダル」が出れば右側には「コイン」が出る可能性が高く、左側が「電球」ならば右には「人差し指」の出る可能性が高かった。実験参加者は、画面の左と右に交互に表示される図形を何回か眺めたうえで、関連の強さがどの程度かを推測し、いちばん最後に右側に表示される図形が何であるかを予測した。さらに、自分の予測にどの程度の確信をもっているかについても回答した。

中国人参加者はアメリカ人参加者よりも、左に来る図形と右に来る図形の関連の強さを大きく認識する傾向があった。また、アメリカ人よりも自分の判断に自信をもっており、関連の強い条件であればあるほど、ますます自信を深める傾向があった。さらに興味深いことに、アメリカ人の場合には、最初に見た組み合わせによって判断が過度に左右される傾向が見られた。たとえば、早い段階で「電球」と「メダル」の組み合わせを多く目にすると、（実際にはそうでなくても）この規則が最後まで見られたと報告した。この種の研究（「共変検出課題」と呼ばれる）では、アメリカ人はいつもこういった傾向を示すのである[†15]。しかし中国人参加者は、こうした誤りをあまり犯さなかった。

さらに、ジ、ペンと私は、アメリカ人がアジア人よりも物を環境から切り離す能力に長けているかどうかを検証した（この能力は、分析的な思考、つまりトンネル型の知覚スタイルをもった人々にいくらかの分があるに違いない！[†16]）。われわれは、東アジア人（多くは中国人と韓国人）とアメリカ人を対象として「棒‐枠組み検査（RFT）」を行った。

この検査は、「場依存」傾向を調べるためにウィットキンと共同研究者が開発したものである。[†17]実験参加者が長い箱のなかを覗き込むと、そのいちばん奥に一本の棒が見える。箱は棒を取り囲む枠のはたらきをする。棒の傾きは、枠の傾きとは無関係に変えることができる。参加者の課題は、棒の傾きが完全に垂直になった時点を判断することである。

しかし、この判断を行うときには、枠の位置関係の影響をある程度受けることが避けられない。棒が垂直かどうかを判断するうえで、どのくらい文脈（枠の位置関係）の影響を受けたかによって、その人の「場依存」度がわかる。われわれはアジア人のほうが場依存的であると予測した。結果はそのとおりだった。アジア人は、枠の向きに左右されずに棒の位置についての判断を下すことに、アメリカ人以上の困難を感じた。

世界を制御する

人生がシンプルなものであって、何かを成し遂げるためにはただ「ボールから目を離さずにいる」ことが肝心だとすれば、自分の力で制御《コントロール》することは可能である。しかし、人生が複雑なものであって、突然に運命が変わってしまうようなものであるならば、ボールがどこにあろうと関係がない。人生は簡単に思いどおりになるものではない。

調査によれば、アジア人は西洋人ほど、自分に周囲を制御する力があるとは感じていない。[†18]彼らはむしろ周囲を思うように動かそうとするより、周囲とうまく折り合っていくことを試みる傾向がある。

社会心理学者のベス・モーリング、北山忍、宮本百合は、日本人とアメリカ人の大学生に、これまでの人生において自分が周囲に合わせたと思う経験と、自分が周囲を動かしたと思う経験とをあげるように求めた。[†19] 周囲に合わせた経験は、明らかにアメリカ人よりも日本人にとってなじみのあることだったらしく、彼らは概してアメリカ人よりも最近の経験を思い出した。逆に、周囲を動かした経験は、明らかに日本人よりもアメリカ人にとってなじみ深いものであったらしく、これについてはアメリカ人のほうが最近の経験を思い出した。

さらに、モーリングは、それぞれの状況で回答者がどのように感じたかも尋ねた。アメリカ人は、自分が周囲に合わせなければならなかったときには、きまりが悪く、不安で、自らを無能と感じていたが、日本人の場合にはそのようなことはなかった。

アジア人にとっては、周囲を動かすことは西洋人ほど重要ではない。そのことを示す証拠はほかにもある。アジア人、アジア系アメリカ人、ヨーロッパ系アメリカ人を対象とした調査によれば、ヨーロッパ系アメリカ人の場合、人生を自分で動かせると感じている人ほど精神的に健康だった。[†20] しかし、アジア人やアジア系アメリカ人の場合には、それほどの関連は見られなかった。アジア人は、人生を動かす手助けをしてくれそうな他者がいるとき、アメリカ人以上に幸福感を抱く傾向があった。西洋人は自分の力で直接的に人生を制御することが非常に重要だと考えているのに対して、アジア人の場合は、単に他者と同じ船に乗っているだけで結果はよくなると信じているようだった。

組織心理学者のP・クリストファー・アーレイは、中国人とアメリカ人の管理職の人々を対象として実験を行った。[†21] 参加者はいくつかの異なった条件のもとで管理の仕事を行った。ひとつの条件では、参加者は自分が一人で働いていると思っていた。別の条件では、自分と同じ出身地で趣味も似た人たち（内集団）と一緒に働いていると思い込まされていた。さらに別の条件では、自分と出身地も異なり、共通の話題がほとんどない人たち（外集団）と一緒に働いていると思い込まされていた。ただし、実際にはどの条件においても、参加者は一人で働いていた。「内集団」条件と「外集団」条件では、参加者は自分の仕事ぶりが集団レベルで評価され、個人レベルでは評価されないと思っていた。

すると、中国人管理者は、内集団メンバーと働いていると思っている場合のほうが、自分が一人で働いていると思っている場合や外集団メンバーと働いていると思っている場合よりも、よく仕事をこなした。アメリカ人管理者は、自分一人で働いていると思っている場合に最もよく働き、一緒に働いているのが内集団でも外集団でも、差は見られなかった。

「数が多いほうが安心」ということわざはおそらく西洋生まれだが、社会心理学者の山口勧と共同研究者が行った研究によれば、日本人大学生のほうがアメリカ人大学生よりもこのことわざを信じている。[†22] 山口らは実験参加者に対して、これは「不快な経験」（具体的には、苦い飲み物を飲み干すこと）が課題遂行に与える効果を調べるための研究である、と告げた。参加者は、統制条件[*2]か不快な経験条件のいずれかに割り当てられるが、どちらになるかはクジで決まると言われた。

＊2訳注　実験条件において施される操作の効果を見るために、比較対象として設けられる条件。この研究の場合、実験参加者は、自分がもし統制条件に割り当てられれば、不快な経験をしなくてよい（苦い飲み物を飲まなくてよい）と考えていた。

この実験には本当に二つの条件があったが、それは「単独」条件と「集団」条件だった。単独条件の参加者は、一桁の数字が書かれたクジを一人で四回引くようにと言われた。集団条件の参加者は、どの人も四人グループの一員であると言われており（実際にはお互いに顔を合わせることはない）、各自が一度ずつクジを引くように求められた。いずれの条件の参加者も、四回の数字の合計によって苦い飲み物を飲まなければならないかどうかが決まるという話だった。

そのうえで参加者は、自分がどのくらい不運な組に入ると思うかを予測した（客観的には、単独条件でも集団条件でも苦い飲み物に当たる確率は変わらない）。日本人の場合、集団条件のほうが不快な経験から逃れられると考える傾向が見られた。アメリカ人男性の場合には逆に、単独条件のほうが逃れられると考えていた。アメリカ人女性は日本人と同様に、集団でいるほうがいやな目に合わずにすむと考える傾向があった。

山口らの研究は、アメリカ人の男女間に、東洋人の男女間よりも大きな違いを見出した数少ない事例のひとつである（次の節でも同じような例を紹介する）。一般には、西洋と東洋の文化の両方で同程度の性差が見出されるか、あるいはいずれの文化でも性差が見出されないかのどちらかの場合が多い。

知覚や認知の社会的起源に関する本書の理論が正しければ、いずれの文化においても、女性は男性よりも包括的な志向性をもっていることが予測される。しかし、実際にそれが見出されるのは二回に一回程度で、性差は常に文化差よりも小さい。性差が見られるときと見られないときとで課題の特徴に何か違いがあるかどうかは、特定できていない。

コントロール幻想

ともあれ、アジア人にとって世界とは複雑な場所であり、連続的な実体から成り立ち、部分ではなく全体として理解するべきものであって、個人の力よりも集合的な力に左右されている。西洋人にとって世界とは、比較的単純な場所であり、文脈に注意を払うことなく理解することのできる個別的な対象物から成り立ち、個人の力に大いに左右されている。二つの世界はかくも異なっているのである。

しかしながら、西洋人の生きる世界も、彼らが考えているほど思いどおりになるものではない。社会心理学者のエレン・ランガーは、西洋人には客観的な判断基準を超えて個人の成功を期待してしまう弱点があるとし、これを「コントロール幻想」と名づけた。[†23]

この幻想はときには役に立つこともある。たとえば次のような実験がある。[†24] 実験参加者が単調な機械的作業に取り組んでいると、大きくて気の散る騒音が断続的に聞こえてくる。ところが、参加者がこの騒音を自分で制御できると誤って信じている場合には、作業成績はかえって向上したのである。

逆に、この幻想が実にばかげたものであることを明らかにした研究もある。これは私のお気に入りの研究である。ランガーはあるオフィス・ビルで人々に話しかけ、一ドルでクジを買わないかともちかけた。もしその人がイエスと答えれば、彼女はその人にクジを一枚手渡すか、またはクジの束を目の前にちらつかせて、一枚選ぶように言った。二週間後、ランガーはクジを買った全員に再びアプローチし、クジを買いたがっている人が大勢いるのだが、もう一枚も残っていないと告げた。その人はクジを売ってくれただろうか。もし売ってくれた場合、いくらの値をつけただろうか。一枚のクジを彼女から手渡された人は、それを平均二ドルで売ってもよいと言ったが、自分でクジを選んだ人は、およそ九ドルの値をつけたのである！

これまでに得られた知識から言えば、アジア人は西洋人ほど、この「コントロール幻想」に惑わされることは少ないと思われる。そもそもアジア人はこの問題について関心がないという可能性もある。ジ、ペンと私の三人は、新たな「共変検出課題」と「棒‐枠組み検査」を用いてこれを検証した。[†25]「共変検出課題」は、特定の図形がコンピューター画面上の右側に表示されるかどうかを、左側に表示された図形から推定するというものだった。われわれはこれをひとひねりして、左側に表示される図形を自分で選ぶ権限を参加者に与え、また、左側に図形が現れてから右側に別の図形が現れるまでの時間も選べるようにした。こうした状況の下では、アメリカ人は中国人と同じくらい左右の図形の関連（共変）を認識できるようになり、また、中国人と同じくらいそのことに確信をもつようになった。さらに、アメリカ人は関連の強さ（共変の程度）についてもかなり正確に認識できるようになったが、中国人のほうは選択権を与えられていなかったときよりも、多少正確さが低下した。

新しい「棒‐枠組み検査」では、参加者が自分で棒を回転させることができるようにした。この状況の下では、アメリカ人は自分の判断により自信をもったが、東アジア人の場合はそのような変化はなかった。さらにアメリカ人男性の判断は、（当初から最も正確だったが）さらにその正確さを高めた。東アジア人とアメリカ人女性の判断の正確さは、棒を自分で回す権利を与えられても変化しなかった。

安定か、変化か

世界の未来について考えるとき、われわれが常に思うことは、今動いているものが同じように動き続けるとしたら、世界はどこへ向かうのかということである。われわれは、その動きが直線ではないこと……そしてその方向がたえず変化するということには気づかない。

哲学者　ルードヴィッヒ・ヴィトゲンシュタイン

（われわれはすぐに）明日も今日と同じだろうと仮定する。同様に、変化というものを知ると、われわれは、今日が昨日と違うように、明日も今日とは違うだろうと考える。……人間の寿命は以前より延びた。これからもますます延びるだろう。一年の労働時間は以前より短くなった。これからもますます短くなるだろうというように。……過去の変化を知れば知るほど、未来が続くということに対するわれわれの確信は強くなっていく。

政治哲学者　ベルトラン・ドゥ・ジュヴナール

これまでの分析でわかるとおり、「われわれ」というのはいささか一般化のしすぎである。古代ギリシアの哲学者は、ものごとはそれほど変化しないか、もし現に変化しているならば今後も同じ方向に同じ程度で変化し続けると強く信じていた。この信念は、現代の一般の西洋人も同じである。

しかし、古代の道教・儒教哲学者は、ものごとは絶え間なく変化しているということ、現在の変化の方向が今後も保たれるはずなどなく、むしろ方向転換が目前である証かもしれないということを信じていた。現代の一般のアジア人も同じように信じている。

変化についての考え方の違いは世界の複雑さについての理解の違いから生じ、その理解の違いは、環境のなかの小さな部分に注目するか全体に注目するかの違いから生じたものかもしれない。もし、世界にほとんど注意を払わず、それゆえに世界が単純に見えるとしたら、多くの変化を予期するなど無理というものであろう。たとえ変化が生じていても、それが直線的な変化ではないと考える理由も見つかりはしない。しかし、もし、世界をじっくりと眺め、それゆえに世界が複雑なものに見えるならば、安定はむしろ例外であり、変化こそが通例だろう。多くの要因が関与すればするほど、変化の程度が変わったり方向が反転したりする可能性は高くなる。

「道（タオ）」で示されている循環の概念は、世界は複雑なものだという考えから生まれたのかもしれない。あるいは逆に、世界は絶え間なく循環しているという信念が先にあって、世界が複雑なものだという考えが浮かんだのかもしれない。弁証法的に考えれば、どちらもあり得るといえるだろう。まさに「循環」というわけだ！

当時ミシガン大学の学生だったリジュン・ジ、北京大学のヤンジ・スー、そして私は、変化に関する中国人とアメリカ人の信念を研究した。[†26] 第一研究では、われわれはミシガン大学と北京大学の学生に、ある出来事が急激な変化を遂げる可能性がどのくらいあると思うかについて尋ねた。たとえば、「ルシアとジェフは同じ大学の学生です。彼らは二年間つき合っています。卒業後に彼らが別れてしまう可能性はどのくらいあると思いますか？」といった具合である。

変化が生じる可能性を尋ねる質問は四つあった。そのすべてにおいて、中国人はアメリカ人よりも変化の可能性を高く見積もった。平均すると、中国人は変化の可能性を約五〇％と見積もったのに対して、アメリカ人は三〇％程度と回答した。

第二研究において、ジ、スーと私は、北京とミシガンの参加者に一二のグラフが載った冊子を見せた。それぞれのグラフは、経済成長率や世界のがん死亡率などの継時的なトレンドらしきものを表していた。たとえば、世界の経済成長率（実際のＧＤＰの変化）は一九九五年、一九九七年、一九九九年にそれぞれ三・二％、二・八％、二・〇％となっていた。われわれは、二〇〇一年の世界の経済成長率が上がるか、下がるか、現状維持かについて、参加者の意見を尋ねた。

トレンドには上昇（プラス成長）と下降（マイナス成長）とがあり、また、変化が加速しているものと減速しているものとがあった。図7は、加速しながら上昇するカーブと、減速しながら上昇するカーブを例示したものである。

われわれの仮説は次のようなものだった。中国人の場合には、変化が加速しているときには、それが鈍化または逆転することを予測するだろう。すなわち中国人は、変化が急激であればあるほど、それは近い将来に方向転換が起きることの兆候であると予測するだろう。しかし、アメリカ人の場合には、加速はその方向への変化が続くことの証として捉えるだろう。したがって、中国人とアメリカ人の間の違いは、トレンドが減速しているときよりも、加速しているときにより大きくなるだろう。

その結果、仮説どおり、アメリカ人は中国人に比べて、示されたトレンドと一貫した予測を行う傾向が強かった。その傾向は一二のグラフすべてにおいて見出された。上昇トレンドが見られれば、ア

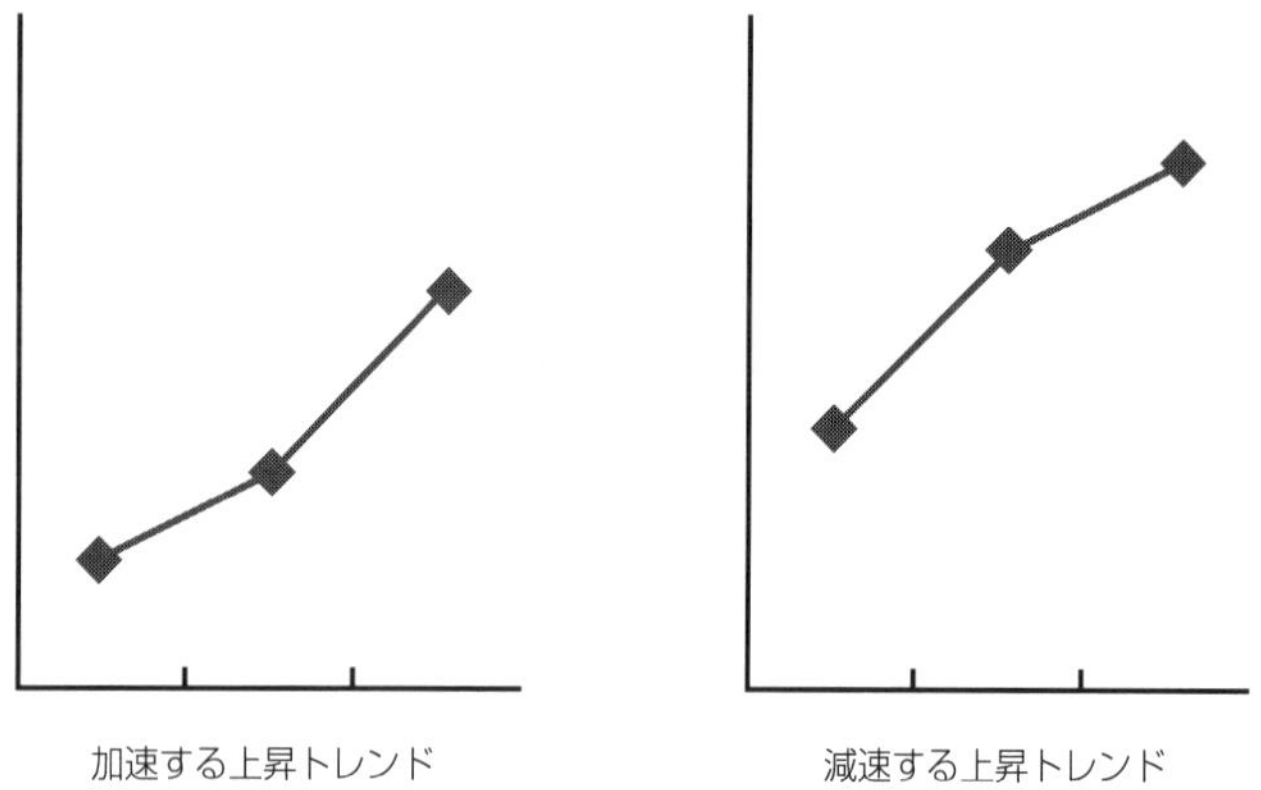

図7　加速もしくは減速する上昇トレンドの例

メリカ人は中国人以上に、上昇がそのまま続くことを予測した。下降トレンドが見られれば、アメリカ人は中国人以上に、下降がそのまま続くことを予測した。また、これも仮説どおり、アメリカ人と中国人のこうした違いは、トレンドが減速しているときよりも加速しているときのほうが大きかった。

この研究をさらに発展させて、われわれは同じ一二のグラフを用い、参加者に対して、三つのデータの後に続けて二つのデータを自分でプロットするよう求めた。アメリカ人は、前のデータと同じ方向、同じ変化率のトレンドを類推して描く傾向があった。中国人はアメリカ人よりも、傾きが水平になったり、ときには方向が反転したりするような予測を多く立てた。こうした傾向はやはり、グラフが減速しているときよりも加速しているときに顕著に見出された。

未来の姿をどう見るか

変化は直線的なものだという信念、または循環だという信念は、非常に長い時間を経て培われたものである。トマス・モアは一五一六年に書いた随筆のなかで、完璧な政府のあり方を思索した。モアは自分の考えた社会に「ユートピア（理想郷）」という名をつけた。この名は、ギリシア語で「どこでもない場所」と「よい場所」の両方を意味する語をもじったものである。

モアのユートピアは、西洋の長い歴史のなかで初めて生み出されたものではなかったし、おそらくは最後のものでもないだろう。プラトンの共和国、ピューリタリズム、シェーカー信者の共同体、モルモン教、アメリカ独立戦争、フランス革命、共産主義、ファシズム等々、西洋の歴史においてはたびたびユートピアが模索された。

エデンの園や新エルサレムの約束の地など、聖書の概念をモデルにしたいくつかの例外を除いて、西洋のユートピアは一般に五つのはっきりした特徴を備えていた。それらの特徴はいずれも、孔子やその他の古代中国の思想家たちの信念とは大きく異なっていた。古代中国では、完璧な世界は過去に存在しており、われわれにできるのはただ現在の悪い状態から完璧な時代への回帰を望むことだけだと考えていたが、西洋はそうではなかった。西洋のユートピアの特徴とは次のようなものである。

- ユートピアにいたる道は、おおむねまっすぐに続いている。
- いったんユートピアに到達すれば、永遠に変わることがない。
- ユートピアに着くには、運命や神の力よりも人間の努力が重要である。

● たいていのユートピアは、平等な世界である。
● たいていのユートピアは、人間の本質についての二、三の極端な仮定にもとづいている。

これらの特徴は、多くの点で、東洋的精神が考える未来の姿とは正反対のものである。東洋では極端よりも「中庸」を目指し、前進よりも回帰を仮定するからである。

ここでの議論からは外れるが、古代ヘブライ人は、これらの点においてギリシア人よりも中国人に近かった。彼らのユートピアであるエデンの園は過去にあり、彼らはそこへ戻ることを願っていた。変化の本質についての彼らの考えは、中国人のそれに類似していた。

古代ヘブライ人は人生の陰と陽についてはっきりした考えをもっていた。紀元前八世紀のヘブライ人預言者たちは、ものごとが自分たちにとってうまく運ぶようになると土地を売った。なぜなら、間もなく事態は悪いほうへ転じるに違いないと感じたからである。そして、ものごとがうまくいかなくなると土地を買ったのだ！　人生に対するこうした態度は、現代のユダヤ人社会においても生きており、数え切れないほど多くのジョークとして語られている。

息子　ママ、すごいよ！　僕、富くじでポンティアック（高級車）を当てたよ！
母　まあ、税金だけでうちを貧乏にするつもり？

人間の進歩の方向性についての考え方に今も違いがあり、一人ひとりの人生の方向性についても同じ類推がなされるのであれば、西洋人は、自分の未来が一定の方向にずっと続くと信じているはずである。悪い状態からよい状態へ、あるいはよい状態から悪い状態へと。一方、東アジア人は、人生は幸運と不運の繰り返しだと考えているはずである。よい状態から悪い状態を経て再びよい状態へと。あるいは、悪い状態からよい状態を経て再び悪い状態へと。

こうした可能性について検証するため、ジ、スーと私は、ミシガン大学と北京大学の学生に、自分の人生の幸せがどういう道をたどるかを予測してもらった。学生たちは、われわれが用意した一八種類のトレンドから自分の予測に合うものを選択した。うち六種類は直線的なもので、多少のがたつきはあるものの、基本的にはまっすぐ上昇するか下降するかであった。残りの一二種類は一直線ではなく、前半の上昇または下降が途中で止まるか、または反転していた。

アメリカ人のおよそ半数が、最も可能性が高いものとして六種類の直線的なトレンドのうちの一つを選んだのに対して、中国人でそれらを選んだ者は三分の一に満たなかった（こうした選択の違いは、単に楽観的か悲観的かの違いを反映しているわけではなかった。どちらのグループにおいても、結局最後は幸せになると思う者と不幸になると思う者とは、ほぼ同程度に見られた）。

古代の先達と同様に、東アジア人は、世界は変化に満ちており、行ったり来たりするものだと信じている。西洋人、あるいは少なくともアメリカ人は（この件に関しては今のところ他の西洋人のデータがないので）、いったん上昇したものが下降する必然性はないと信じているようである。

第3章では、現代のアジアの社会組織や人々の社会的実践が古代中国人のそれと似ていること、そして現代のヨーロッパの社会組織や人々の社会的実践が古代ギリシア人のそれと似ていることを概観した。

そして本章では、現代のアジア人が古代中国人と同じように、世界を包括的な視点で見ていることが明らかになった。アジア人は、場（とくに背景で起きている出来事）をよく見ており、出来事どうしの関係を観察するスキルをもっている。世界は複雑でとても変化しやすく、また、世界を構成する種々の要素は互いに関連しあっていると考えている。さまざまな出来事を一方の極からもう一方の極へと循環するものとして見ている。そして、出来事を制御するには他者との調整が必要であると感じている。

これに対して、現代の西洋人は古代ギリシア人と同様に、世界を分析的で原子論的な視点で見ている。人や物を環境から切り離された各々独立のものとして捉えている。出来事が少しでも変化するとすれば、それは直線的に動くと考えている。そして、自分一人で出来事を制御できると思い込んでいる（たとえ本当はできない場合であっても）。

世界は単に概念の上で異なっているだけではなく、人々は文字どおり世界を異なったものとして「見て」いる。アジア人は「ビッグ・ピクチャー」を見ており、人や物を環境との関わりのなかで認識する。それゆえ彼らにとっては、環境から物を切り離して知覚することは難しい。西洋人は、環境を無視して人や物に焦点を当てる見方をしている。文字どおり、西洋人の眼に映る物の数や、その環境のなかで見出される関係の数は、アジア人が見るほど多くはない。

もし、世界を広角レンズで眺め、物を文脈のなかに認識する人々と、まずは特定の物とその特性だけに焦点を当てる人々とがいるとすれば、これら二種類の人々は、出来事について非常に異なった説明のしかたをするだろう。広角レンズの視野をもっている人は、出来事の原因は複雑に絡み合った文脈的要因にあると考え、より限定的な視野をもった人は、出来事の原因が人や物の特性にあると考える傾向があるだろう。

次の章では、世界観の違いが、同じ出来事の原因の説明にどのような違いをもたらすかについて、見ていくこととしたい。

第5章

原因推測の研究から得られた証拠

個人の属性か、周囲の状況か

一九九一年、アイオワ大学で物理学を専攻する中国人学生、ガン・ルーが、ある賞の選考レースに敗れた。彼はその決定に抗議したが通らず、その後、就職にも失敗してしまった。一〇月三一日、彼は物理学の研究棟に出向き、彼の抗議を処理した指導教官、仲間の学生や居合わせた人々数名を射殺した後に、自らも命を絶った。

ミシガン大学の大学院生だったマイケル・モリスは、この事件を報じた大学新聞が、もっぱらルーという個人の特性と目される事柄に焦点を当てていることに気づいた。たとえば性格上の欠点（「大変なかんしゃくもち」「危険な性格」）、考え方（「不満のもとを取り除くには銃が重要な手段だと信じていた」）、精神面の問題（「成功と破壊の衝動に駆り立てられた、陰湿な精神障害をもつ人間」「挑戦されることに伴う心理的問題」）に関する記述が目立っていた。

モリスは仲間の学生であるカイピン・ペンに、中国の新聞ではこの殺人事件がどのように報じられているかを尋ねた。二つの報道はこれ以上ないというくらいに異なっていた。中国の記者は、ルーの周囲の状況に関係する原因を強調していた。説明の焦点は、ルーの人間関係（「指導教官とうまくいっていなかった」「殺された学生とはライバル関係にあった」「中国人コミュニティーで孤立していた」）、中国人社会におけるプレッシャー（「中国の英才教育方針の犠牲者」）、アメリカの環境（「アメリカでは銃所持が可能である」）などに向けられていた。

自分たちの感じたことが正しいかどうかを確かめるために、モリスとペンは「ニューヨーク・タイムズ」と中国語紙の「世界日報」の記事について体系的な内容分析を行った。[†1] この客観的な手続きの結果は、最初の観察が正しかったことを示した。

かくも異なる原因推測がなされたのは、単なる愛国主義の表れと考えるべきだろうか。アメリカ人記者が加害者を非難したのはそれがたまたま中国人だったからであり、中国人記者が状況に原因を求めたのは自国の民をかばうためだったのだろうか。折も折、非常によく似た別の大量殺人事件が起こり、今度は犯人がアメリカ人だったため、記者たちの説明のしかたの違いが愛国主義によるものか、世界観の違いによるものかが明らかになった。

ガン・ルーによる事件が起きたのと同じ年、ミシガン州ロイヤルオークのアメリカ人郵便配達人、トマス・マクルヴェーンが郵便局を解雇された。彼はその決定に対する抗議を組合に申し入れたが通らず、その後、正社員としての再就職にも失敗してしまった。一一月一四日、彼は以前に働いていた郵便局に出向き、抗議を処理した上司、同僚や居合わせた人々数名を射殺した後に、自らも命を絶った。

モリスとペンは再度、マクルヴェーンの事件を報じた「ニューヨーク・タイムズ」と「世界日報」の内容分析を実施した。その結果、中国人ガン・ルーのときとまったく同じ傾向が再度見出された。アメリカの記者は、マクルヴェーンの過去の行動から推測される考え方や特性（「暴力による脅しを繰り返していた」「すぐにかっとなる傾向があった」「格闘技をこよなく愛していた」「情緒不安定だった」）など、個人的な属性に焦点を当てていた。これに対して中国人記者は、マクルヴェーンに影響を与えた状況要因（「加害者は最近解雇されていた」「郵便局の上司とは仲が悪かった」「テキサスで最近起きた殺人事件に感化されていた」）を強調した。

モリスとペンは、アメリカ人と中国人の大学生にこれらの殺人事件に関わる記述を読んでもらい、新聞記事から抜粋された数多くの個人属性と状況要因の重要性を評定してもらった。アメリカ人学生は、アメリカ人の事件であれ中国人の事件であれ、犯人の属性がより重要であると評定した。中国人学生は、両方の事件ともに状況要因がより重要であると評価した。

さらに、モリスとペンは多くの状況要因をリストアップして、学生たちに対して、もし状況が違っていたらこの殺人は起きなかったと思うかと尋ねた。たとえば、「もしルーが新しい仕事を得ていたら」または「もしマクルヴェーンに近くに住む友人や知人がたくさんいたら」この悲劇は違った結果になっていただろうかと尋ねた。アメリカ人と中国人の反応は大きく異なっていた。中国人は多くの場合、殺人はおそらく起こらなかっただろうと答えた。しかしアメリカ人は、長年にわたって形成された犯人の荒々しい気性こそが事件の鍵だと信じていたため、状況が変わってもやはり事件は起きただろうと答えた。

行動の原因をどこに求めるか

中国人は行動の原因を文脈に求め、アメリカ人は行為者本人に求める傾向がある。これは驚くべきことではない。前章では、東アジア人がアメリカ人よりも文脈に多くの注意を払うことが確認された。人の注意を引きつけるものは、重要な原因だとみなされやすいものである。その逆もしかりで、何かを重要な原因であると考えれば、それに注意が向きやすい。すなわち、「因果関係についてどう考えるか」と「何に注意を向けるか」とは、循環しながらお互いを強化しあっている。

原因推測のしかたの違いが注意の向け方の違いを反映していることを示す証拠は多い。原因推測に関する最初の比較文化研究は、発達心理学者のジョアン・ミラーによるヒンドゥー系インド人とアメリカ人の研究である。[†2] ミラーは中年の中流階級の人々を対象として、知人の行動のなかから「してはいけないと思われること」と「人の役に立つと思われること」をあげるように求めた。続いて、その知人がなぜそのような行動をしたと思うかを尋ねた。

アメリカ人は、行動の原因を知人の性格特性やその他の個人的属性によって説明する傾向があった。たとえば「サリーは思いやりがあって社交的で人懐っこかったから」といった具合である。アメリカ人は、こうした原因推測をインド人の二倍も多く行った。インド人の場合は状況要因によって行動を説明する傾向が見られた。たとえば「暗くて他に助ける人がいなかったから」などである。インド人はこうした状況的な説明をアメリカ人の二倍多く行った。

アメリカ人とインド人の回答が違っていたのは、異なった種類の出来事をあげたからというわけではない。ミラーはアメリカ人に対して、インド人のあげた行動について説明するように求めた。するとアメリカ人は、自分であげた行動を説明したときと同じように個人の属性を重視した説明を行った。また、自文化でよく用いられている説明のしかたを身につけるには時間がかかるということもわかった。というのも、子どもを対象にして同じ調査を行った場合には文化による違いが見られなかったからである。インド人とアメリカ人の説明に違いが現れるのは青年期以降だった。このように、ミラーの研究はとても明快なものだった。ミラーはさらに視点を広げて、アングロ・インド人に対しても同じ調査を行った。アングロ・インド人はある程度西洋化した文化をもっている人々である。彼らの原因推測は、個人属性に関しても状況に関してもヒンドゥー系インド人とアメリカ人の中間であった。

勝利や敗北の理由

月曜の朝、冷水器のまわりに皆が集まると、前夜の試合の勝敗についての議論に花が咲く。勝利や敗北の理由として何をあげるかは、アメリカとアジアとでは異なる。組織心理学者のフィオーナ・リーと共同研究者は、スポーツライターの記事にもとづいて、香港とアメリカのサッカーのコーチや選手が行った原因推測を分析した。[†3]

アメリカ人は、結果は主として選手個人の能力によると考えていた。「新人のシンプソンが一一ゴールをあげてチームを引っ張っているが、ディフェンス陣の貢献も大きい」。「われわれはボー・オシヨニイという名キーパーを得た。昨年度の決勝戦でディフェンスのＭＶＰに輝いた選手である」。これに対して香港の選手やコーチは、相手チームや状況に言及することのほうが多かった。「われわれは幸運にも、前半を終わったところで一点リードしていた。彼らを近づけない自信は常にあった。サウス・チャイナは中国での四カ国トーナメントの後で少し疲れていたのではないかと思う」[†4]

アジア人と西洋人の違いは、人間の行動の原因を説明する場合に限って見出されるものではない。モリスとペンが行った実験によれば、ビデオに登場する魚の行動の原因を推測する場合にも、中国人はその魚以外の状況要因を重視し、アメリカ人はその魚の属性要因を重視していた。[†5]

さらに、ペンと共同研究者たちによる別の実験では、東洋人と西洋人の違いは、物理的な因果関係の知覚にまで及んでいた。[†6] ペンらは、実験に参加した中国人とアメリカ人の女性に図８のような抽象的なアニメーションを見せた。それぞれのアニメーションは、水力、磁力、または空気力学の運動を表現したものだった。

参加者は、図８の最上段のアニメーションについては、軽い「ボール」が液体のなかで「浮かびあがる」様子を表していると解釈した。また、次のアニメーション（円が上の線を越えて下に落ち、下の線上で止まる）については、重い物体が液体の入った容器の底まで落ちる様子だと解釈した。いずれも研究者が想定していたとおりの解釈だった。そのうえで参加者は、物体の落下運動が内的要因（物体内部の何か、または物体に付属する何か）の影響をどの程度受けていたと思うかを推測した。アメリカ人は中国人よりも内的要因の影響力を大きく捉えていた。

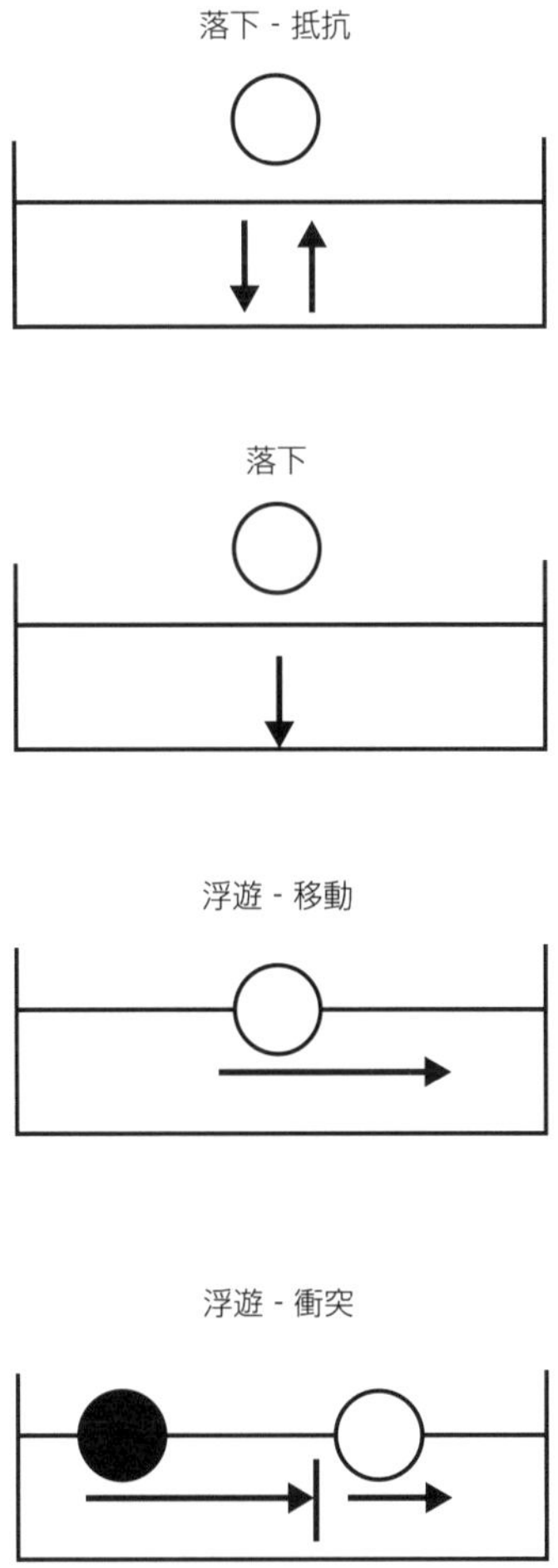

図8　コンピューター画面上の軌跡（容器中の液体を表現している）

アイデンティティと原因推測

一〇〇年にわたってイギリスに支配されてきた香港では、子どもたちは遅くとも小学校までには英語を学び始める。一九九七年に中国の統治下に戻った後も、香港における西洋の影響は、文化の面でも言語の面でも根強く残っている。このため、香港という都市は比較文化研究を行ううえで興味深い場所である。

香港の人々は、西洋的または東洋的なイメージを見ることによって、その文化に応じた考え方をとることができるという。インイ・ホンと共同研究者は、香港大学の学生を対象として、モリスとペンの研究と同様の魚のアニメーションを用いた研究を行った。[†7]

しかし、ホンらはまず初めに、実験参加者に西洋あるいは東洋の文化を表す絵や写真を見せた。参加者によって、連邦議会議事堂、馬に跨ったカウボーイ、ミッキー・マウスなどの極めてアメリカ文化的な絵や写真を見る場合と、龍、寺、書道家などの極めて中国文化的な絵や写真を見る場合とがあった。さらに、西洋的でも東洋的でもない中立的な絵や写真を見る場合もあった。その後で、一匹の魚が他の魚たちの先頭を泳いでいくアニメーションが映し出された。

参加者は、この魚が他の魚たちの前を泳ぐ理由は何かを推測するように求められた。すると、アメリカの絵や写真を見た参加者は、中国の絵や写真を見た参加者よりも、先頭の魚の動機に関する理由を多くあげた。逆に、中国の絵や写真を見た参加者は、アメリカの絵や写真を見た参加者よりも、ほかの魚たちやその場の状況に関する理由を多くあげた。中立的な絵や写真を見た参加者の反応は両者の中間だった。

ペンと共同研究者のエリック・ノウルズは、アジア系アメリカ人を対象とした研究を行い、アジア的な自己とアメリカ的な自己とのいずれかを事前に方向づける（「プライミング」する）ことが可能であることを見出した。[†8]

実験に参加した学生は、先の図のような物理的運動に関する一連の場面を見て、物体の動きがどの程度、属性要因（形、重さなど）または状況要因（重力、摩擦など）によって生じたと思うかを評定した。しかし、参加者はその前に、アメリカ人としてのアイデンティティが明らかになるような経験、もしくはアジア人としてのアイデンティティが明らかになるような経験を思い出すように求められた。このプライミングは効果を発揮した。アメリカ人アイデンティティを想起した参加者は、アジア人アイデンティティを想起した参加者よりも、物体の属性要因の重要性を高く評定したのである。

性格は変えられるか

アラ・ノレンザヤン、インチョル・チェと私は、韓国とアメリカの大学生が行動の原因についてどのような考えをもっているかを調査した。[†9] 回答者はいくつかの短い文章を読んで、それらの文章が人間の行動の理由についての自分の考えとどの程度合致しているかを評定した。文章の書き出しは次のようなものだった。

①人がどのように行動するかは、主としてその人の性格によって決まる。性格は、たとえその人がいかなる状況に身を置いていようと、その人がどんな行動をとり、どんな行動をとらないかを決

定づけるものである。

②人がどのように行動するかは、主としてその人が身を置いている状況によって決まる。状況の力はとても強いもので、人の性格以上に強い影響を行動に与える。

③人がどのように行動するかは、常にその人の性格とその人が身を置く状況との両方によって決まる。性格、状況のいずれか一方が行動を決定するということはない。

韓国人もアメリカ人も、行動の決定因としての性格（①）の重要性を、同程度に評価していた。しかし、状況要因（②）、および状況と性格の交互作用（③）の重要性については、韓国人のほうがアメリカ人よりも高く評価していた。

われわれはさらに、性格の柔軟性に関する信念についても、いくつかの質問を行った。たとえば、人の性格はあまり変わることがないと思うかどうか[†10]を尋ねたところ、韓国人のほうがアメリカ人よりも、性格は変わりやすいものであると考えていた。

アメリカ人は性格を比較的固定的なものであると考え、アジア人はそれをもっと柔軟なものであると考えている。これはまったく驚くべきことではない。西洋は長年にわたって世界をおおむね安定したものとして捉えてきたし、東洋は長年にわたって世界をたえず変化するものとして捉えてきたからである。

社会心理学者のマイケル・モリス、クウォック・レウン、シーナ・セッティ（後のアイエンガー）は、東洋人と西洋人が異なった交渉術を好むことを見出した。[†11]それぞれの交渉術は、性格の柔軟性に関する考え方の違いを反映していると思われる。モリスらは香港人とアメリカ人に、けんか腰で理不尽に見える人と協定を結ばなければならないとき、どのような裁定を望むかを尋ねた。すると、香港人は審判式の裁定を好んだ。つまり、第三者が双方に尋問を行い、両者が合意できる判断を下すことが望ましいと考えていた。一方アメリカ人は、弁護士を代理人に立てて行う敵対的な裁定を望んだ。

性格特性の共通性

アジア人は、人間の性格について、西洋人と根本的に異なった考えをもっているのだろうか。つまり、人間には個性などなく、みな同じようなものだと信じているのだろうか。それとも、西洋人から見たらどうでもいいような特性の個人差に注目しているのだろうか。

おそらく、これらの問いに対する答えはいずれも「ノー」である。私が中国に滞在した一九八二年は、文化大革命が終息に向かっていた時期だった。中国の社会と経済は三〇年におよぶ衝撃的な経験をしたばかりで、なおショック状態にあり、まだまだ秘密主義的だった。中国文化は当時から、西洋の文化とは非常に異なっていた。当時の私はまだその違いを明確に表現することができなかったが、本書で述べたとおり、世界観、知覚、思考プロセスに大きな違いがあったのである。それにもかかわらず、三週間もしないうちに、私は中国人と一緒になって他人の噂話をするようになっていた。馮は礼儀正しいとか控え目だとか、陳は傲慢だとか、林は遠慮深いとかいったことを、中国の人々と完全に理解しあいながら話すことができたのである。

幸い、こうした個人的なエピソードより真っ当な証拠もある。研究者たちは、東洋の性格理論が西洋の理論と非常に類似していることを何度も示してきた。西洋人の間で繰り返し見出される性格特性には五つの因子《ファクター》があり、性格特性論者によって「ビッグ・ファイブ」[*1]と名づけられている。この五つは西洋の性格テストを翻訳して中国人、韓国人、日本人に課した場合にもおおむね見出される（ただし場合によっては四つになってしまうこともある）[†12]。

＊1訳注　ビッグ・ファイブとは、情緒不安定性、外向性、開放性、調和性、誠実性の五つの性格因子を指す。

文化心理学者のクォシュウ・ヤンとマイケル・ボンドによれば、テストの項目が西洋言語からの翻訳ではなく、その地方でなじみのある行動の記述文を用いてつくられた場合にも、ビッグ・ファイブは非常によく確認される[†13]。その後、中国「土着の」性格検査を開発するため、ファニー・チャンと共同研究者は、著名な現代中国の小説、中国のことわざ辞典、さらには自分たちを含めた心理学の専門家や一般の人々から、性格に関する表現を広く集めて項目を選定した[†14]。

チャンらはこれらの項目にもとづいて「中国性格測定検査」を作成し、香港と中国本土において大規模な調査を行った。その結果四つの因子が見出されたが、そのうちの三つは西洋のビッグ・ファイブで最も安定的に見られる外向性、情緒不安定性、誠実性にほぼ対応していた。興味深いことに、西洋製のテストでは現れなかった性格因子もひとつ見出された。それは調和や個人の内面的な調和などに関連した性格を表すもので、「中国伝統性」と名づけられた。仮にこの性格検査を西洋の言語に翻訳した場合、西洋でも同じ因子が見出されるかどうかは興味深いところである。西洋の研究者が性格について考えているときに調和という概念を思い浮かべることはまずないが、だからといって、調和に関わる性格特性が西洋人にとって大切でないとは限らないだろう。

属性だけに着目する誤り

東洋人と西洋人が考える性格特性の内容には、それほど大きな違いがないように思われる。とすれば、行動を説明する際に西洋人のほうがはるかに性格特性を重視するのはなぜだろうか。その答えはおそらく、東洋人のほうが重要な状況要因の存在に気がつきやすく、それが行動を生じさせるうえで果たす役割を認識しやすいということだろう。その結果、東アジア人は、社会心理学者リー・ロスの言う「基本的帰属錯誤」にそれほど陥りやすくはないといえる。[†15]

次のような状況を想像してみてほしい。ある日、あなたは次のような場面を目撃した。ある大学生が「献血に協力してくれる人たちに、一日キャンパスを案内してもらいたい」と頼まれた。引き受ければ少額の報酬（最低基準を下回る）が支払われるとのことだった。学生はこの依頼を断った。

あなたは、この学生が来るべき赤十字献血運動への協力を申し出る可能性はどのくらいあると考えるだろうか。おそらくあなたは、その可能性は高くないと考えるだろう。では今度はあなたの友人が、次のような場面を目撃したとしよう。別の大学生が、先ほどの学生と同じ役目を頼まれた。引き受ければ妥当な報酬（最低基準の五割増し程度）が支払われるとのことだった。この学生は仕事を引き受けた。

友人は、その学生が献血運動に協力する可能性をどの程度だと考えるだろうか。おそらくあなたが見た学生の場合よりも高いという答えが出るだろう。そうだとすると、あなたもあなたの友人も、原因推測における基本的な誤り（基本的帰属錯誤）に陥っていることになる。つまり、行動の原因がその人の属性にあると推測し、重要な状況要因についてそれほど考慮しない傾向のことである（この例では、お金という状況要因が、行動の背後の重要な決定因として働いている）[†16]。

状況を無視して属性だけに着目するというこの錯誤は、非常に広く普及している。就職活動で重要な面接を受けている人を見て「この人は神経質だ」と考えたり、パーティーで（たまたま知り合いが一人もいなかったために）引っ込み思案になっている人を見て「この人は恥ずかしがり屋なのだ」と考えたり、自分の得意な話題をなじみのある聴き手に対して雄弁に語る人を見て「この人は演説が上手だし、そのうえ自信家だ」と考えたりするのは、みな基本的帰属錯誤の結果である。

この錯誤に対する最初の確かな実験は、著名な社会心理学者であるエドワード・E・ジョーンズと共同研究者によって行われ、一九六七年に発表された[†17]。実験に参加した大学生は、別の学生が書いたとされるスピーチ原稿またはエッセイを読むよう求められた。この別の学生のことを「ターゲット」と呼ぶことにしよう。

このとき参加者には、ターゲットがあらかじめ、決められた問題について決められた意見を支持する内容の原稿を書くように要請されていたことが明かされた。たとえば、政治科学の授業でキューバのカストロ政権を支持するエッセイを書くように言われた、討論《ディベート》の授業で大麻規制法に反対する立場のスピーチを行うように言われたといった具合である。そのうえで参加者は、スピーチ原稿またはエッセイを書いたターゲット学生の本当の意見がどのようなものだったかを推測した。

ここには明らかな状況要因がある。参加者は、ターゲットの本当の考えについての情報が何もないことに気づいてしかるべきである。しかし彼らは、ターゲットが主張している内容に強い影響を受けていた。ターゲットがキューバのカストロ政権を支持すると書いていれば、参加者は、ターゲットは本当にカストロ支持派なのだろうと推測した。ターゲットが大麻の合法化に反対だと述べていれば、参加者は、ターゲットは本当に合法化に反対なのだろうと推測した。

この幻想は、東アジア人でさえ陥りやすいほど強固なものである。同種の実験は中国人、日本人、韓国人に対しても行われているが、いずれの場合もターゲットが実際にエッセイの内容と一致した意見をもっているという推論がなされやすい[†18]。しかし、東アジア人とアメリカ人との間には、その陥りやすさの程度に差が見られる。自分が最初にターゲットの立場に置かれた場合には、東アジア人は誤りを犯さなくなるのである。

インチョル・チェと私が行った実験では、まず参加者自身が、決められたトピックに関して、決められた立場で、決められた四つの論点を用いてエッセイを書いた[†19]。その後で、参加者は自分と同じような状況に置かれた人物が書いたというエッセイを読んだ。こうした手続きは、アメリカ人参加者には何の効果もなかった。属性を重視するアメリカ人の推論は、自分も同じ状況に置かれたとは到底思えないほど堅固なものだった。しかし韓国人は、こうした経験をすることによってほとんど錯誤を起こさなくなった。

状況要因を目立たせると西洋人よりもアジア人のほうがそれに対して敏感に反応する。このことは別の研究でも示されている。アラ・ノレンザヤン、インチョル・チェと私は、アメリカ人と韓国人の実験参加者に二タイプのシナリオのうちのひとつを読んでもらい、ターゲット人物が相手にバス代金を渡すかどうかを推測するよう求めた。[†20]シナリオは、次のような書き出しで始まっていた。

あなたはたった今、新しく越してきた隣人のジムに出会ったところです。あなたとジムが話をしながら近所を歩いていると、きれいな身なりをした男性がジムのもとに近づいてきて、車が壊れてしまったので修理工を呼ばなくてはならないと言いました。それから少し言いにくそうに、電話をかけたいので二五セントもらえないかと頼んできたのです。ジムはポケットを探り、二五セントを見つけて男性に渡しました。別の日、ジムは仕事場に出かけるためにバス停に向かって歩いていました。すると、本を小脇に抱えた一〇代の若者が近づいてきて、丁寧な口調でジムに向かって、家に財布を忘れてきてしまったが学校に行かなくてはならないので、バス代一ドルを貸してもらえないかと尋ねてきました。

一方のシナリオでは、ジムはポケットを探り、数ドルのお金が入っているのを見つける。もう一方では、ジムは自分のバス代しかもっていないことに気づく。参加者はいずれか一方のシナリオを読んで問いに答えた。韓国人の参加者は、ジムが一ドルしかもっていない場合よりも数ドルをもっている場合のほうが、若者にバス代を渡す可能性は高いと回答した。

われわれは全部で六種類のシナリオをつくり、それぞれに二タイプを用意した。どのシナリオの場合も、韓国人はアメリカ人よりも状況に関する情報に対して敏感だった。つまり韓国人は、行動を促進する状況要因があるときには、行動を抑制するような状況要因があるときに比べて、その行動は起こりやすくなると予測した。

以上のとおり、原因推測の研究で得られた証拠は、知覚に関する証拠とぴったり符号している。西洋人は主として中心的な物や人に注意を向けるのに対して、アジア人は「場」、そして事物と場の関係に広く眼を向ける。西洋人は出来事の原因が物や人にあると考えるのに対して、アジア人は文脈を重視する傾向がある。

因果モデルをつくる

原因推測における東洋人と西洋人の違いは、単に場を好むか事物を好むかという問題にとどまらない。西洋人のほうがそもそも原因の推測を行いやすいというのである。社会学者の渡辺雅子は、日本とアメリカの小学生、大学生、および教師が歴史上の出来事をどう扱うかに関する研究のなかで、この問題をわかりやすく示している[†21]。

日本の教師は、一連の出来事に関して文脈を丁寧に設定することから話を始める。続いて、重要な出来事をひとつずつ年代順に扱っていくが、その際、ひとつの出来事とその前にあった出来事との関連づけをしながら話を進める。歴史上の人物が置かれていた状況を自分たちの今日の生活に置き換えて考えるように生徒たちを促し、そのことを通じて人物の精神状態や感情を想像させる。そして、想像した気持ちに根ざしてその人物の行為を説明するのである。また、一連の出来事を引き起こす「きっかけ」となった最初の出来事を強調する。歴史上の人物（日本にとっての敵も含めて）に共感を示すことのできる生徒は、歴史的にものを考える能力があるとみなされる。教室では「どのように（how）」という質問が頻繁に（アメリカの教室の二倍も）なされる。

アメリカの教師は、日本の教師ほど文脈の設定に時間をかけない。彼らはまず「結果」から入る。きっかけとなった出来事や触媒の話から始めたりはしない。出来事は年代順に紹介されるのではなく、原因についての議論に沿って話が進められる（「オスマン帝国が滅びた主要な原因は三つある」など）。結果を説明する因果モデルに合致した証拠をあげることのできる生徒は、歴史的な推論の能力があるとみなされる。アメリカの教室では、「なぜ（why）」という問いが日本の教室の二倍多く発せられる。

渡辺は、アメリカ人の歴史分析を「逆向き推論」と呼んだ。これは、アメリカ人が出来事を結果‐原因の順で考えていくことを意味する。渡辺によれば、この推論は、達成すべき目的を定め、それを達成するためのモデルを構築するという「目的志向型推論」と類似している。また、目的志向性はアジア人よりも個人の主体性の観念をもった西洋人に特徴的なものである。

この洞察は、なぜギリシア人が自然現象の因果モデルに興味を惹かれ、なぜ中国人は惹かれなかったのかを理解するうえでのヒントになる。自分の好きなように目的を定め、それを達成するための方策を自分の好きなように探し出す人々にとっては、起こった出来事についても、それを結果から原因へと「逆向き」にたどってモデル化するのは自然なことである。渡辺は、外国人に英語を教えるアメリカ人教師の次のような言葉を引用している。「アメリカ人の教師から見ると、日本人生徒のエッセイは非常に理解しにくいものです。なぜなら因果関係がまったく読み取れないからです。……原因と結果の関係はアメリカでは初歩的な論理です」

西洋人が考える世界は、東洋人が思うほど複雑なものではない。同様に、西洋人が世界を理解するために考慮する要因の数は、東洋人が思うほど多くない。インチョル・チェと共同研究者は、アメリカ人と韓国人に対して、例の物理学専攻の中国人学生が犯した殺人事件の話を聞かせた。[†22] その後、この中国人学生、教授、大学などに関する一〇〇の情報を提供し、殺害の動機を立証するうえで無関係だと思われる要因を除外するよう参加者に求めた。韓国人が不要とみなした情報は全体の三七%だけだった。一方、アメリカ人が不要と考えた情報は、全体の五五%にのぼっていた（チェらはアジア系アメリカ人に対しても同様の研究を実施し、アジア系の人々がヨーロッパ系アメリカ人と韓国人の中間に位置することを見出した）。

チェらによれば、数多くの要因が結果に関わっているとみなす傾向は、包括的な世界観を抱く程度と関連している。チェらは、先の研究の参加者に対して「包括性」調査への回答を求めた。この調査は人がどの程度「出来事は相互に関連しあっている」と信じているかを調べるものであり、たとえば次のような項目が含まれていた。

- 宇宙のあらゆるものは何らかの形で相互に関連しあっている。
- 森（全体像）を見ずして木（一部）を知ることはできない。

調査の結果、韓国人はアメリカ人よりも包括的な信念を抱いていることが明らかになった。そればかりでなく、アメリカ人であれ韓国人であれ、包括的な信念をもっている人ほど特定の情報を不要とみなすことに難色を示した。

とはいえ、広い心や世界の複雑さを信じる心にはそれなりの欠点もある。次はその話をしよう。

後知恵を避ける

「一九九一年に起きたソビエト連邦の崩壊は、起こるべくして起きた数少ない歴史上の必然のひとつだろう」。この出来事が起こった後で、数多くの歴史の専門家や歴史好きな人々がこのように述べた。ローマ帝国の滅亡も、ナチス第三帝国の台頭も、アメリカがロシアより先に月に到達したことも、そしてもっと些細な出来事も、評論家に言わせればみな歴史的必然だったという。しかしながら、評論家がそのことをあらかじめ予測しえたかといえば、はなはだ疑わしい。

人が過去を「予測」しようとするときには、二つの問題に陥りやすい。（1）少なくともそれを振り返るときには、出来事が違った形になることはあり得なかったと信じてしまう。（2）実際のところ、出来事がそうなることを「前もって」予測するのも簡単だったとさえ考えてしまう。

人がこうした誤りに陥りがちであることを、研究者はどのようにして知り得るだろうか。認知心理学者のバルーク・フィッシュホフは、工夫を凝らした実験によって、「人はある出来事の結果が予測可能だったと過度に考え、思いもよらない結果が生じても驚かない傾向がある」ことを示した。[†23]

実験参加者には、さまざまな歴史上の出来事の舞台を整えるのに十分なだけの情報が与えられた。参加者はたとえば、一八一四年にイギリス軍がインド支配を統合しようとしたときのベンガルの状況について説明を受けた。イギリス軍はネパールのグルカ兵の奇襲に対処しなければならなかった、イギリス軍の指揮官はグルカの山岳領土へ侵攻することによってグルカ兵に対処しようとしたといった具合である。このように当時の侵攻の状況の詳細を知らされたうえで、参加者はさまざまな結果が起こる可能性についての推測を行った。

さらにフィッシュホフは、別の参加者グループにも同じ情報を与えた。しかし今度は、史実上の結果（引き分け）を併せて教えた。その後、このグループの参加者は「もし自分が結果を知らされていなかったとしたら、引き分けになる可能性はどの程度だと考えたか」を想像して答えるように求められた。すると、参加者は自分が結果を知っている場合には、機械的に「その結果になることは前もってわかっていた」と過度に推測することが明らかとなった。

インチョル・チェと私は、世界を明示的な因果モデルで説明したがる人は、こうした「後知恵」の誤謬には陥りにくいのではないかと考えた[†24]。明示的なモデルをつくろうとすれば、ひとつの要因から予想される結果がひとつではないことに気づきやすく、「この結果しかあり得なかった」という思い込みは少なくなる。さらに、自分の予測が間違っているとわかれば驚くこともできる。驚くことによって、重要と思われる要因を探そうという気持ちも沸き、モデルを見直してもっと正確に世界を理解しようと考えるようにもなる。

一方、明示的なモデルへの関心が薄く、どんな結果にも数多くの要因が潜在的に関与していると考えている人にとっては、ある特定の出来事が起こったとき、そうなった理由を思いつくのは簡単なことかもしれない。われわれは一連の米韓比較実験によって、これらの考えを検証した。

われわれは参加者に、一人の若い神学生の話をした。この神学生は自分に自信をもっており、とても親切で信心深い人間だった。説教に出かけるためにキャンパスを歩いているとき、彼は玄関で助けを求めて倒れている男に出会った。結局、神学生は説教に遅れてしまった。

条件Aの参加者は、その神学生が何をしたかは知らされなかった。そのうえで、「神学生が人助けをした可能性はどのくらいだと思うか」「もし彼が援助をしなかったとしたらどのくらい驚くか」という問いに回答した。韓国人もアメリカ人も、神学生が援助をした可能性は約八〇％だと述べ、もし援助がなされなかったとすれば非常に驚くと答えた。

これに対して、条件Bの参加者は「神学生が犠牲者を助けた」という説明を受け、条件Cは「助けなかった」という説明を受けた。そのうえで、これらの条件の参加者は「もしこうした結末を知らされなかったとしたら、その結果になる可能性はどの程度あると考えたと思うか」「神学生のとった行動についてどのくらい驚いたか」という質問に答えた。条件Bの参加者は、韓国人もアメリカ人も、やはり自分はこの結果になる可能性が八〇％程度あると考えただろうと述べ、また、結果を聞いても驚かなかったと答えた。

神学生が意外にも人助けをしない条件Cに割り当てられたアメリカ人は、もし結果を知らされなければこの神学生が八〇％人助けをすると考えただろうと述べ、実際の結果に非常に驚いていると答えた。韓国人はこれとは対照的に、神学生が人助けをする可能性は五〇％程度だと思っていたと述べ、実際にそうしなかったと聞いてもたいして驚かないと答えた。

アメリカ人は驚きを経験したが、韓国人は驚かなかった。韓国人の多くは、実際にはわからなかったことでも初めからずっとわかっていたと述べる、いわゆる「後知恵バイアス」を示した（ちなみに、ここで用いたシナリオは、かつてプリンストン神学校の学生に対して実際に行われた心理学実験の話である。研究の対象となった立派な若者たちは、ドアのところでうめき声をあげている人に対して救いの手を差し延べた……ただしそれは、自分が急いでいない場合だけだった。急いでいる場合には、ほとんど援助はなされなかった)[†25]。

チェと私が行った別の研究でも、東洋人は、予期せぬ結果に対してアメリカ人ほど驚かなかった。この実験に参加したアメリカ人と韓国人はいくつかの心理学研究についての説明を受け、各研究についてひとつの仮説または二つの対立する仮説を教えられた。二つの仮説のうち一方はその研究の実際の結果であり、もう一方はそれと反対の結果だった。たとえば、ある参加者は「現実主義が精神的健康を高める」という仮説を検証する研究の話を聞いた。別の参加者は、先の仮説と「楽観主義が精神的健康を高める」という逆の仮説のどちらが正しいかを検証する研究の話を聞いた。その後、すべての参加者が実際の研究結果を読んだが、その内容は現実主義が精神的健康を高めるというものだった。

われわれは参加者に、この結果にどの程度驚いたか、この結果をどの程度面白いと思ったかを尋ねた。アメリカ人は、二つの対立する仮説を示されたときのほうが、結果により驚き、結果をより面白いと感じていた。一方、韓国人は、二つの仮説を示されても、仮説がひとつだけの場合以上に結果に驚いたり興味をもったりすることはなかった。

西洋人は単純さを好み、東洋人は複雑さを仮定する

世界が非常に複雑なものであるという東洋人の信念は、ほぼ間違いなく、西洋人の考えよりも真実

に近い。世界は西洋人の明示的なモデルで説明しつくせるものではなく、その意味で、西洋人の考えはあまりにも単純すぎる。東洋人は驚くべきときに驚けないことがあるとはいえ、その欠点はさまざまな可能性に順応する力の大切さに比べれば小さいことかもしれない。

その一方で、（少なくとも科学においては）単純なモデルほど役に立つこともまた確かだろう。なぜなら、単純なモデルは、反証をあげるのも容易だし、それを踏まえて改良するのも簡単だからである。アリストテレスの物理法則のほとんどは明らかに間違ったものだった。しかし、アリストテレスが世界についての検証可能な命題を提起したのに対して、中国人はそれをしなかった。

結局、正しい物理法則を確立したのは西洋人だった。たとえば、中国人は遠隔作用の法則を理解していたかもしれないが、それを証明する術《すべ》をもたなかった。この法則が正しいことを証明したのは西洋人科学者だったが、彼らは最初から遠隔作用を信じていたわけではなく、実のところ「すべての運動はビリヤードの球のように物と物とが接触することによってのみ生じる」という原理を打ち立てようとしていたのだ。

西洋人が科学において成功をおさめたことと、原因推測において間違いを犯しやすいこととは、同じ由来をもっている。西洋人は自分個人の目的を自分の好きなように追求する人々であるがゆえに、目的の達成に役に立つように状況をモデル化しようとするし、また逆に、起こった出来事についても、結果から原因へと「逆向き」にたどりながらモデル化しようとする。

科学を見ればわかるように、モデルは体系的な検証によって修正することができる。しかし、西洋人のモデルは往々にして、目的とする対象物やその属性だけに着目し、文脈が果たす役割を軽視しがちである。日常生活というのは常にざわめきと混乱に満ちているものだが、これがモデル化されると、誤りを認識することはさらに難しくなる。そのため、西洋人はその科学的思考の伝統にもかかわらず、非常に基本的帰属錯誤に陥りやすく、人間行動の予測可能性を過大評価しやすいのである。

西洋人は単純さを好み、東洋人は複雑さを仮定する。こうした姿勢の違いは因果関係の認識にとどまらず、もっと一般的な問題、すなわち西洋人と東洋人が知識を体系化する方法にも及んでいる。次の章ではこの問題について見ていくことにしよう。

第6章

世界は名詞の集まりか、動詞の集まりか

古代中国人の関心

アルゼンチンの作家、ホルヘ・ルイス・ボルヘスによれば、古代中国には『善知の天楼』という百科事典があり、そこでは動物について以下のような分類がなされているという。[†1]

（a）皇帝に属するもの
（b）剥製にされたもの
（c）飼い慣らされたもの
（d）乳飲み豚
（e）人魚

（f）架空のもの
（g）野良犬
（h）この分類に含まれるもの
（i）狂ったように震えているもの
（j）数えきれないもの
（k）立派なラクダの毛筆で描かれたもの
（l）その他のもの
（m）今しがた花瓶を壊したもの
（n）遠くから見ると蝿に似ているもの

この分類はボルヘスが勝手につくったものかもしれないが、それはそれとして、古代中国人の世界の分類のやり方が古代ギリシア人と同じでなかったことは確かである。ギリシア人は、同じ属性によって記述できるものは同じカテゴリーに属すると考えてきた。

しかし、哲学者のドナルド・ムンロが指摘するように、中国人にとっては、属性を共有しているからといって同じ集合に属することにはならない。むしろ、ものごとは「共鳴」を通じて相互に影響を及ぼしあうとき、同類として扱われる。たとえば中国の五行説においては、春、東、木、風、緑はすべて相互に影響しあっている。風が変われば、ほかのものすべてに対して「互いに物理的に接触することなく、あたかも幾重ものこだまのように」影響が及ぶ。[†2]また、哲学者のデイヴィッド・モーザーも、古代中国の人々が関心をもっていたのは集合と集合の類似性であって、同じ集合内の個々の類似性ではなかったと述べている。古代中国人は、集合内の要素（a horse）と集合全体（horses）との関係にはまったく関心がなかったのである。[†3]

事実、当時の中国人は、ものごとを属性にもとづいて分類することを明らかに嫌っていたと思われる。古代の道家哲学者の荘子は、「言葉や属性の境界をいかにして定めるべきか……という問題は、間違いなく人を誤った方向へと導く。知識を分類したり限定したりすることは、より大きな知識を打ち砕くものである」と言う。[†4]『道徳経』のなかには、分類に頼ることをよしとしない考え方が以下のように述べられている。[†5]

五色は人の目をして盲ならしむ（目を見えなくする）。
五音は人の耳をして聾せしむ（耳を聞こえなくする）。
五味は人の口をしてたがわしむ（味覚を損なわせる）。[*1]

＊1訳注　「五色」とは青・黄・赤・白・黒、「五音」とは宮・商・角・徴・羽（いずれも音階の名）、「五味」とは酸・苦・甘・辛・鹹（塩からさ）を指す。

古代中国人が同じ属性を共有する対象物《オブジェクト》の集合に関心をもたなかったことは、世界の成り立ちについての彼らの基本的な考え方と一貫している。古代中国人の世界は連続的な実体《サブスタンス》で成り立っていた。

したがって、中国人にとって意味があったのは「部分‐全体」の区別だった。対象物そのものを分析することがなかったのだから、多くの対象物が共有する性質を探し出し、その基準に従って対象物を分類したところで、それが何かの役に立つとはあまり思えなかっただろう。[†6]

古代ギリシア人の世界は対象物の集まりで成り立っていたため、「個‐集合」という関係は彼らにとっては自然なものだった。ギリシア人はこの関係の重要性を信じていたからこそ、自分たちの帰納的推論の正確さを確信することができた。すなわち、あるカテゴリーに属するひとつの対象物が特定の属性をもっていることがわかれば、同じカテゴリーに属する他の対象物も同じ属性をもっていると考えることができた。ある哺乳類に肝臓があれば、すべての哺乳類に肝臓があると考えてまず間違いない。このように、「一‐多」、「個‐集合」という形で知識が体系化されると、ひとつの事例からの推論が頻繁に行われるようになる。「部分‐全体」という考え方ではこうはいかない。

現代人の思考における「カテゴリー」対「関係」

以上のとおり、ここでもまた、古代ギリシアと中国における知の伝統の違いが確認された。今度は、古代の哲学者たちの心の習慣が今日の一般の人々の知覚や推論と類似しているか否かを再び問うことにしよう。

認知の違いについての歴史的証拠やその社会的起源に関する本書の理論にもとづけば、現代の西洋人も東洋人に比べて、(a) 対象物を分類する傾向が強い、(b) 属性に関する規則をすぐに個々の事例に適用しようとするため、カテゴリーを覚えるのが早い、(c) カテゴリーを帰納的に利用する

図9　分類に際してカテゴリーと関係のどちらを用いるか

（あるカテゴリーのなかの特定の例を他の例やカテゴリー全体に一般化する）ことに長けていると考えられる。これに対して東洋人は、あらゆる事実が相互に関連しあうという可能性を信じているために、関係性や類似性の知覚にもとづいて世界を体系化すると考えられる。

図9に示された三つの対象物を見てほしい。もし、このうちの二つを一緒にするとしたら、どれとどれを選ぶだろうか。また、その二つを仲間だと思う理由は何だろうか。

もしあなたが西洋人なら、きっと「鶏と牛が仲間だ」と答えることだろう。発達心理学者のリャンファン・チウは、こうした三個一組のイラストをアメリカ人と中国人の子どもたちに見せた。[†7] アメリカ人の子どもは「分類学上の」カテゴリーにもとづいて、つまり同じ分類学上の用語（「成体」「道具」など）が当てはまるかどうかを基準として、対象物をグループに分けることを好んだ。中国人の子どもは関係にもとづいて対象物をグループに分けることを好んだ。先の図で言えば「牛と草が仲間だ」と考える傾向が強かった。その理由は「牛は草を食べるから」というものだった。

リジュン・ジ、ジヨン・ジャンと私は、イラストの代わりに単語を用いてアメリカ人大学生と中国・台湾人大学生の比較研究を行い、同様の結果を得た。[†8] われわれは実験参加者に三つの単語（たとえばパンダ、サル、バナナ）を示して、これらのうちどの二つがより近いと思うかを尋ねた。アメリカ人の参加者は、カテゴリーの共通性にもとづいたグループ分けを好んだ。つまり、いずれも「動物」カテゴリーに属するパンダとサルを仲間だと考えた。中国人の参加者は、意味のある関係にもとづいたグループ分け（たとえばサルとバナナ）を好み、その理由として関係に言及した（「サルはバナナを食べる」）。

もし、西洋人がいつもカテゴリーにもとづいて世界を体系化しているとすれば、西洋人の類似性知覚（対象物どうしがどの程度似ているかの判断）は、対象物がどの程度同じ規則にもとづいて分類できるかで決まるはずである。もし、東アジア人にとってはカテゴリーがさほど重要でないなら、東アジア人の類似性知覚は、対象物の間の「家族的類似性」[*2]に影響されやすいと考えられる。

＊2訳注　哲学者ヴィトゲンシュタインが提起した概念。すべての対象に共通する特性があるのではなく、さ

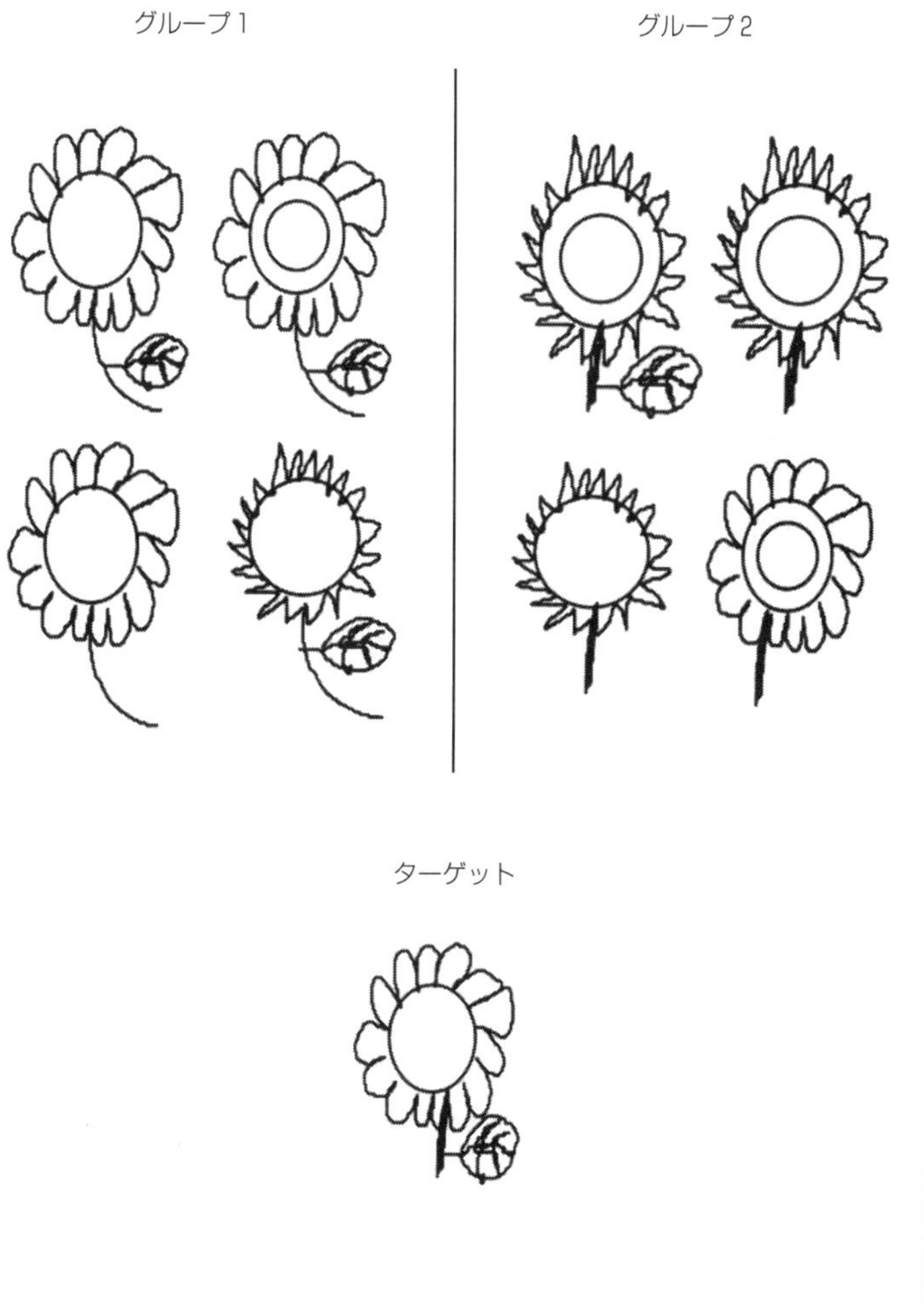

図10　家族的類似性と規則のどちらにもとづいて類似性が判断されるか

まざまな類似性が重なり合い、交差して、全体としてゆるい類縁関係を結んでいる状態を指す。

この可能性を検証するため、アラ・ノレンザヤン、エドワード・E・スミス、ビオン・ジュン・キムと私は、図10のようなイラストを用意し、韓国人、ヨーロッパ系アメリカ人、アジア系アメリカ人の実験参加者に見せた。[†9]参加者の課題は、「ターゲット」がどちらのグループに近いと思うかを答えるだけだった。読者のみなさんも、続きを読む前に図を見て判断してみてほしい。

韓国人のほとんどはターゲットが左側のグループ1に近いと答え、ヨーロッパ系アメリカ人のほとんどは右側のグループ2に近いと答えた。ターゲットは明らかにグループ1と家族的類似性を有しているので、韓国人がこちらのグループを選んだ理由は理解しやすい。実際、韓国人は課題全体のおよそ六〇%について家族的類似性にもとづく回答を行った。

しかし、一方でこのターゲットは、単純明快な規則によってグループ2と同じカテゴリーに含めることもできる。その規則とは「まっすぐな茎をもっている」ことである。ヨーロッパ系アメリカ人は決まってこうした規則を発見した。実際、彼らは課題全体の六七%について、規則にもとづくカテゴリーをターゲットと共有しているグループのほうを選んだ。アジア系アメリカ人の回答は両者の中間だったが、どちらかといえば韓国人に近かった。

規則にもとづく分類

カテゴリーは、正式には形式的な規則にもとづいて定義される。つまり、カテゴリーの規則を理解し、それを個々の事例に適用することによって、そのカテゴリーに習熟していくことができる。たとえば、子育てをする動物は哺乳類であるという規則を教わると、ウサギが哺乳類であるとわかるようになる（実際には、おそらくほとんどの人は「ウサギは哺乳類です」「ライオンは哺乳類です」と指し示されることによって哺乳類とは何かを知る。すなわち、「毛で覆われている」「四肢がある」といったライオンやウサギに共通する特性を観察することによって、哺乳類というカテゴリーを「素朴に」理解する）。

西洋人は明示的なモデルや規則をつくって因果関係の説明に用いることが多いが、東アジア人の因果説明においてはモデルや規則はさほど用いられない。もし、アジア人が西洋人ほど規則やカテゴリーに頼らずに世界を理解しているのだとしたら、対象物に規則を適用することによってカテゴリーを習得するというのは、アジア人にはかなり難しいことだろう。

この可能性を検証するため、アラ・ノレンザヤンと私を含めた共同研究者は、次のような実験を行った。[†10] われわれは、ミシガン大学の東アジア人、アジア系アメリカ人、ヨーロッパ系アメリカ人に図11のようなイラストを見せ（実際にはモノクロではなくカラーだった）、これから動物を「ビーナス（金星の生物）」と「サターン（土星の生物）」のいずれかに分類する方法を学習してもらうと告げた。[†11]

われわれは参加者に、次の五つの特徴のうち三つを備えていればその動物はビーナスであると説明した。その五つとは、丸まった尻尾、蹄、長い首、口、触覚のような耳である。そうでなければその動物はサターンということになる。図11の左上の動物（実際には青色）は、ビーナスの基準を満たしている。右上の動物（赤色）はそれらを満たしていないので、サターンである。

図11　規則にもとづくカテゴリー習得はどの程度難しいか

参加者がこれらの分類方法をひととおり理解した後、どの程度正しくカテゴリーを扱うことができるかを調べるためのテストが行われた。われわれは参加者に新しい動物を見せ、どのくらい早く、どのくらい正確にその動物を分類することができるかを測定した。

新しい動物は以前に見た動物と類似していたが、その類似のしかたには二つの種類があった。一方の「正の一致」グループは、練習試行の間に見た動物と似ていて、かつ規則上も同じカテゴリーに入る。もう一方の「負の一致」グループは、練習試行中に見た動物と似ているのだが、規則という観点からは別のカテゴリーに入る。図の左下の動物は「正の一致」の例である。この動物はビーナスの仲間であるように見え、実際にもビーナスの規則に当てはまる特徴を備えている。右下の動物は「負の一致」の例である。こちらはビーナスのように見えて、実は規則上はそうではない。

アジア人の参加者は、ビーナスかサターンかを判断するのに、ヨーロッパ系アメリカ人やアジア系アメリカ人よりも時間がかかった。正の一致の場合にはいずれの参加者も同程度の速さで同程度に正確な判断を行ったのだが、負の一致の場合にはアジア人はヨーロッパ系アメリカ人やアジア系アメリカ人のおよそ二倍も誤った分類を行った。正の一致の場合には、以前に見た例の記憶とカテゴリーを定義する規則のいずれからも正しい答えが導かれる。しかし、負の一致の場合には、規則を思い出して正しく適用した場合にのみ正解にいたることができる。東洋人にとっては、規則にもとづいて分類を行うことは西洋人が思うほど簡単ではないようである。

カテゴリーと議論の説得力

以下の二つの議論は、いずれも結論は同じ（「ウサギは血液中に酵素Qをもつ」）だが、どちらにより説得力があるだろうか。また、それはなぜだろうか。

（1）
ライオンは血液中に酵素Qをもつ
トラは血液中に酵素Qをもつ

ウサギは血液中に酵素Qをもつ

（2）
ライオンは血液中に酵素Qをもつ
キリンは血液中に酵素Qをもつ

ウサギは血液中に酵素Qをもつ

こうした問いを向けられると、ほとんどの西洋人は議論（2）のほうがよいと答える。[†12] その理由は、議論が網羅する範囲の広さ、多様性である。ライオンとトラは多くの点で似通った動物なので、哺乳類というカテゴリーを広く網羅しているとはいえない。ライオンとキリンはお互いの違いが大きいので、その意味で哺乳類のカテゴリーをよく網羅しているといえる。

さて、今度は以下の二つの議論について考えてみてほしい。いずれも結論は「哺乳類は血液中に酵素Qをもつ」である。どちらがより説得力のある議論だろうか。

（1）
ライオンは血液中に酵素Qをもつ
トラは血液中に酵素Qをもつ

哺乳類は血液中に酵素Qをもつ

（2）
ライオンは血液中に酵素Qをもつ
キリンは血液中に酵素Qをもつ

哺乳類は血液中に酵素Qをもつ

今度も、ほとんどの西洋人は議論（2）のほうがより説得力があると答える。その理由は、議論

（1）よりも哺乳類のカテゴリーを広く網羅しているからである。

インチョル・チェ、エドワード・E・スミスと私は、韓国人とアメリカ人の大学生に対して、上の例と同様の問題を与えた。[†13] その結果、アメリカ人は一貫して議論（2）を好んだが、韓国人は、結論にカテゴリーが明示されているときのほうが、そうでないときよりも議論（2）を好む度合いが大きくなった。韓国人は、実際に言及されるまで哺乳類というカテゴリーを思い浮かべてはいなかった。その結果、これは哺乳類の話だということが明示されて初めて、多様性をもった議論の重要度が増したのである。東洋人はカテゴリーを思い浮かべることが少ないために、結果的に西洋人ほど帰納的な推論が習慣化していないのだろう。

対象物の世界で育つか、関係の世界で育つか

今日の東洋人はカテゴリーに対してあまり注意を払わず、規則を適用してものごとをカテゴリーに分類する習慣がないばかりか、推論を行うときでもカテゴリーを積極的に利用しようとしない。どうしてこのようなことが起こるのだろうか。なぜ、東洋人は西洋人に比べて、対象物を体系化するにあたって関係を重視しようとするのだろうか。

たしかに、古代中国の哲学者はカテゴリーをあまり用いず、「カテゴリー - 要素」の分類よりも「部分 - 全体」の関係や意味の共通性に関心を払っていた。とはいえ、それが唯一の理由だとは考えにくい。哲学者の考えが当時の人々の日常的な判断に影響を及ぼしていたかどうかさえ疑わしいものである。もし、今日の東アジア人にはカテゴリーよりも関係のほうが重要であるとすれば、現代の子どもの社会化の過程に、そういった知覚や推論のしかたを育む要因があるに違いない。その要因を探る前に、カテゴリーと関係の重要な違いについて考えておくことにしよう。

カテゴリーは名詞によって表されるものである。幼い子どもにとっては、明らかに動詞よりも名詞を習得することのほうがやさしいと思われる。たった今見た動物が「クマ」であることを学ぶには、際立った特徴に着目するだけでよい。巨大な身体、大きな歯とかぎ爪、長い毛、獰猛な様子。それさえできれば、この対象物にラベルをつけて覚えておくことができる。このラベルは今後、同じ一連の特性をもった対象物すべてに適用することができる。

一方、関係を記述するには、明示的あるいは暗黙的なかたちで動詞が用いられる。他動詞の意味を学ぶには、通常、二つの対象物と、それらを何らかの形で結びつける行為に着目する。「投げる」は、腕を使ってあるものを空中から新しい場所へと移動させることを意味する。単にその行為を指差すだけでは、その意味を正確に人に理解させることができるとは限らない。

動詞は名詞に比べてあいまいであるため、名詞よりも覚えるのが難しいし、人が誰かとじかに話しているときと他者の発言を言い換えているときとで、意味が変化しやすい。また、動詞をある言語から別の言語に翻訳するときには、正確に同じ意味を伝えるのが難しい。さらに、動詞をはじめ、関係を記述する語の意味は、単純な名詞よりも言語の違いによる差が大きい。認知心理学者のディードレ・ゲントナーは「動詞は非常に反応性が高く、他方、名詞は不活性である」と述べている。[†14]

名詞と動詞のこうした違いを考えれば、子どもが名詞を覚えるスピードは動詞を覚えるよりも速いというゲントナーの発見は驚くに足りないだろう。[†15] 実際、よちよち歩きの子どもは一日に二つの割合で名詞を覚える。これは動詞を覚える速さよりもずっと速い。

ゲントナーは、こうした名詞の大いなる優位性を普遍的なものだと考えた。これはごく妥当な考えに思われたが、事実ではなかった。発達心理学者のトウィラ・ターディフらは、東アジアの子どもが名詞と同じ速さで動詞を覚えることを見出した。[†16] 何を名詞とみなすかという定義のしかたによっては、名詞より速いとさえ言えるほどだった。

以上を踏まえて、対象物とそのカテゴリーを重視する西洋人と、関係を重視する東洋人の顕著な違いを育むと考えられる、子どもの社会化過程における諸要因について考えてみたい。

第一に、東アジアの言語では、英語やその他のヨーロッパの言語に比べて動詞が目立ちやすい。[†17] 中国語、日本語、韓国語の動詞は文の最初か最後に来ることが多く、いずれも目立つ場所である。英語の場合には、動詞は多くの場合真ん中に隠れている。

第二に、第4章で紹介した父と子の会話を思い出してほしい。父が息子にズボンの特徴についてのクイズを出しているのを、私がふと耳にしたという例の話である。西洋の親は、子どもの前で対象物を指差し、名前を教え、その属性について説明するというように、ともかく名詞、名詞である。

しかし、西洋人から見れば不思議な話だが、アジア人は対象物の名前を言うことが親の務めだとは考えていないらしい。発達心理学者のアン・ファーナルドとヒロミ・モリカワは、生後六カ月、一二カ月、一九カ月の乳幼児をもつ日米の家庭を訪問した。[†18] まず、母親にすべてのおもちゃを遊び場から片づけてもらい、研究者側が用意したいくつかのおもちゃ（ぬいぐるみのイヌとブタ、ミニチュアの自動車とトラック）を渡した。これらのおもちゃを使って、母親に子どもといつものように遊んでもらった。

すると、最も幼い赤ん坊と遊ぶときでさえ、母親の振る舞いには大きな違いが見出された。アメリカの母親は、対象物の名前を言う回数が日本の母親よりも二倍多かった（「コブタちゃん」、「ワンちゃん」など）。日本の母親は、礼儀などの社会的な約束事を教える回数がアメリカの母親よりも二倍多かった（共感やあいさつなど）。アメリカの母親のおしゃべりは次のような感じである。「これはクルマ。クルマを見てごらん。これ好きかな？　かっこいい車輪がついているねぇ」。日本の母親はこうである。「ほら、ブーブーよ。はい、どうぞ。今度はお母さんにどうぞして。はい、ありがとう」[†19]。アメリカの子どもは世界が名詞から成り立っていることを学び、日本の子どもは世界が関係に満ちていることを学ぶのである。

第三に、共通の特性をもった対象物の名前を教わることによって、子どもはそれらの特性を共有する対象物のカテゴリーを習得する。また、物の特性に注意を向け、似たような特性を集めて別のカテゴリーをつくる力も身につけていく。発達心理学者のリンダ・スミスと共同研究者は、一七月齢の子どもたちを無作為に統制条件または実験条件[*3]に割り当てた[†20]。実験条件の子どもは九週間にわたって、それまで知らなかったカテゴリーに属する対象物で遊んだり、カテゴリーの名前を聞いたりした。それらのカテゴリーは「形」を共通属性として分類されており、たとえば「カップ」などのカテゴリー名がつけられていた。

＊3訳注　実験条件において施される操作の効果を見るために、比較対象として設けられる条件。この研究の

場合、統制条件の子どもたちは、新しいカテゴリーについて何も教わらないままに九週間を過ごす。

こうした経験を通じて、幼児たちは形に注意を払うようになり、実験室以外のところで見たものに対しても、形のうえでの特徴にもとづいてカテゴリーをつくるようになった。実験が進むにつれて、こうした訓練を受けた子どもは、新しい対象物の名前を覚えることに著しい上達を見せるにいたった。

第四に、英語や他のヨーロッパ言語においては、総称すなわちカテゴリーの名前を意味する名詞は、しばしば文法規則によって区別される。水鳥に関する会話をしているときの言い方には、「a duck」(一羽のアヒル)、「the duck」(そのアヒル)、「the ducks」(そのアヒルたち)、「ducks」(アヒル一般)という種類がある。最後のducksがアヒルの総称を表す名詞であることは、文法規則によって明示されている。

通常、話し手は、自分が特定の対象物について話しているのか、対象物のグループについて話しているのかをはっきりさせなくてはならないが、往々にして文法規則がその役目を果たしてくれる。しかし、中国語やそれに類する言語では、聴き手には文脈や実用上の手がかりしか与えられない。たとえば、ちょうどえさを食べるために池からあがってよちよち歩いてきた一羽のアヒルの存在があって初めて、今話に出ているのが「a duck」でも「the ducks」でも「ducks」でもなく、「the duck」であることがわかるのである。

発達心理学者のスーザン・ゲルマンとトウィラ・ターディフは、英語を話す母親と北京語を話す母親を対象とした研究を行い、英語を話す母親のほうが、どのような文脈においても総称名詞を頻繁に

用いることを明らかにした。[†21]

最後に、東洋の子どもは西洋の子どもに比べて、対象物を分類できるようになるのが遅い。発達心理学者のアリソン・ゴプニックとスンジャ・チェによる研究は、このことを直接示したものだった。[†22] ゴプニックらは、韓国語、フランス語、英語を話す子どもたちが一歳半の時期から研究を開始し、英語やフランス語を話す子どもよりも韓国語を話す子どものほうが、対象物に名前をつけてカテゴリーに分類するスキルを身につける時期が遅いことを見出した。

研究に参加した子どもたちは「手段‐目的の判断」と「分類」の課題を行った。手段‐目標課題は、たとえば箱のなかから物を取り出す方法を見つけるといったもので、分類課題は二種類の対象物四つずつ（たとえば四つの黄色い長方形と四つの小さい人形）を何らかの方法で「まとめる」というものだった。英語とフランス語を話す幼児は、手段‐目的課題と分類課題をおよそ同じ歳でマスターした。しかし、韓国の幼児は、手段‐目的課題ができるようになってからおよそ三カ月遅れて分類課題を習得した。

属性、安定、カテゴリー

古代ギリシア人はカテゴリーを好み、規則を発見し適用する基準としてカテゴリーを用いていた。また、安定を信じ、物理的世界と社会的世界の両方を、対象物の固定的な属性や性質によって理解していた。一方で、古代中国人はカテゴリーに関心がなく、変化を信じており、物理的世界と社会的世界の両方を、対象物とその周囲のさまざまな力の場との相互作用によって理解していた。これらの対照的な傾向は互いに無関係ではなく、偶然の一致でもない。
もし、世界が安定した場所であるなら、世界を理解するために規則を発達させたり、規則が適用されるカテゴリーを精緻化したりすることには意味がある。世界を理解するために用いられるカテゴリーの多くは、硬さ、白さ、優しさ、臆病さなど、対象物に備わっているはずの性質を表すものである。当然ながら、この種のカテゴリーは東洋人にも用いられていたが、東洋人の場合には、対象物から性質だけを切り離して抽象化することはあまりなかった。古代中国哲学には、特定の馬の白さとか雪の白さといった概念はあったが、何にでも当てはまるような抽象的で独立的な白さの概念はなかったのである。

西洋の伝統的な考え方では、対象物にはさまざまな抽象的な性質を混ぜ合わせたエッセンスが備わっている。こうしたエッセンスを信じるがゆえに、西洋人は文脈と切り離された行動を予測することに自信をもっている。東洋の伝統的な考え方では、対象物は具体的な性質をもっており、これらが周囲の環境と相互作用を起こして行動を生み出す。東洋人は、抽象的な性質にあたかも特定の対象物の特徴とは切り離されたリアリティがあるかのように論じることには、何の関心ももたなかった。

最も重要なのは、東洋人にとって対象物の属性は必ずしも安定的なものではないということである。西洋では、算数が苦手な子どもは「数学的能力が乏しい」、場合によっては「学習障害がある」などとみなされやすい。東洋では、そうした子どもは「もっと一生懸命にがんばらなくてはならない」、もしくは「その子の先生がもっと努力すべきだ」「学習環境を変えるべきだ」などと考えられる。[23]

西洋の知の歴史と二分法

西洋人は、その知の歴史を通じて、常に、二者択一的なカテゴリーに傾倒してきた。二分法はいずれの時代にも氾濫しており、しばしば実りのない討論《ディベート》のもとになった。「精神か身体か」という論争はその一例である。これは、ある行動を、身体と切り離された精神が生み出したものとして理解するべきか、あるいは精神的なプロセスに媒介されない純粋に物理的な反応として理解するべきかについて、互いの信奉者の間で繰り広げられた論争であった。

「生まれか育ちか」という議論も、光明を見出すよりも激しい争いを生むことのほうが多かった。進化生物学者のリチャード・アレクサンダーが指摘しているとおり、高等哺乳類を特徴づける行動のほとんどすべては、生まれと育ちの両方によって決まる。

また、「感情か理性か」という二分法によって明らかになったことは、そのためにわからなくなったことよりも少ない。ヒュームが言うように「理性は情念の奴隷であり、またそうあるべき」であって、両者の区別は分析のうえで必要な場合を除いては無意味である。

西洋人が強調してきた「人間」と「動物」の区別も、進化論の発想を受け入れがたいものにしてしまった。東洋的な思想体系のなかでは、ほとんどの場合、魂はあらゆる動物の形、さらには神の形をとることさえある。東洋には「人間は動物の頂上に座っており、動物とは一線を画している」という考え方はなかったので、進化論が物議をかもすことは決してなかった。

西洋人は、その知の歴史を通じて、常に、いかなるカテゴリーにもそれを成り立たせるための必要十分条件があると信じてきた。たとえば、正方形は長さの等しい四本の線分と四つの直角からなる二次元の対象物である。これらの特性を欠いているものは決して正方形たりえず、これらの特性を備えているものは必ず正方形である。

しかし、ルードヴィッヒ・ヴィトゲンシュタインは、その著書『哲学探究』のなかで、西洋における必要十分性の体系を打ち崩した。[†24]ヴィトゲンシュタインは、「ゲーム」「政府」「病気」といった複雑で興味深いカテゴリーに当てはまる必要十分条件を確立することは決してできないだろうと述べた。

ヴィトゲンシュタインの議論には、最も分析的な西洋人哲学者たちさえ、大いに納得（というよりむしろ狼狽）させられた。たとえ面白くないものでも、たとえ一人でプレイするものでも、たとえその主目的がお金を稼ぐことであっても、それはゲームたりえる。逆に、たとえ面白いものであっても、たとえ数名の人々が楽しい相互作用を通じて行う非生産的な活動であっても、それは必ずしもゲームとは限らない。一方、こうしたヴィトゲンシュタインの指摘が東洋で必要とされることはなかった。「複雑なカテゴリーを規定する必要十分条件はない」と宣言したところで、東洋人がそれに驚くことなどまずあり得なかっただろう。

それは言語のなせるわざか

東洋人と西洋人の言語の用法に本質的な違いがあることは確かだとしても、世界を動詞で体系化するか名詞で体系化するかという違いは、単なる言語の違いにもとづくものだと言えるのだろうか。たしかに、西洋の言語では名詞がよく用いられ、その結果として対象物の分類が促進される。東洋の言語では動詞がよく用いられ、その結果として関係が強調される。

しかしこうした事実のみから、知識の体系化に関するさまざまな研究結果を説明することはできるのだろうか。さらに言えば、本書で紹介した認知の違いのうち、いったいどのくらいが言語の違いから生じたものだろうか。

たしかに、本書で示した認知の違いと、インド＝ヨーロッパ言語と東アジア言語の違いとの間には、驚くほどの対応関係がある。東アジアの諸言語（とりわけ中国語と日本語）の間には相違点も多いのだが、それにもかかわらず、これらの言語が共有している多くの性質は、インド＝ヨーロッパ言語とは大きく異なっている。

カテゴリーの使用に関する違いをもたらす言語慣習には、指示や命名を好むか否か、動詞を文中のどの位置に置くか、総称名詞を明示的に表現するか否かといったことに加えて、ほかにもいくつかの違いがある。

西洋人はカテゴリーへの関心が高いが、このことは言語にもよく表れている。英語の話者は中国語の話者に比べて総称名詞を含む言葉づかいに慣れている。[†25] それはおそらく、西洋の言語は、ある発話を総称的に解釈することが妥当か否かを明示的に表しているからだろう。事実、中国語には「リスは木の実を食べる（squirrels eat nuts.）」と「このリスはその木の実を食べている（this squirrel is eating the nut.）」を区別する語法はない。文脈だけがその情報を与えてくれるのである。英語の場合には、今話題にのぼっているのがカテゴリーなのか個体なのかを言語それ自体が教えてくれる。

ギリシア語をはじめとするインド＝ヨーロッパ言語は、対象物の性質を表す単語に接尾語のnessやそれと同等の語を加えるだけで、いとも簡単にそれを対象物そのものに変えてしまう。哲学者のデイヴィッド・モーザーによれば、こうした言語慣習をもつ人は、性質それ自体を抽象的な実体とみなし、理論上の説明概念として用いたがるようになるという。[†26]事実、プラトンは、物質界における対象物の性質よりも、それらを抽象化した概念のほうにリアリティがあると考えていた。ここまで抽象概念を理論化することなど、中国哲学では考えられないことだった。

東アジアの言語は非常に「文脈的」である。単語（あるいは音素）は往々にして複数の意味をもっているため、それらを理解するためには文脈が必要である。これに対して、英語の単語は弁別性が高く、また、英語の話者はできる限り文脈を必要としない発話を心がける。

言語人類学者のシャーリー・ブライス・ヒースは、アメリカの中流階級の親たちが子どもたちに対し、できるだけ文脈を排した言葉づかいに努めていることを明らかにした。[†27]親たちは、単語を言語的な文脈から切り離して理解させること、発話を周囲の文脈から切り離して理解させることを重視している。たとえば、子どもにイヌについての本を読んでやるとき、アメリカの親は子どもに、「この動物は何？」（「そう、ワンちゃん」）、「犬を飼っている人は誰かいる？」（「そう、ヘザーさんが飼っているね」）などと尋ねる。言葉はもとの文脈から切り離され、似たような意味をもつ別の文脈へと結びつけられる。

西洋の言語は、文脈に相対する中心的な対象物に対して、否応なしにすべての注意を向けさせる。英語は「主語優位型」言語である。「It's raining.」（雨だ）というだけでも主語が必要である。これに対して、日本語、中国語、韓国語は「話題優位型」言語である。文のなかには、「話題」が占めるべき位置（一般には文頭）がある。たとえば、「この場所でスキーをするとよい」といった具合である。

このことから、われわれの研究結果にひとつの別解釈の可能性が生じる。増田と私が日米の実験参加者に水中のアニメーションを見せたとき、アメリカ人はまず対象物を記述し（「大きな魚がいました、多分マスだと思います。それが左に向かって泳いでいきました」）、日本人は文脈の設定から始めた（「池のようなところでした」）。文法上はそうである必要はないのだが、日常用語としては、日本語の文はまず文脈や話題から始まり、英語と違っていきなり主語が登場することは少ない。

西洋人にとっては、行為をしているのは自己である。東洋人にとっては、行為は他者との協力によって引き起こされるもの、もしくはさまざまな力の働く「場」において自己が作用した結果として生じたものである。

言語には、こうした主体性の違いが表れている。日本語や（かつての）中国語には、「私（I）」に相当する単語がたくさんあることを思い出してほしい。たくさんの「私」は、自己と他者との関係を反映している。同僚との関係における「私」もあれば、配偶者との関係における「私」もある。日本人にとっては、一般的な自分（me）に当てはまる性質というのを考えることは難しく、特定の設定や特定の人々との関係のなかでの自分に当てはまる特徴を考えることのほうがずっとたやすい[†28]。

また、行為の生起のしかたについての考え方の違いは文法にも表れている。多くの西洋の言語は「主体的」であり、たとえば「He dropped it.」（彼がそれを落とした）といったように、自己が世界に影響を及ぼすさまを伝達する（ただしスペイン語は例外である）。東洋の言語は一般にそれほど主体的ではない。先の例は、「それが彼から落ちた」、または単に「落ちた」と表現される。

誰かにお茶をもっと飲みたいかどうかを尋ねるときの適切な言い方にも、中国語の話者と英語の話者の間では違いがある。彼らはお互いの尋ね方を聞いて非常に驚く。中国語では「もっと飲む?」と尋ねる。英語では「More tea?」(お茶をもっと?)と尋ねる。中国語の話者にとっては、「お茶の話をしている」ことは自明なので、このうえさらにお茶に言及するのはくどいと感じられる。英語の話者にとっては、「飲むという行為についての話をしている」ことが自明であり、それゆえ、質問のなかで飲む行為に言及するというのは、かなり奇妙なことに思えるのである。[†29]

言語構造の違いと思考プロセス

言語人類学者のエドワード・サピアとベンジャミン・ウォーフによれば、言語構造の違いは人々の日常的な思考のプロセスに反映されるという。[†30] 言語学者や心理学者は何十年にもわたって、この仮説に対する支持と批判を繰り返してきたが、現在では支持のほうが大きくなっている。言語と推論に関するわれわれの研究結果にも、サピア - ウォーフの仮説と直接に結びついているものがある。

リジュン・ジ、ジヨン・ジャンと私が行った研究を思い出してほしい。[†31] われわれは、人が対象物をカテゴリーに分類する方法に、言語がどう影響しているかを検証した。具体的には、三つの単語(たとえば、パンダ、サル、バナナ)を中国人とアメリカ人の大学生に示し、三つのなかからとくに近い関係にある二つを選ぶように求めた。中国人学生にはアメリカに住んでいる者と中国に住んでいる者とがあり、英語でテストを受けた者もいれば、中国語で受けた者もいた。

もしサピア - ウォーフ仮説が正しければ、バイリンガルの中国人は、テストに用いられる言語によって異なった結果を示すはずである。つまり、中国語でテストを受ける場合には関係にもとづいたグループ分けを好み（サルとバナナ）、英語でテストを受ける場合には分類学上のカテゴリーを好む（パンダとサル）はずである。

心理言語学者によれば、バイリンガルには「等位型」と「複合型」という区別があるという。[†32] 等位型バイリンガルは、第二言語を習得した時期が比較的遅く、ある程度限られた文脈でしかそれを使用しない人々である。等位型バイリンガルにとっては、一方の言語にもとづいて心のなかにつくられた世界のイメージ（心的表象）と、もう一方の言語にもとづいてつくられたイメージとは、異なったものであると思われる。複合型バイリンガルは、早い時期に第二言語を習得し、多くの文脈でそれを使用する人々である。複合型バイリンガルにとっては、言語は機能の違いや状況の違いに応じて排他的に使い分けられるものではないため、心のなかにつくられる世界のイメージは、言語の違いを超えた融合的なものであると思われる。

われわれの研究には、両方のバイリンガルが参加していた。中国・台湾の出身者は、概して英語の習得時期が遅く、学校の勉強以外で英語を使う機会はあまりないという点で、等位型であると考えることができる。香港とシンガポールの出身者は、概して英語の習得時期が早く、より多くの文脈で使用しているという点で、複合型であると考えることができる。加えて、これらの社会（とくに香港）は非常に西洋化している。

言語が違えば世界についての理解のしかたも異なったものになるとして、その理由が、言語に応じて心のなかにつくられるイメージが異なるためであるとすれば、サピア‐ウォーフの仮説どおり、次のような結果が得られるはずである。すなわち、少なくとも等位型バイリンガルは、中国語でテストを受ける場合と英語で受ける場合とで、単語のグループ分けのしかたが異なるはずである。

他方、世界についての理解のしかたが異なる理由が、言語の構造上の違いが異なった思考プロセスを強いるためであるとすれば、複合型バイリンガルであっても、中国語でテストを受ける場合と英語で受ける場合とで異なったグループ分けを行うことが予測される。また、当然ながら、このような認知課題を行ううえで言語の違いは重要でないとすれば、いずれのグループにおいても言語は何の効果も及ぼさないはずである。

結果は、これ以上ないくらい明快なものだった。第一に、英語でテストを受けたヨーロッパ系アメリカ人参加者と、中国語でテストを受けた中国本土および台湾出身の参加者（等位型バイリンガル）との間には、明らかな違いが見出された。アメリカ人は、関係にもとづくグループ分けよりも、類型カテゴリーにもとづくグループ分けを二倍多く行った。中国語でテストを受けた中国・台湾人は、逆に類型カテゴリーにもとづくグループ分けよりも、関係にもとづくグループ分けを二倍多く行った。これらの傾向は、中国・台湾人がアメリカでテストを受けた場合にも母国で受けた場合にも、同じように見出された。

第二に、中国・台湾人の場合、テストで用いられた言語による違いが顕著に見出された。英語でテストを受けた場合には、中国語で受けた場合に比べて、関係にもとづくグループ分けが少なくなった。すなわち、等位型バイリンガルにとって、英語と中国語は、世界についての異なったイメージを心のなかに構築するといえる。

しかし、香港やシンガポール出身の複合型バイリンガルの場合には、状況はかなり違っていた。第一に、彼らのグループ分けはかなりの程度、西洋人の回答に近かった。彼らは、類型的カテゴリーよりは関係にもとづくグループ分けのほうを多く行ったものの、その程度は中国や台湾の等位型バイリンガルに比べるとかなり弱かった。さらに、彼らの回答は、中国語でテストを受けた場合も英語でテストを受けた場合も、まったく違いがなかった。

これらの結果は明らかに、文化そのものが言語とは無関係に思考に影響を及ぼしていることを示唆している。なぜなら、等位型の中国語話者も複合型の中国語話者も、テストを受けた言語にかかわらず、アメリカ人とは異なった方法で単語のグループ分けを行ったからである。また、等位型と複合型の話者の間に違いが見られたことも、言語とは無関係の文化差の存在を示唆している。

西洋化した地域出身の複合型の話者の回答は、西洋人の回答に近い傾向を示した。その傾向は、テストを受けた言語にかかわらず見出された。また、逆に、文化とは無関係な言語の効果も明らかとなったが、それは中国・台湾出身の等位型話者の間でのみ見出された。彼らはテストを中国語で受けるか英語で受けるかによって、非常に異なった反応を示した。

われわれの研究にもとづいて、サピア゠ウォーフ仮説に対する暫定的な回答を述べるとすれば、言語の違いはどうやら世界のイメージの体系の違いと関連しているらしい。この限りにおいて、言語はたしかに思考に影響を及ぼすということが言える。ただし、われわれは、一種類の心のプロセスを扱った一組の研究について論じているにすぎないので、これは極めて暫定的な回答としか言いようがない。

以上見てきたとおり、東アジア人は西洋人に比べてはるかに、世界を関係によって捉えている。西洋人は安定的な対象物をカテゴリーに分類するという視点で世界を捉えている。こうした視点の違いは、明らかに、子育ての習慣の違いによって生じた部分もある。東アジアの子どもたちは関係に注意を向け、西洋の子どもたちは対象物とそれが属するカテゴリーに注意を向ける。

また、おそらくは言語の違いも何らかの役割を果たしている。言語は少なくとも注意の焦点を定める手助けをしているし、また、一生の間を通じてひとつの視点を保持することができるのも、おそらくは言語のなせるわざであろう。しかし、世界をカテゴリーで記述するか関係で記述するかを言語の構造そのものが規定するということはありそうもない。

世界に対するかくも異なったアプローチが及ぶ範囲は、知識の体系化のしかたにとどまらない。西洋人は文脈を無視して対象物を強調することを好み、東洋人は多くの要素に眼を向けて要素どうしの関係に焦点を当てることを好む。こうした傾向は、推論のしかたにも大きな違いをもたらす。次章ではこの問題を扱うことにしよう。

第7章

東洋人が論理を重視してこなかった理由

論理がたどってきた運命

……文明世界の二つの極の伝統の間にみられる最も著しい相違点は、論理がたどってきた運命の違いである。西洋においては、論理は常に中心にあり続け、一度も途切れることなく受け継がれてきた。……

哲学者　アンガス・グラハム[†1]

……ひとつ確かなのは、中国人の精神は非常に合理的であるがために、合理主義的になることを拒み、……形式を内容から切り離すことを拒むということである。

中国の伝統教育の目的は、文化の模範となるような情理のわかる人間を育てることにある。教養のある人間は何よりもまず情理に通じた人間でなくてはならない。すなわち常に思慮分別があり、節度と慎みを愛し、抽象的理論や極端な論理を嫌う姿勢を備えた人間でなくてはならない。

哲学者　劉述先[†2]

文芸批評家　林語堂[†3]

論理的一貫性のある主張をすると、……人を怒らせるだけでなく、人に未熟者とみなされてしまうかもしれない。

文化人類学者　長島信弘[†4]

常に論理の探究を続けてきた西洋人には信じがたいことだが、東洋人が論理を追い求めたことはこれまでに二度しかなく、その影響力は長く続かなかった。名家（論理学派）と墨家（墨子を祖とする学派）のことである。いずれも古代の話だった。論理学派は、その形式論理学に目新しいものはなかったものの、他のどんな中国哲学者たちとも異なり、知識それ自体に関心をもっていた。[†5]

一方、墨子の学派は論理概念を重視し、なかでも必要十分条件、矛盾律（無矛盾性の原理）、排中律に着目していた。[†6]それでも墨家は論理的推論の厳密な体系を生み出すにはいたらなかった。[†7]墨家は幾何学にも秀でていたが、西洋のようにそれを定式化することも、論理的な解を導くための基本原理

を発達させることもなかった。[†8]

ギリシア人が論理に関心を抱いた最大の理由は、論理が議論の役に立つと考えたためである。墨子が論理に関心をもつと同時に議論の意義を信じていたことも、偶然の一致ではないだろう。[†9]墨子は、議論は命題を明確にし、また真偽を区別する助けにもなると考えていた。また、公共の利益を最大化する方法を模索し、費用効果分析のおおまかな形をつくりあげた。[†10]

これらの事実は、墨子が古代中国哲学や古代ギリシア哲学よりも現代の西洋哲学に近い精神をもっていたことをうかがわせる。しかし墨子は、西洋哲学的な活動のなかにも東洋的な視点をもち続けた。他の中国哲学者がそうであったように、墨子は命題の真理と道義とを区別しなかった。こうした立場は倫理的には意味があるかもしれないが、論理にとっては致命的だった。

紀元後最初の一〇〇〇年を経るまで、中国人が世界を論理的に理解しようとした確かな痕跡はなかった。むしろ中国人は感覚的印象と常識を信用していた。名家や墨家にも、経験と真っ向から対立する議論を受け入れようというギリシア人のような考えはなかった（なにしろギリシア人は、五感が指し示す証拠を否定することに喜びを覚えるような人々だった）。今も中国人は、論理よりもはるかに情理を志向している。次の節ではそのことについて見ていこう。

論理か、経験か

論理に関心をもたなかったがゆえに、必然的に東洋人は「脱文脈化」（議論の構造をその内容から切り離して考えること）に不審を抱き、抽象的な基本命題のみにもとづく推論を嫌った。こうした考え方は、二一世紀のアジアの一般の人々の間にも生きている。アラ・ノレンザヤン、エドワード・E・スミス、ビオン・ジュン・キムと私は、二つの研究を通じてこのことを明らかにした[†11]。

以下の二つの演繹的な議論について考えてほしい。どちらか一方が、もう一方よりも説得力があると言えるだろうか。

①すべての鳥は尺骨動脈をもつ。ゆえに、すべてのワシは尺骨動脈をもつ。

②すべての鳥は尺骨動脈をもつ。ゆえに、すべてのペンギンは尺骨動脈をもつ。

（ここでは尺骨動脈とは何かを知っている必要はない。現実世界の知識が演繹的議論の評価を左右することのないよう、あえてなじみのない語が用いられているにすぎない。）

人はどの程度、無意識のうちに形式論理学あるいは経験的知識に頼るのだろうか。それを調べるには、人がどのようにしてカテゴリーの性質（先の例では「尺骨動脈」）を上位カテゴリー（鳥）から下位カテゴリー（ワシ、ペンギン）へと「投影」するかを検証すればよい。右記の二つの議論は同一の前提を有しているが、結論についてはターゲットとなっている鳥が典型的か否かという違いがある。ワシはペンギンよりも典型的である。

この命題の評価を純粋に論理的に行おうとする場合には、議論の真ん中に暗黙の前提（「すべてのワシは鳥である」「すべてのペンギンは鳥である」）が補われる。こういう考え方をすれば、右記の二つの命題の説得力が等しいということに気がつくだろう。しかし、人はしばしば、典型的な事例に対する議論のほうが非典型的な事例に対する議論よりも説得力があると考えてしまう。過去の経験からすれば、ペンギンを鳥と考えるよりはワシを鳥と考えるほうが、おさまりがよい感じがするのである。[†12]

われわれは、韓国人、アジア系アメリカ人、ヨーロッパ系アメリカ人の実験参加者に対して、二〇の議論の説得力を評価するよう求めた。[†13] うち一〇の議論の結論にはワシのような典型的ターゲットが含まれ、残り一〇にはペンギンのような非典型的ターゲットが含まれていた。その結果、韓国人は典型的ターゲットのほうが非典型的ターゲットよりも説得力があると判断した。一方、ヨーロッパ系アメリカ人は、二種類の議論のいずれも同程度に説得力があると判断した。アジア系アメリカ人の反応は、両者の中間だった。

今度は以下の議論について考えてみてほしい。論理的に妥当だと感じられるのはどれだろうか。

前提1　警察犬で年老いたものはいない。
前提2　高度に訓練された犬のなかには年老いたものがいる。
結論　高度に訓練された犬のなかには警察犬でないものがいる。

前提1　植物からつくられたものはすべて健康によい。
前提2　タバコは植物からつくられている。
結論　タバコは健康によい。

前提1　AでないものはBである。
前提2　いくつかのCはBである。
結論　いくつかのCはAでない。

最初の議論には意味があり、かつ結論ももっともらしい。二番目の議論には意味があるが、結論がもっともらしくない。三番目の議論は抽象的で、現実的な意味がまったくない。しかしこれら三つの議論はいずれも論理的には妥当である。

議論に意味があって結論がもっともらしい場合には、その議論の論理的妥当性は正しく判断されやすい。また、議論に意味があって結論がもっともらしくない場合には、最も誤りが生じやすい。われわれは、韓国人とアメリカ人の大学生に対して、論理的に妥当な議論や妥当でない議論、もっともらしい結論やもっともらしくない結論を備えた議論を示し、それぞれの議論について、結論が前提から論理的に導かれるものかどうかを評価するように求めた。[†14] この研究では、単純な前件肯定（もしAが事実ならばBは事実である。Aは事実である。ゆえにBは事実である）から、先に記した三番目のようなタイプのものまで、四種類の三段論法について検証が行われた。

韓国人もアメリカ人も、もっともらしい結論を備えた三段論法をより妥当であると評価した。しかし予測どおり、韓国人のほうがアメリカ人よりもっともらしさの影響を大きく受けていた。とはいえ、韓国人参加者の論理的判断能力がアメリカ人参加者より劣っていたわけではない。純粋に抽象的な三段論法に関する韓国人とアメリカ人の誤答数は同じだった。両者の違いがどこから生じるかといえば、アメリカ人は韓国人に比べて、日常の出来事に論理規則を適用することに慣れているだけのことだろう。それゆえアメリカ人は、結論のもっともらしさを比較的容易に無視できるのである。[15]

論理と望ましさのどちらをとるか

以上のとおり、東アジア人は、論理よりも結論の典型性やもっともらしさを優先する傾向がある。東アジア人には、論理よりも結論の望ましさを優先するという傾向も見られる。

ウィリアム・マクガイアによれば、人は相互に関連した複数の出来事について、それぞれが生起する可能性を推定するように求められると、全体としての論理的一貫性をより高める方向で、自身の信念を変えようとする。[16] たとえば、マクガイアは次のようなことがどのくらい起こりそうかを人々に尋ねた。

（a）この夏に水不足が起こる。
（b）水不足になると、雨水の濃度が薄まらないため、ビーチが汚染される。
（c）ビーチが汚染されると、当局がビーチを閉鎖する。
（d）ビーチが閉鎖される。

このように相互に関連した命題がいくつかあるとき、それぞれの命題が真である可能性を考えるように求められると、その人の信念の論理的一貫性は、時間とともに高まるという。

マクガイアはまず、このような数多くの項目について、それぞれの事象が起こる可能性を参加者に推定してもらった。二週間後、再び同じ命題について判断を求めたところ、参加者の答えは前回よりも論理的一貫性が高くなっていた。当初、ビーチが閉鎖されると思っていなかった参加者は、別の命題（ビーチの閉鎖よりも生起可能性が高く、かつビーチの閉鎖につながるような命題）との関連について時間をかけて吟味するにつれ、当初よりも悲観的な信念（「この夏は海辺で余暇を楽しめそうにない」）をもつようになってしまったのである。

しかし、東アジア人の場合には、望ましくない結果を示唆する情報を与えられたからといって、自分の信念を望ましくない方向に変化させることは少ないのではないだろうか。なぜなら、東アジア人は日常の出来事に論理を適用する習慣がないため、自分の信念と一貫しない命題について考えるように求められても、それによって信念を曲げたりせずにいられると思われるからである。

このような仮説のもとで、アラ・ノレンザヤンとビオン・ジュン・キムは、韓国人とアメリカ人の学生に、論理的に関連しあった命題を見せた。[†17] ただし、それらの命題は他の多くの命題のなかに紛れ込んでいたため、参加者は自分の判断の一貫性が測定されていることに気づいていなかった。調査項目のなかには、たとえば以下のような命題が散りばめられていた。

- 外食の価格が上昇する。
- レストランの衛生基準が厳しくなると、新規スタッフの雇用コストが上昇し、その結果、外食の価格が上昇する。

●レストランの衛生基準が厳しくなると、新規スタッフの雇用コストが上昇する。

命題のなかには、「貧しくても健康でいられるだけの食糧を手に入れられる人の数は増える」といった望ましい内容のものもあれば、外食価格の例のような望ましくない内容のものもあった。ノレンザヤンとキムは、それぞれの命題が真である可能性を二度にわたって尋ねた。一度目は個々の命題を読んだ直後であり、二度目はすべての命題を読み終えた二、三分後である。

韓国人とアメリカ人の判断の一貫性は、一度目の評定においては同程度だった。二度目の評定においても、望ましい命題に関しては両者の判断の一貫性は同程度で、韓国人もアメリカ人も一度目の評定時よりも一貫性が高くなっていた。しかし、望ましくない命題に関しては、アメリカ人参加者の判断の一貫性は高くなったが、韓国人の場合にはそうではなかった。論理と望ましさのどちらを取るかを迫られた場合、たとえひとつの判断と別の判断との間の論理的な関連が示唆されていても、韓国人はアメリカ人ほどそれに左右されて判断を変えることはなかった。

「どちらか」対「どちらも」

次の二つのグループのことわざのうち、どちらがより心に響くだろうか。最初の三つだろうか、それとも次の三つだろうか。

半分でもないよりはまし。

多勢に無勢では勝ち目はない。
「たとえば」では何も証明されない。

謙遜も過ぎれば自慢のうち。
敵よりもまず味方を疑え。
人は鉄よりも強く、ハエよりも弱い。

後のグループのことわざは明らかに矛盾を表現している。謙遜は自慢ではないし、味方とは用心する必要のない相手のことである。最初の三つのことわざには含蓄があるのかないのか微妙なところだが、いずれにせよ矛盾は含まれていない。

カイピン・ペンと私は、二番目のタイプのことわざがアメリカよりも中国に多いことを見出した。[†18] ミシガン大学と北京大学の学生にこれらのことわざをどの程度好きか尋ねたところ、中国人の学生は矛盾を含むことわざを好み、アメリカ人学生は矛盾を含まないことわざを好んだ。

彼らが単に自分のよく知っていることわざを好んだわけではないということを確認するため、ユダヤのことわざについても同じように尋ねてみた。結果は同様だった。矛盾のないことわざについては、アメリカ人も中国人も同じくらい好きだと答えたが、中国人はアメリカ人よりも、矛盾を含んだことわざを好きだと答えた（ちなみに、東アジアと西アジアの類似性はここでも見られ、ユダヤのことわざは中国と同じくらい矛盾を含んでいた）。

矛盾を好む傾向にこうした違いが見られるのはなぜだろうか。その理由は奥が深い。東洋には、弁証法と呼ばれる古代中国以来の推論の様式がある。矛盾に焦点を当て、それを解決する、超越する、もしくは両方の側に真実を見出そうとする様式である。本来は弁証法の推論において確固たる規則が用いられることはないのだが、ここではそうした理念をあえて破り、カイピン・ペンがあげた三つの重要な原則を紹介しよう。[†19]

変化の原則……伝統的な東洋思想は、現実《リアリティ》が絶え間なく変化することを強調する。世界は安定的なものではなく、動的で可変的なものである。ひとつの状態は、その状態が今にも変化しようとしていることの兆候でしかない。現実が絶え間なく変化しているのだから、現実を反映する種々の概念は固定的、客観的なものではなく、むしろ流動的で主観的なものである。[†20]

矛盾の原則……世界は絶え間なく変化しているため、常に、対立や逆説や変則が生み出される。すべての内に、古さと新しさ、善と悪、強さと弱さが共存する。実際、対立は両方の側があって初めて成り立つものである。[†21]

道家思想では、矛盾しあう二つの側面は常に対立しつつも結びつき、お互いを制御しながら、調和を保って共存していると考えられている。道は「ある」と同時に「ない」のである。道家の祖である老子によれば、「世の人々は誰でも美が美であることを知っているが、美は醜の相対的な概念にすぎない。また、誰でも善が善であることを知っているが、善は不善の相対的な概念にすぎない。同様に、有と無も、お互いがあって初めて存在する相対的な概念である[†22]」

また、長年にわたって中国の支配者だった毛沢東は、自らを政治家、軍人であるのみならず、哲学者、詩人でもあると考えており、次のように記している。「(あらゆる対立的な要素は)一方では互いに対立しながら、他方ではまた相互に結びつき、関連しあい、浸透しあい、依存しあっている。この性質が同一性と呼ばれるのである」[†23]

関係性もしくは包括性の原則……変化と対立の結果として、何ものも孤立して存在することはなく、多数の異なったものと結びついている。何かを本当に知ろうと思えば、そのすべての関係を知らなければならない。それはちょうど、個々の音符がメロディーのなかに埋め込まれているのと同じである。

ここで述べた弁証法的推論の三原則は、相互に関連するものである。変化は矛盾をもたらし、矛盾は変化をもたらす。ものごとは絶え間なく変化し、矛盾に満ちているものなので、ひとつの要素について、他の要素や以前の状態との関係を考慮せずに論じることは無意味である。また、この三原則は、東洋におけるもうひとつの重要な思想を内包している。それは、両極端な命題の「中庸」を見出そうとする姿勢である。この姿勢のもとには、矛盾に見えるのは単に表面だけのことであって、実際には「Aは正しく、Bもまた誤りでない」という仮定がある。[†24] こうした立場は、「偉大な真実の反対もまた、真実である」という禅仏教の考え方と通じるものがある。

多くの西洋人にもこうした考え方は理解できるし、なじみもある。カント、フィヒテ、ヘーゲル以来、西洋思想においてもある種の弁証法の伝統は存在していた[とはいえ、ヘーゲルやマルクスの弁証法では、定立(テーゼ)、反定立(アンチテーゼ)、そして統合(ジンテーゼ)が強調されていた。

これは東洋よりも「攻撃的な」弁証法だった。なぜなら、西洋では常に、矛盾を受け入れる、超越する、矛盾を利用して事態を把握するといったことよりも、むしろ矛盾を消し去るための努力がなされていたからである」[†25]。

西洋人は、東洋の弁証法の精神とは相反するいくつかの論理原則にとらわれているが、そのことにあまり気づいていない。その論理原則とは、「同一律」（あるものはそれ自身であり、ほかのものではない）や「矛盾律」（無矛盾性の原理　ひとつの命題が真であると同時に偽であることはない）などである。これらの原則に対する西洋人のこだわりと東洋人の弁証法の精神とは、少なくとも表面的には真っ向から対立している。

同一律は、状況を超えた一貫性を強調する。Aは文脈の如何にかかわらずAである。矛盾律（無矛盾性の原理）は、ひとつの命題とその否定がともに真たりえないことを求める。AでありかつAでないことは不可能である。これとは対照的に、包括性の原則はひとつのものがある文脈と別の文脈とでは異なっていることを表す。変化の原則は、人生はある状態から別の状態へと絶え間なく移ろうものであって、それゆえに今あるものはやがてなくなり、ないものはやがて現れるということを示唆する。家族の一員としての自分とビジネスマンとしての自分は、文字どおり別の人間である。富は貧困がすぐ近くにあることを意味する。

本書でも紹介したとおり、現代の東アジア人は、西洋人が重視するのと同じ論理原則を十分に認識しており、必要に応じて論理を用いていることは言うまでもない。しかし、東アジア人の考え方からすれば、矛盾律（無矛盾性の原理）は概念の世界や抽象的なお話のなかでしか使えないものである。

形式的に矛盾があるという理由で結論を棄却することは、誤りを招く可能性がある。なぜなら、概念とはものごとが映された「影」にすぎないし、また、二つの相反する状態のいずれか一方だけが正しいという考えに固執するよりも、矛盾の存在を認めることのほうが賢明な場合もあるからである。

矛盾に対するこうした立場の違いは、推論に関わるさまざまな問題について興味深い結果をもたらす。

弁証法的な解、非弁証法的な解

ペンと私は、ミシガン大学の中国人とアメリカ人の学生に、人と人との葛藤や一人の人間のなかの葛藤を描いた物語を読んでもらった。ある物語では母と娘の価値観の違いによる葛藤、別の物語では遊びたいという気持ちと学校で勉強しなければならないという気持ちの葛藤が描かれていた。われわれは参加者に対して、これらの葛藤についてどう考えるかを尋ね、参加者の答えが「中庸」すなわち弁証法的な解、非弁証法的な解のいずれに当てはまるかを分類した。

弁証法的な回答にはたいていの場合、問題の原因を両方の側に求め、対立する二つの見方を妥協や超越によって調停しようという内容が含まれていた。「母親も娘もお互いを理解していなかった」という回答は、遠くない将来にふたりが互いに目を向け合うだろうという指摘を含んでいると判断し、弁証法的な解として分類した。これに対して非弁証法的な回答では、いずれか一方の側に問題があるという指摘がなされていた。

母と娘の葛藤については、中国人の回答の七二％が弁証法的な解として分類されたのに対し、アメリカ人の回答には二六％しか弁証法的なものはなかった。学校か遊びかという葛藤については、中国人のおよそ半数が弁証法的な解を示したが、アメリカ人の場合はそうした回答は一二％しかなかった。要するに、中国人のほとんどは「中庸」を見出そうとし、アメリカ人のほとんどは一方向的な変化を求めていた。

さらにペンと私は別の研究で、東洋人と西洋人が論理的主張もしくは弁証法的な主張のいずれを好むかを調べた。[†26] 参加者に対して、「重い物体ほど先に落下する」というアリストテレスの仮定に対する二つの主張のうち、どちらを好むかを尋ねた。参加者は全員ミシガン大学の自然科学系の大学院生だったが、物理学専攻の者はいなかった。それぞれの主張は次のような文章で始まっていた。

「アリストテレスは、重い物体ほど速く地面に落下すると信じていた。しかしながら、こうした考えは誤りであると思われる」

第一の論理的な主張は、ガリレオの古典的な説明である。

「ここに二つの物体があるとしよう。重いほうをH、軽いほうをLと呼ぶことにする。アリストテレスの仮定が正しければ、HはLよりも速く落下する。では、HとLを連結させてみよう。……何が起こるだろうか。L＋HはHより重いので、最初の仮定が正しければ、これはHよりさらに速く落下するはずである。しかしその一方で、LとHを連結すれば、……軽いLがHに対する『ブレーキ』として働き、H単体よりも落下が遅くなるとも考えられる。このように、当初の仮定からは、L＋HがH単体よりも速く落下するという予測と遅く落下するという予測の両方が導かれる。これは不合理である。ゆえに、最初の仮定は誤りである」

第二の包括的・弁証法的な主張は次のとおりである。

「……この仮定は、物体はいかなる文脈的要因の影響も受けないという信念にもとづいている。しかし現実にはそれはあり得ない。ここに二つの物体があるとしよう。重いほうをH、軽いほうをLと呼ぶことにする。これらを二つの異なる条件、たとえば風の強い天候（W）と静かな天候（Q）のもとで落下させれば、結果は違ったものになるだろう。こうした文脈の影響は常に存在する。ゆえに、最初の仮定は誤りである」

参加者はまた、神の存在に関する二つの主張（論理的なものと包括論的なもの）についても、いずれが好きかを評価した。論理的な主張（と言えるかどうかわからない面もあるが）は、古代の「宇宙論」に類するものであった。

「いかなる存在にも原因がある。……結果から原因へと遡るときには二つの選択肢がある。ひとつは、究極の第一原因を想定せず、無限に連鎖する因果関係をたどり続けること。もうひとつは、第一原因が存在すると信じ、最後にはその根源にたどり着くことである。……しかし、因果関係の無限連鎖が全体として何の原因にもよらずに生じたとすれば、これは不合理である。ゆえに、われわれには、根源たる神が必要なのである。神は自らのうちに自らの存在の理由をもち、その存在を否定しようとすれば必ず矛盾が生じる存在である」

包括的・弁証法的主張は次のとおりである。

「……二人の人間がテーブルの上のカップを見るとき、一人にはもち手のついたカップが見えるが、反対側から見ているもう一人にはもち手のないカップが見える。……どちらにも真実のうちの一部分しか見えていない。究極の真実は存在しないのだろうか……否、すべての異なった視点を統合する見方があるにちがいない。……そのような『完全体』は、あらゆる個々の視点を内包するものでありながら、真実の全体像を明らかにする。この『完全体』をつくったり見つけたりすることは、どのような個人にも不可能である。ゆえに、われわれには、根源たる神が必要なのである。神はすべての個々の実体を超越する必然的存在である」

アリストテレスの重力の仮定については、アメリカ人の過半数がガリレオの論理的な主張を好み、中国人の過半数が包括的・弁証法的な主張を好んだ。神の存在についても、アメリカ人の過半数は論理的（？）な主張を好み、中国人の過半数は包括的な主張を好んだ。私の同僚の西洋科学者たちは、中国人がアリストテレスに反論する包括的な主張を選んだことに驚いた。彼らから見ればガリレオの主張が圧倒的に優位だからである。そういう意味では、アメリカ人でさえ六〇％しかガリレオを選ばなかったというのもちょっとした驚きである。

対立的な命題への対処

では、東洋人や西洋人が対立的な命題に直面したときにはいったい何が起こるだろうか。対立に対して論理的にアプローチするなら、矛盾を避けるために一方の命題を選び、他方を棄却しようとするだろう。弁証法的なアプローチなら、「中庸」を求めて両方の命題に幾ばくかの真実を見出そうとするだろう。

この問題を検証するため、ペンと私はミシガン大学と北京大学の学生に対して、五つの異なったトピックに関する社会科学研究の結果を要約した文章を読んでもらった。[†27] このとき、ひとつの参加者グループには特定の研究結果を報告した文章を、別の参加者グループにはそれとはまったく逆の研究結果を報告した文章を、さらに別の参加者グループには両方の文章を与えた。正反対の結果を出した二つの研究は、論理的にも矛盾をきたしている場合と、論理的には矛盾していない場合とがあったが、いずれにせよ一方が真実ならばもう一方はまったく真実とは思えないような性質のものだった。

それぞれの典型例を以下に示す。最初は、論理的にも矛盾している場合である。

文章A ある調査によれば、年長の服役囚ほど、凶悪犯罪をはたらいて長期の刑に服しているケースが多い。著者らの結論は、たとえ刑務所が人口過剰に陥っていても、年長者は刑務所にとどめておくべきだというものである。

文章B 刑務所の過剰人口問題に関する報告書によれば、年長の服役囚ほど新たな罪を犯す可能性が低い。したがって、刑務所に人口問題が生じた場合には、まず年長者を釈放すべきである。

次の例は、論理的には矛盾していない場合である。

文章A ある社会心理学者が若年成人層を対象とした研究を行い、家族との親密度が高い者ほど、人間関係に対する満足度が高いと主張した。

文章B ある発達心理学者が思春期の子どもを対象とした研究を行い、両親に対する依存度が低く、家族の結びつきの弱い子どもほど人間的に成熟していると主張した。

二番目の例の場合、両方の主張は論理的には矛盾していないが、もし、家族と親密であると感じている若者ほど社会関係に満足しているというのが本当だとすれば、家族との結びつきの弱い青年のほうが人間的に成熟しているとは考えにくいだろう。

参加者は、これらの文章がどの程度信用できるかについて評定を行った。まず、一方の文章しか読まなかった参加者の評定だけを確認したところ、いずれのトピックに関しても文章Aと文章Bの内容のもっともらしさには差があり、この差は中国人にもアメリカ人にも同じように認識されていた。

さて、参加者はどのような推論を行っただろうか。普通に考えれば、矛盾する文章を二つとも読んだ参加者は、一方しか読まなかった参加者よりも、それらの文章に対する信用度を低下させるはずである。とくに、内容のもっともらしさの低い命題は、もっともらしさの高いもう一方の命題と比較されることによって、ますます信用を落とすだろう。

ところが、アメリカ人も中国人もそうは考えなかった。両方の命題を読んだ中国人は、両方を同程度に信用できると報告した。両方を読んだ中国人参加者は、一方しか読まなかった参加者に比べて、もっともらしさの高い命題の信用度については低く評定したが、もっともらしさの低い命題の信用度については高く評定したのである。彼らは、二つの矛盾する命題の両方に真実を見出そうとした結果、的確とは言いがたいこうした推論を行ったものと思われる。

アメリカ人の場合は、二つの命題に対する信頼度を接近させるのではなく、遠ざける方向に反応した。両方の命題を読んだアメリカ人参加者は、一方しか読まなかった参加者に比べて、もっともらしい命題の信用度をより高く評定した。彼らは、二つの対立する命題のうち一方だけが正しいという決定を下そうとしたと思われる。

しかし、何かが矛盾しているときに、矛盾していないとき以上にそれを信用するというのは、極めて疑わしい推論である。想像するに、このような推論がなされるのは、アメリカ人がその人生を通じて常に反論を生み出すスキルを磨いているためではないだろうか。自分が信じたいと思っている命題に対して多少の議論が向けられても、それを却下するのはアメリカ人にとっては簡単なことである。

問題なのは、簡単に反論を思いつくことができるがために、命題に矛盾があっても確信を深めてしまうということである（本来なら、矛盾のある命題のほうがない命題よりも不安定だと考えてしかるべきである）。事実、アメリカ人は中国人より多くの反論を生み出すという研究結果もある。[†28] 結局のところ、もっともらしくない命題を攻撃しようと思えば簡単なのにそれをしないというのは、アメリカ人が自らの強みに気づいていないということかもしれない。

信念を正当化する原理

矛盾を避けようとするアメリカ人の傾向は、西洋人が長年にわたって信念を正当化する原理を探し求めてきたことと関連しているように思われる。もし、自分の信念がいずれもひとつの原理から導かれていることを示せるなら、見たところばらばらな信念であっても、相互の一貫性を立証することができる。

西洋人は、現実の選択場面においても、自分の信念が原理によって導かれていることを示そうとする。組織心理学者のブライリー、モリス、シモンソンは、ヨーロッパ系アメリカ人と香港出身者の商品選択についての研究を行った。[†29] 選択の内容はすべて、三つの製品からひとつを選ぶというもので、三つの製品には二つの面で違いがあった。たとえばコンピューターの場合、ある面ではＩＢＭがソニーとアップルのいずれよりも優れており、別の面ではアップルがＩＢＭとソニーのいずれよりも優れていた。ソニーは両方の面で常にＩＢＭとアップルの中間にあった。統制条件[*1]においては、アメリカ人も東アジア人も三つの選択肢のうち中間的なソニーを選ぶ傾向が同程度に見られた。一方、実験条件の参加者は、自分の選択の理由をあげるように求められた。

＊1訳注　実験条件において施される操作の効果を見るために、比較対象として設けられる条件。この研究の場合、統制条件の参加者は、選択理由をあげるよう求められることはなかった。

ブライリーらは、この操作の結果、アメリカ人は特定の選択を正当化する規則を探そうとし、アジア人は折衷点を探そうとするだろうと予期していた（たとえば、アメリカ人は「ＲＡＭはハードディスク容量よりも重要だ」と考え、アジア人は「ＲＡＭもハードディスク容量も重要だ」と考えるようになる）。

自分の選択を正当化するように求められると、アメリカ人参加者はどちらか一方の面で最も優れた製品、つまり、単純な規則で選択を正当化することのできる製品を選ぶ傾向が強くなった。他方、アジアの参加者は中間的な製品を選ぶ傾向がますます強くなった。参加者は自分の選択を正当化する説明を行ったが、その説明はそれぞれの選択に合致したものだった。アメリカ人は選択の根拠として規則をあげる傾向があり、中国人は折衷案を採ったことを理由に選択を正当化する傾向があった。

このように、東洋人の矛盾に対する考え方は西洋人の考え方とは異なっている。東洋人は折衷的な解決や包括的な主張を好み、一見矛盾する二つの議論を両方とも是認しようとする。自分の選択を正当化するように求められると、原理を引き合いに出すよりむしろ折衷的な「中庸」の立場をとろうとする。

アメリカ人は矛盾律（無矛盾の原則）が大好きだが、だからといって疑わしい推論を行わないという保証があるわけではない。それどころか、アメリカ人はあまりに矛盾嫌いであるために、ときとして、極端になるべきではないときにますます極端になってしまう。こうした傾向のゆえに、西洋人はしばしば、「過剰に論理的である」という批判を東西双方の哲学者や社会批評家から受けているのである。[†30]

インチキ話

社会心理学において最も信頼性の高い現象のひとつに「バーナム効果」がある。これは、「だまされやすいカモは毎分のように生まれてくる」と言った興行師バーナムにちなんで名づけられた現象である。もし、性格を見抜く洞察力をもったすごい人だと誰かに思われたければ、次のように言うだけでいい。「ふだんのあなたは陽気な性格をしているが、ときにはわけもなく落ち込むこともある。多くの人はあなたのことを社交的だと言うけれど、本当のあなたはどちらかといえば内気な面をもっている……」

ほとんどの人は、自分はとても陽気だが寂しくなることもあるし、社交的に見えるけれど本当は内気なところもあると考えている。人はこうした自己知覚がいかに一般的なものかを知らないために、心理学者なり占い師なりが自分の心を深く見抜いて真実を見出したと感じてしまう。インチョル・チェによれば、話のなかに注意深く埋め込まれたきわどい矛盾に気づかない人ほど、この手の話に引っかかりやすい[†31]。自分の性格についてどのように考えているかにかかわらず、インチキな性格描写にうなずいてしまうのである。とすれば、東アジア人は西洋人よりもバーナム効果に引っかかりやすいことが予測される。東アジア人のほうが、自分が一見相反する性格をもっているということに同意しやすいと思われるからである。

このことを検証するため、チェは韓国人とアメリカ人に、多くの尺度を用いて自分の性格を評定するように求めた。尺度のなかには正反対の性格と思われる項目が含まれていた。参加者は自分がどの程度無礼であるかを評定し、また別の箇所では自分がどの程度礼儀正しいかを評定した。

韓国人参加者の場合は、自分は他者よりも礼儀正しいと答えた人が、他者と同じくらい無礼であるとも答えた。アメリカ人参加者の場合は、自分は他者よりも礼儀正しいと答えた人は、他者よりも無礼ではないと答えたし、自分は他者よりも礼儀正しくないと答えた人は、他者よりも無礼であると答えた。つまりアメリカ人の場合、矛盾が生じそうになるとすばやく警告ランプが灯るのに対して、韓国人の場合にはそうではなかったのである。

チェはさらに、非一貫性をよりはっきりと証明する研究も行った。チェは、明らかに正反対の文章や正反対に近い文章を数多く用意して、韓国人とアメリカ人の参加者に見せた。

- 「人間の性格は宿命的なものである」または「人間の性格は宿命的なものではない」
- 「人は知れば知るほど信じるようになる」または「人は知れば知るほど信じなくなる」

それぞれの参加者が読んだのは、対立する二つの命題のうちのどちらか一方だった。アメリカ人の場合、一方の文章が参加者の賛同を集めやすいときには、もう一方の文章は参加者に支持されにくかった。しかし、韓国人の場合には必ずしもそうではなかった。韓国人は、どちらを見せられても賛同するという傾向を示していた。

相反する感情

ウィリアム・バトラー・イェイツの「瑠璃」という詩がある。この詩は、宝石に刻まれた、山腹のパゴダにたたずむ二人の年老いた中国人の姿を描写したものである。

そこから彼らは　山や空を
下界の悲劇をじっと見詰める
一人がもの悲しい調べを求めると

熟達した指が曲を奏で始める
多くの皺に囲まれた彼らの眼　彼らの眼
老いてきらめく彼らの眼は陽気なのだ[*2]

＊2訳注　島津彬郎訳『イェイツを読む』（六九頁、研究社出版、一九九三年）より。

イェイツが中国人を描いたことは正解だったと思われる。なぜなら、相反する感情を同時に経験することは、西洋人よりも東洋人によくあることだからである。カイピン・ペンと共同研究者は、日本人とアメリカ人の実験参加者にさまざまな顔を見せて、それらがどのような感情を表現しているかを尋ねた。[†32]

アメリカ人にとっては、それらの顔は喜んでいるか悲しんでいるか、怒っているか怯えているかのいずれかだった。ポジティブな感情が見出された顔からは、ネガティブな感情は見出されなかった。（西洋の）常識から考えても、また心理学者が長年集めてきたデータから考えても、それ以外の反応など考えられなかった。しかし、日本人の参加者は「それ以外の反応」を見せた。日本人は、同じひとつの顔のなかにポジティブな感情とネガティブな感情の両方があると答えることが非常に多かった。

また、東アジア人は自分自身の感情に矛盾があっても平気である。組織心理学者のリチャード・バゴジ、ナンシー・ウォン、ユージャエ・イーは、中国人、韓国人、アメリカ人の参加者に対して、現在の自分の感情と普段の自分の感情を評定してもらった。[†33]

アメリカ人の場合には、一律にポジティブな感情か、一律にネガティブな感情を経験していると報告する傾向が見られた。しかし、中国人や韓国人が報告したポジティブな感情の強さとネガティブな感情の強さとの間には、現在の感情であれ普段の感情であれ、ほとんど関連がなかった。すなわち、強いポジティブな感情を報告することと、強いネガティブな感情を報告することは、完全に両立し得るものだった。

孔子は「人間は最も幸福に感じているとき、必ずや同時に悲しみを感じる」と述べたが、この言葉は少なくとも世界中のかなり多くの人々のことを言い当てていたと言えるだろう。

「非論理的」な東洋人が数学を得意とする理由

ときおり、私こそ矛盾しているという非難を受けることがある。なぜ、非論理的なアジア人がアメリカ人よりも数学や科学にずっと秀でているのか。もし東アジア人が論理学を苦手としているなら、どうやって数学や科学をこなすのか。この問いにはいくつかの答えがある。

第一に、われわれが見出したのは、東アジア人が形式論理学を苦手としているという事実ではないことに注意してほしい。ここでは、日常場面において経験や欲求が論理と対立するとき、東アジア人は論理を優先することが少ないという結果が見出されたにすぎない。第二に、東洋人は矛盾について考慮せずに「中庸」を強調する。こうした姿勢はたしかに論理の誤りを招きやすい。しかし、西洋人の矛盾嫌いも、やはり論理の誤りをもたらし得るのである。

東洋人の数学的スキルについての名声が聞かれるようになったのは、極めて最近のことである。伝統的な中国や日本の文化においては、教養人は文学、芸術、音楽を究めるべきだと考えられていた。中国人とアメリカ人の若者と高齢者を対象とした研究では、アメリカ人よりも優れた成績をあげたのは中国人の若年層だけだった。同レベルの学校教育を受けた高齢の中国人とアメリカ人は、数学で同じくらいの成績をとっていた。[†34]

アジアにおける数学教育はアメリカよりも優れており、アジア人の生徒はアメリカ人の生徒よりも勤勉である。アジアの教師は、教師である限りはずっと研修を受け続ける。[†35] 教える時間はアメリカの教師に比べてずっと少なくてよい。また、アジアの教師が使っている数学の技法は、アメリカで見られるものよりも優れている（これらの点について、アジアの数学教育がヨーロッパより優れていることはさほど指摘されていない）。

アメリカでもアジアでも、東アジア系の子どもたちはヨーロッパ系アメリカ人よりも数学や科学をよく勉強する。[†36] 子どもがどのくらい一生懸命に数学を勉強するかということに差が生じる理由のひとつは、西洋人のほうが固定的な特性に原因を求める傾向が強いためである。アメリカ人は、スキルというのはある人にはあるし、ない人にはないと信じているので、「ウリのつるにナスビはならない」と考えている。アジア人は、誰でもよい環境の下で一生懸命にがんばりさえすれば、数学ができるようになると考えている。

要するに、アジア人のほうが数学や科学がよくできるという話は、一見矛盾のように見えるが実はそうではないのだ！

ここまでの話を通じて、本書では、東洋人と西洋人の間にさまざまな違いがあることを示してきた。

世界の本質について基本的にどう考えているか。どこに注意を向けるか。関係を知覚するスキル、もしくは対象物を複雑な環境から切り離して認識するスキルをどの程度もっているか。どのような原因推測を行うか。世界をカテゴリーと関係のいずれで体系化するか。形式論理学をはじめとするさまざまな規則をどの程度重視するか……。

両者の違いは、実に多くの領域に及んでいた。これらの考察のなかから、二つの大きな問いが浮かびあがってくる。「この違いは重要な問題なのか?」「この違いはこの先もずっと続くのか?」。第8章では前者の問いを扱い、エピローグでは後者の問いを扱う。

第8章

思考の本質が世界共通でないとしたら

西洋人データの限界

東洋人と西洋人の違いは、われわれが実施したほぼすべての研究において見出され、その差はたいてい大きなものだった。ほとんどの場合、東洋人と西洋人の行動様式は質的に異なっていることが明らかとなった。

たとえば、アメリカ人は場面の背景の変化に気づきにくく、日本人は前面にある物の変化に気づきにくかった。アメリカ人は一般に、話し手の行動が状況による制約を受けていることを認識できなかったが、韓国人にはそれができた。人や物がどのグループに類似しているかを考えるとき、韓国人の多くは家族的類似性を基準に判断したが、それ以上に多くのアメリカ人が決定論的な規則にもとづいて判断した。

二つの矛盾する命題を前にしたとき、アメリカ人は自分の信念を極化させる傾向があったが、中国人は両方の命題を同程度に受け入れようとした。ある物体を見せられたとき、日本人はそれを対象物《オブジェクト》として捉えるよりも実体《サブスタンス》として捉えるほうが二倍多かったが、逆にアメリカ人は実体として捉えるよりも対象物として捉えることのほうが二倍多かった。

これらの質的な相違は、心理学者にひとつの教訓を与えてくれる。これまでのように西洋人だけを対象として実験を行い、そこから人間の知覚や認知のプロセスについての結論を得たとしても、決して一般的なものとは言えないということである。西洋人のデータのみから普遍性を結論づけるという過ちは、本書のなかで紹介された数多くのトピックに関して実際に行われてきた。知覚や認知のプロセスのうち、どこまでが普遍的であり、どこからは集団によって変化しやすいのかということを、もう一度考え直す必要がある。過ちはさらに深く、別のトピックに関しても続けられようとしており、今日もなお疑われることは少ない。

この違いは重要な問題なのか

本書のなかで報告された結果は、ほとんどが実験室で検証されたものである。これらの結果はいわば「温室育ちの植物」だけに当てはまる話であって、現実の社会における思考や行動には関係がないと考えたほうがよいのではないだろうか？

こうした疑問がわくのはもっともだし、きちんとした答えを考えておくべきでもある。しかし実際には、東洋人と西洋人は日常の多くの場面で、非常に異なった考え方や異なった行動をとることがわかっている。本書で主張してきた「包括的思考」対「分析的思考」という概念を使うと、こうした違いの意味を理解することができる。

医学……西洋医学は何千年も前から、分析的であり、対象物志向であり、介入主義的アプローチをとってきた。傷んだ箇所や体質を発見し、それを除去または治療するというやり方である。東洋医学はこれに比べてはるかに包括的で、現代にいたるまで手術やその他の思い切った介入的措置に傾倒することはなかった。

健康は体内における良好な力のバランスの結果である。病気はさまざまな力の複雑な相互作用の結果としてもたらされる。それに対処するには、同じくらい複雑で自然の力、つまりは漢方による治療や予防が必要とされることが多い。人体の解剖は古代ギリシアで行われ、中世には中断されたが、最近五〇〇年ほど再び西洋で行われている。解剖を東洋医学に紹介したのはもちろん西洋だが、それは一九世紀になってからのことだった。

法律……以下の方程式についてじっくり考えてみてほしい。まずは、ある社会において法律家がエンジニアよりも優勢である度合を、次の式で定義してみよう。

$$\frac{\text{その社会における法律家の人数}}{\text{その社会におけるエンジニアの人数}}$$

続いて、二つの国の間で、法律家がエンジニアよりも優勢である度合を相対的に比較するために、次の式を定義しよう。

社会Aにおける法律家の人数／エンジニアの人数
――――――――――――――――――――
社会Bにおける法律家の人数／エンジニアの人数

さて、アメリカにおける法律家の優勢度を日本における法律家の優勢度で割ってみたところ、その値はなんと四一である！

アメリカでは法律家が実に重用されている。西洋諸国においてはかなりの場合、個人間のもめごとは法的な対立として処理される。これに対して東洋では、仲裁者が入って処理される場合のほうがはるかに多い。西洋では紛争解決の目的は正義の原理を満たすことにあり、紛争の場には正しい者と正しくない者がいること、一方が勝者で他方が敗者となることが前提とされている。東洋の紛争解決の目的は敵意を減らすことに向けられており、両者が歩み寄ることが望ましいと考えられている。

西洋人は「普遍的」な正義の力で目的を果たそうとする。裁判官や陪審員は、似たような境遇にある者全員に当てはまる決断を下すことが自らの責務であると感じている。これとは対照的に東洋では、柔軟であることと、個々の事例に特有の状況に注意を向けることが賢い紛争解決への鍵である。革命前の中国におけるある市民の言葉を紹介しよう。「……中国の裁判官は、法律を抽象的な実在としてではなく、『黄大佐と李少佐に個人的に適用する』といったような融通の利くものとして扱う。黄大佐や李少佐のパーソナリティーに十分に応えるだけの個別性をもたない法律は、非人間的であって、もはや法律とはいえない。中国の正義は芸術であって科学ではないのだ」†1

討論《ディベート》……日本の取締役会における意思決定プロセスは、対立と不協和を避けるようにできている。

会議は、リーダーがあらかじめ根回ししておいた合意事項を確認するだけの場であることも少なくない。日本人の管理職は、他の管理職との間で対立が生じた場合、単にその状況を回避しようとする傾向があるが、アメリカ人の管理職は説得を試みることが多い。[†2] 東洋では立ち入りすぎて危険と思われることが、西洋では真実を得るための手段として捉えられる。

西洋人は、自由に意見を交換する場というものに対して信仰にも似た想いをもっている。悪い意見は脅威ではないし、少なくとも長く脅威であり続けることはない。なぜなら、公の場で議論されれば悪いものは悪いとわかるからである。東洋にはそのような考えはこれまでなかったし、今もない。

科学……一九九〇年代の一〇年間、アメリカに住む科学者は四四個のノーベル賞をとったが、日本人は一個だけだった。日本における科学研究費がアメリカの半分しかないという事実を抜きにしてもこの差は大きい。[†3] 西ドイツの研究費は日本のさらに半分だが、それでも五人のノーベル賞受賞者を出した。フランスの研究費はドイツよりはるかに少ないが、三人が受賞した。

日本の業績が相対的に少ないのは、ひとつには年長者を敬うという儒教的発想から、才能のある若い科学者よりも平凡な年長の科学者のほうに多くの支援金が注がれるせいだといえるかもしれない。しかし、日本人科学者のなかには、こうした傾向の原因として討論や知的な対立の欠如をあげる人もいる。日本では、同僚から評価（ピア・レビュー）や批判を受けることは稀である。そうしたことは失礼なことだと考えられており、科学の問題についての思考を洗練させたり進歩させたりするうえで仲間どうしの批評が大切だという考えは、あまり広く受け入れられていないのである。ある日本人科学者はこう述べている。「私が以前働いていたワシントンのカーネギー研究所に、二人の著名な科学者がいた。二人は親友どうしだったが、いざ研究のこととなると激しい論争を交わし、ときには誌上でやり合うこともあった。こうしたことはアメリカではよく起こるのだろうが、日本ではあり得ないことだ」[†4]

文章技法《レトリック》……討論に対する抵抗は、単なる社会運動やイデオロギーではない。また、世に出る科学論文の数が減るといったような純粋に量的な問題を招くだけのものでもない。討論を嫌う傾向はコミュニケーションや文章技法の性質にも大きく関わってくる。西洋の文章技法は、科学レポートから施政方針にいたるあらゆる文章の基本である。これには通常以下のような形式がある。

- 背景
- 問題
- 仮説または命題の提起
- 検証の方法
- 証拠
- 証拠が何を意味するかについての議論
- 予想される反論の論破
- 結論と提言

西洋人ならほとんど誰に聞いても、この形式は普遍的なものだと言う。これ以上明快かつ説得的に、自分が発見したことや提言したいことを人に伝える方法があるだろうか。いや、自分のやっていることを自分で考えるときでさえ、これ以上に有用な方法があるだろうか。

しかしながら、現実には、こうした直線的な文章技法は東洋においてはまったく一般的ではない。私自身が指導しているアジア人学生を見ても、直線的な文章技法を身につけることは一人前の社会科学者になるための最重要課題である。

契約……西洋的な精神からすれば、いったん確定した商取引は変更すべきではない。取引は取引である。しかし東洋人は、合意を将来の方向性について暫定的に合意したものとみなすことが多い。

こうした考え方の違いは、しばしば東洋人と西洋人の間のトラブルのもととなる。日本人とオーストラリア人のビジネスマンの間に起きた苦い出来事を思い出してほしい[†5]。国際市場における砂糖の価格が大きく下落したときに、オーストラリア側が契約の見直しを拒否したという例の話である。このときの日本人は偽善的だったわけでも単に利己的だったわけでもない。日本の会社は自分たちの顧客のことを考えていたのである。東京で雪が降ると、映画の配給会社は劇場側に対して観客動員数減少の責任をとるというくらいである。

ビジネス研究のハムデン＝ターナーとトロンペナールスが書いていたように、「個々の項目を分析的に眺めたときには、（そのようなお人好しな振る舞いは）費用対効果があるとは言えない。しかし、顧客と会社の間の関係を強めるという観点から見れば大きな意味があると言える[†6]」。日本人は包括的な視点で、その場限りでない長いつき合いとしてビジネス関係を捉えているのである。

国際関係……かつて、中国とアメリカの因果認識の違いが国際紛争に発展したことがある。アメリカの偵察機が中国の戦闘機と衝突し、やむを得ず、地上からの許可を受けずに中国の島に着陸した。中国側はアメリカ機の乗務員を捕え、アメリカからの謝罪を求めた。アメリカ側は、事故の原因は戦闘機のパイロットの無謀な操縦にあるとして、謝罪を拒否した。

　政治学者のピーター・ヘイズ・グリースと社会心理学者のカイピン・ペンは、「これこそ事故の原因だ」などとこだわるのは中国人の眼にはどうしようもなく狭い了見に映ると指摘した。[†7] この事故に関連して考慮すべき事柄はたくさんあり、そのなかには、結局アメリカは中国をスパイしていたという事実や、この偵察機と戦闘機の間に以前から種々のいきさつがあったという事実などが含まれている。

　こうした複雑であいまいな因果関係があったとすれば（それは中国人にとってはこの事例に限らず常に当然のことなのだが）、アメリカが取るべき最低限の態度は、こうした事件が起きてしまったことに対して遺憾の意を表明することだろう。自分の行為が結果的に相手を傷つけることになったら、それがいかに非意図的で間接的なものだったとしても謝罪すべきである。こうした東洋的な主張の背後には、因果関係というのはそもそもあいまいなものだという考え方がある（日本の管理職は、何か問題が生じれば、たとえ本人の管理が及ぶべくもないような事柄であっても辞職する準備ができている）。

　結局、この袋小路を脱するため、中国とアメリカは「遺憾の意」を表すという道を選んだ。しかし、どちらの国でも、この紛争の背景にグリースとペンが指摘したような因果認識の違いがあったことを理解していた人は少なかっただろう。

人権……西洋人は、個人と政府の適切な関係はひとつしかないとかたくなに信じているように思われる。個人は周囲から切り離された社会単位であり、個人と個人、または個人と政府の間には、ある種の権利、自由、義務を伴った社会契約が結ばれている。

しかし、東アジア人を含めた多くの人々は、社会を個人の集合とは考えず、それ自体を有機的な組織体として捉えている。個人に付与される権利の概念は希薄であるか、まったくないかのどちらかである。中国人にとって、あらゆる権利の概念は「一対多」ではなく社会における「部分対全体」という発想にもとづく。[†8] 個人が権利をもっているという場合、中国人はそれを全体の権利のうちの個人の「持ち分」として規定する。

西洋人の眼には、東アジアでは個人の人権が無視されているように映ることがあるが、それは単に倫理の問題として受け止められていることが多い。たしかに私自身も西洋流の個人的人権を重視しているし、東アジアではそれが守られていないことがあると思っている。しかし、東アジアの官僚の行動が倫理的に適切かどうかはさておき、彼らが異なった行動をとるのは倫理観が違うからであるとは限らず、個人のあり方についての概念が違うためかもしれない。われわれはこのことを理解しておく必要がある。また、個人の概念の違いは、世界を個体の集まりと見るか連続体と見るかという、最も基本的な形而上学《メタフィジックス》の違いとも関連している。

さらに、東アジア人やその他の「相互協調的」な人々の眼には、西洋人の行動が非倫理的なものに映る場合があることも認識しておく必要がある。東アジアの学生は、西洋の教室で躊躇なく言いたいことが言えるようになると、西洋のメディアから受ける当惑について語ることが多い。あまりにもたくさんの騒乱や犯罪、露骨な暴力と性のイメージが氾濫しており、西洋人はそれを自由の名の下に放置しているというのである。アジア人はこうした問題が人権に関わると考えている。なぜなら、権利は個人ではなく集合体に内在するものとして捉えられているからである。

宗教……宗教上の違いは数多いが、そのなかには西洋における「善か悪か」の精神と、東洋における「どちらも一理あり」の精神を対比することによって理解できるものもある。東洋の諸宗教の特徴は、宗教的な考えについての寛容さと相互の浸透である。韓国や日本では、一人で儒教も仏教もキリスト教も信じてよいことになっている（文化大革命前は中国でもそうだった）[†9]。東洋で宗教戦争が起こることは比較的稀であり、これは西洋で何百年にもわたって宗教戦争が繰り返されてきたのとは対照的である。

一神教の場合、誰もが同じ神を同じように信じるべきだという主張が生じやすい。この点に関してギリシア人は潔白だと言う人もいるだろう。それはおそらく事実である（何といっても、ギリシア人は多くの神を信じ、個々人がどの神を好むかということをあまり気にしていなかった）。宗教上の争いに傾倒してきたのは、もっぱらアブラハムの宗教（ユダヤ教、キリスト教、イスラム教）である。他方、神学によって神の神たるゆえんを整理すべきだと考えた宗教はキリスト教だけであると言われるが、このような分類と抽象化への傾倒はギリシア人にさかのぼることができる[†10]。

多くの東洋の宗教は循環を非常に重視するが、西洋においてはそれほどではない。再生が重視されることも多いが、西洋では稀である。多くの東洋の宗教においては罪は慢性的なものと考えられており、償うことができる（カトリックの考え方もある程度これと似ている）。しかしプロテスタントの伝統では、罪というのは非常に根が深く、容易に償うことはできない。

また、死後の自分の身に何が起こるのかという候補の数は、インドから西へ向かうにつれて劇的に減少すると言ってよいだろう。すなわち、ヒンズー教や仏教では、人はほぼ何にでも生まれ変わる可能性がある。カトリックでは、煉獄や地獄圏といったいくつかの可能性がある。カルヴァン派であれば、行き先は二つにひとつということになる。

最後に、本書での議論のなかにも、日常的な問題解決に根ざした証拠が多く含まれていたことを思い出してほしい。日本の管理職は、会社のいちばん下層からスタートし、多くの部署を頻繁に異動することによって、常に会社の全体像を把握できるようになる。中国の建物は、香港の高層ビルを含め、風水の専門家による徹底的な調査を経て初めて建設される（風水の専門家は、当該のビルと周囲の風景の特徴や両者の関係について、環境学的、地誌学的、気候学的、幾何学的な見地からあらゆる可能性を検討する）。また、工業や商業の世界に画一的なモジュール方式を導入した先駆者は、西洋人、とくにアメリカ人である、等々。

ここでの結論は、実験室で見出されるような認知の違いが原因となって意見や価値観や行動の違いが引き起こされるということではない。認知の違いは社会行動や価値観の違いと切り離せないものだということを指摘したいのである。人がある信念を抱くのは、それが自分の考え方に合致しているがゆえであり、人がある考え方をするのは、それが自分の生きる社会の性質であるがゆえである。

文化相対主義を超える

二〇世紀の初頭に、哲学者と心理学者は分業を成し遂げた。心理学者は、人がいかに考え、いかに行動するかを明らかにするという記述的な仕事を与えられた。哲学者は、人がいかに考え、いかに行動するべきかを語るという規範的な仕事を与えられた。ときには哲学者が心理学者の仕事を眺め、人が実際に何をしているかを見出そうとすることもあったが、ごく稀な話にすぎなかった。

しかし、たとえ哲学者が心理学者の仕事をもっと注意深く眺めていたとしても、普遍性についての自らの確信が誤りだと気づくことはなかっただろう。本書で報告された研究の成果が心理学者に影響を与え、やがて哲学者にも同じ影響を与えるものと私は信じる。

哲学をも動かすような、普遍性を否定する証拠があるとすればどういうものだろうか。それを知るために、一八世紀にデイヴィッド・ヒュームによって紹介された「帰納法の問題」について考えてみよう。ヒュームは、「われわれは過去の経験にもとづいて未来を推測しているが、今日のわれわれを養ってくれたのと同じ食べ物が明日もわれわれを養ってくれるということが、どうして正しいとわかるのか？」と問うた。この問題に対して演繹的な解答が得られる可能性はまったくない。「この食べ物は今日私を養ってくれた。ゆえに、この食べ物は明日も私を養ってくれるだろう」。これは単にひとつのあり得る状態に過ぎない。ここには三段論法に求められる必然性が欠けている。

哲学者のネルソン・グッドマンは、帰納法の問題を解決する道は、帰納的推論の規則とわれわれが実際に行う特定の推論との間の「反省的均衡」[*1]を求めることにあると指摘した。[†11]これは、演繹的規則に関しても行われている。すなわち、われわれにとって受け入れがたい推論を是認するような演繹的規則は捨て、われわれが捨てたくないと考えている規則が禁じているような結論は棄却するということである。

＊1訳注　もともとは哲学者ロールズが正義の原理を見出すための方法として提唱した概念。さまざまな直観的判断から抽象的な原理を導き、その原理と直観を照らしあわせて調整を施しながら、整合性のある原理を得ることを目指す。

しかし、「われわれ」とは違った方法で推論し、われわれが用いる推論の原理を認めることさえしない文化があるとしたらどうだろう。哲学者のステファン・スティッチによれば、そうした状況では反省的均衡の原理は用をなさなくなってしまう。[†12] もし、ある推論が正しいと言えるか否かについて人々の間で合意が得られなければ、思考を改めるための指針として反省的均衡の原理を用いることはできず、それは単なる個人的好みの表明になってしまう。

ひとつの解決策は、われわれの推論はわれわれにとっては正しく、別の文化の推論もその文化の人々にとっては正しいと言うにとどめることである。たとえその文化の推論がわれわれの推論と根本的に異なっていたとしても、これなら問題はない。

こうした極端な相対主義の立場をとるのはたやすいが、これに価値を認める者など一人もいない。実質的に矛盾する二つの命題をいずれも正しいと信じていると言う人がいたとする。その人に対して、別の一人が、「あなたにとってはあなたが正しいのは確かですが、私にとっては私が正しいのです」

と穏やかに言う。これで二人のうちいずれか一人でも納得するだろうか。おそらくは無理というものである。

相対主義を生み出す手伝いをしたとはいえ、私はそこにとどまっていたいとは思わない。むしろその逆である。アジア人の推論のパターンは西洋人の推論の誤りを正すための光を投げかけてくれると思うし、同じことが東洋の思考を西洋的な視点で眺めたときにも言えると信じている。

西洋の思考の習慣

では、東洋の思考様式と対比することで明らかになる西洋の思考の習慣にはどのようなものがあるだろうか。そのいくつかに焦点を当ててみることにしよう。

形式主義……西洋的思考の形式的で論理的なアプローチにはずば抜けた力がある。科学や数学は明らかにその力に頼っている。ただし、どの程度頼っているかについては議論のあるところである。フランシス・ベーコンは、「論理は役に立たない。科学とは創造である」と記した。

バートランド・ラッセルは、一二世紀の修道士たちの三段論法は彼ら自身と同じくらい不毛なものだったという見解を表明した。ラッセルの見解には同意したい気もするが、これはあらゆる人間の問題が論理によって解決できると信じていた人間から発せられた言葉としては不思議に思える。しかしラッセルは、現実世界の問題に当てはめられるのは形式論理学だけだと信じていた。私の見たところ、この考えが政治や社会問題に対する彼の分析を単純なものにしてしまった。ラッセルの一番の問題は、形式と内容を分離することに固執したがゆえに、形式に関する論理原則のみを用いて推論を行おうとした点にあった。これは西洋の悪い癖である。哲学者の劉述先が述べているように、「中国人はあまりに合理的すぎるために、形式を内容から切り離さない」[†13]

ラッセルの二つ目の問題は、ほとんどの西洋人と同様、彼もまた弁証法の「推論スキーマ」と呼ぶべきものを著しく欠いていたことだった。こうしたスキーマ（認知の枠組み）の多くは、発達心理学者のクラウス・リーゲルとマイケル・バセチスによって、（弁証法という語は用いずに）同定された。[†14]リーゲルらは、青年期までにはいわゆる形式的操作もしくは論理原則が身につき、ほとんどの推論がこれを用いてなされるようになるとするジャン・ピアジェの考え[*2]に異論を唱えた。

＊2訳注　発達心理学者のピアジェは、子どもの認知発達は感覚運動期（〇～二歳）、前操作期（二～七歳）、具体的操作期（七～一一歳）、形式的操作期（一一、二歳以降）という順序の発達段階をたどると考えた。このうち形式的操作期とは、具体物や実際的場面を離れて命題のみで推論する論理的思考が可能となる段階を意味する。子どもは発達につれて自分がもつスキーマを精緻化させることにより、高度の推論を行えるようになる。

リーゲルらによれば、ほとんどの高次の推論はポスト形式的操作を用いてなされる。ポスト形式的操作とは、論理規則よりも複雑で、特定の思考の内容に密接に結びついている。これが「ポスト形式的」と名づけられたのは、主として形式的操作段階の後に発達するものと考えられたためである。リーゲルもバセチスも、ポスト形式的操作は生涯を通じて発達し続けると信じていた。バセチスの研究

からいくつかの例をあげてみよう。[†15]

●定立（テーゼ）から反定立（アンチテーゼ）、そして統合（ジンテーゼ）へという変化の概念
●出来事や状況を一連の過程のなかの一時点として理解する能力
●量的な変化の結果として質的な変化が生じ得るという認識
●文脈相対主義の立場をとる能力
●ひとつの問題に対して多元的な視点をもつことが重要だという認識
●形式と内容の相互依存からくる形式主義の落とし穴についての認識
●双方向的な互恵的関係の概念を理解する能力
●自己変革的な体制についての概念を理解する能力
●複数の体制について均衡という観点から考える能力

リーゲルもバセチスも、ポスト形式的操作の概念と東洋的思考の弁証法的な側面との類似性に気づいていなかったとは思えないのだが、不思議なことに彼らの著作のなかで両者を結びつけた説明はないようである。実際には、リーゲルらはおそらくポスト形式的操作の概念をつくりあげるにあたって東洋的な発想を参考にしたと思われる。

形式と内容を切り離す、論理的アプローチに固執する、という西洋の二つの悪い癖は、しばしば相互に作用して多くの学術上のナンセンスを生み出す。私の専門である心理学の領域においても非常に

多くの事例がある。私の知る限り、心理現象に関する形式モデルのほとんどは、その現象が何を意味するのかを明確に説明できていない。モデルをつくることそれ自体に満足して、行動の意味を説明することには力が注がれていないのである。経済学者の友人たちに言わせれば、経済学には、ありそうもない原理を取りあげて、そこからできるだけ多くの現象を引き出すという力技があるという。

両義的な論理[†16]……西洋には、命題を評価する際に「あれかこれか」という二者択一的なアプローチを取るという特徴がある。多くの西洋の思想家がこのアプローチを問題視してきた。「あれもこれも」という東洋的アプローチに立ってみれば、何が問題かを理解するのは簡単である。たとえば、西洋人は行動には多くの原因があるとは考えず、原因はひとつだと考える傾向がある。それゆえ西洋人は行動の原因が内的なものと外的なもののいずれかにあると考え、その両方であるとは考えない。誰かの行動は、その人の寛大さが原因かもしれないし、利己的な動機を満足させるためのものかもしれないが、その両方ではあり得ない。アダム・スミスはこうした観点に立って、資本主義を擁護するべく次のように記した。「われわれがディナーにありつけるのは、酒屋やパン屋や肉屋がわれわれに恩恵を施してくれるからではなく、彼らが利己的な関心を追求しているからである」

しかし、よく考えてみれば、どうして両方であってはならないのだろうか。たしかに多くの商人は、まずは自分の家族を食べさせるために仕事をしているのだろうが、しかし同時に、他の人たちにも食べさせたいと考えているというのはありそうなことである。このことにはスミス自身も気づいていたが、スミスの弟子たちの多くはこの点を無視したり評価しなかったりした。

皮肉なことに、とくにアメリカでは政治家の目的は誤った評価を受けやすい。たとえ個人の自由を守ろうという健全な意図があったとしても、違った受け止められ方がなされがちである。

私はリンドン・ジョンソンもリチャード・ニクソンも好きではないが、二人とも、自分が重大な失敗を招くと思ってしたことが政治的な成功につながったとして広く知られている。ジョンソンは多くの人から、ケネディの公民権法案の成立に力を注ぐことによって自分の政治的基盤を強化しようとしたと見られているが、実際には彼は、この先長年にわたって南部を共和党の手に渡してしまうことになるということを（ケネディが知りえた以上に）知っていた。[*3] また、ニクソンは多くの人から、中国との国交回復によって個人的な政治的見返りを得ようとしたと考えられているが、実際は彼も彼の側近の多くも、それがひどく評判を落とすことになるのではないかと恐れていたのである。

＊3訳注　南部は一九六〇年ごろまでは民主党の磐石な地盤だったが、ケネディ大統領（民主党）の推進した公民権法が一九六四年のジョンソン大統領（民主党）時代に成立すると、南部諸州の白人保守層が共和党支持に転じたために、その後は共和党が優勢となった。

西洋人が他の人々に比べて「動機はひとつという誤謬」に陥りやすいことを示す証拠はたくさんある。発達心理学者のジョアン・ミラーとデイヴィッド・バーソフは、アメリカ人と東インド人の子どもたちに対して、ある人が別の人を助けた物語をいくつか聞かせた。[†17] いくつかのケースでは、助けた側は見返りを期待しており、別のケースでは期待していなかった。インド人の子どもは、助けた側は見返りを期待していたか否かにかかわらず、助けたいという気持ちを自らの内にもっていたと推測した。アメリカ人の子どもは、見返りの期待がない場合にのみ、助けたいという気持ちがあったと考えた。

原因推測における基本的な誤り（基本的帰属錯誤）……基本的帰属錯誤は、社会心理学者にとって最も重要で、最もよく立証できる現象のひとつである。基本的帰属錯誤とは、他人の行動がその個人の特性や能力によってもたらされたと考え、重要な状況要因を軽視する傾向のことである。この傾向は断じて錯誤ではないという批評もときおり見られる。

しかし、東アジア人はアメリカ人に比べてこの錯誤に陥りにくく、また何らかの方法で状況を目立たせると錯誤は容易に修正されやすい。西洋人が状況の意味を無視するのが間違いなのだろうか、それともアジア人がそれを考慮に入れることが間違っているのだろうか。アメリカ人が目立つ対象物だけに注意を向け、文脈を無視しやすいというデータに照らして考えれば、どうやら間違っているのはアメリカ人だと考えるほうが妥当だと思われる。

基本的帰属錯誤に関する研究には、認識論を超えた哲学的な示唆がある。この研究は倫理的な側面においても重要である。このことは多くの心理学者のみならず、ジョン・ドリス、ギルバート・ハーマン、ピーター・ヴラナスといった哲学者たちも指摘している[†18]。ドリスらによれば、西洋哲学の歴史において重要な役割を果たしてきたアリストテレスの倫理学は、彼自身の物理学と似通っているという。人間も物体の運動と同じく、自身がもっている特性のゆえに行動する。道徳的な行動の場合には、その行動を決定づけるのは美徳や悪徳といった個人特性である。

アリストテレスの「徳倫理学」は、東洋的な信念よりも道徳的行動に関する一般の西洋人の考えとよく合致している。アリストテレスの体系においては、人間は矯正できないと仮定すること、もしくは行動を変えるためにはその人の属性を変えなければならないという立場に立つことが奨励される。しかし、人の属性を変えるのは難しいし、最悪の場合には逆効果になることもある。

人の行いを正すためには、その人のよい行動が自然に引き出されるような状況を見極め、そういった状況に身を置くように仕向ける一方で、悪い行動をとってしまうような状況からは遠ざけるのが賢いやり方である。西洋的な視点ではなく東洋的な視点に立つことによって、道徳的行動をもたらすためにとるべきアプローチが見えてくる。

東洋の思考の習慣

さて、フェア・プレイの精神にのっとって、ここで攻守交替することにしよう。西洋的な原理を用いることによって、東洋的な思考の問題点を明らかにすることもできる。そうした試みには次のようなものがあるだろう。

矛盾……問題解決に当たって、まず「両方に真実がある」と仮定して臨むことは、矛盾して見える事柄を理解するための第一歩としては、非常によいアプローチである。多くの場合はこれで最後までうまく行くかもしれない。しかしながら、これで確実に正解にいたるとは言えない。ときにはひとつの命題が完全もしくはほぼ完全に真実を言い当てており、もう一方にはまったくあるいはほとんど真実がないこともある。

これまで見てきたとおり、東洋人はアメリカ人に比べて、互いに矛盾する関係にある二つの命題の両方を信頼したがる傾向があった。[19] さらに、ある命題を単独で見たときよりも、それと矛盾していてもっと説得力のある別の命題と一緒に見たときのほうが、最初の命題に寄せられる信頼は高くなった。この誤りは深刻である。論理的な見地からは一見理解しがたい話だが、「中庸」に固執した結果であると捉えれば容易に理解できる。

インチョル・チェによれば、東洋人は矛盾に対する感受性が相対的に低く、それゆえ科学者になろうというほどの十分な好奇心が育まれにくいという。現在、東洋の社会を動かしている人々は科学者の輩出を目指していると聞く。その是非については好みの問題だが、適切な措置であることは間違いがないだろう。

討論と文章技法……西洋人は、真実を引き出すため、あるいは少なくとも役に立ちそうな仮説をもち続けるためには討論が有効であると確信している。私もこれに賛同する。西洋の討論のあり方や討論を奨励する精神は、偏見のない開かれた社会を維持するうえで重要なものである。

討論はまた、仮説‐論証‐結論という基本的な文章技法とともに成り立っている。これらの技法は科学や数学において非常に重視されている。以前の章で「幾何学の証明は、究極の文章技法の形である」という物理学者アラン・クローマーの言葉を紹介したが、統計学者で心理学者のロバート・エーベルソンもまた、「統計は本質的には文章技法である」とする魅力的な本を著した。[20] この隠喩《メタファー》は奥が深く、また正しいと私は思う。

複雑さ……ある西洋の思想家が、「もしも宇宙がプレッツェル菓子のような渦巻き形をしているなら、われわれは渦巻き形の仮説をもたなければならない」と述べた。なるほどそれは確かだが、もしも渦まき形の仮説から出発したら、宇宙が渦巻き形でない限り、本当はどんな形なのかを見出すチャンスはなくなってしまう。渦巻き形以外のあらゆる可能性を考えるためには、まず直線から出発し、それでは単純すぎるということが明らかになっていくにつれて仮説を修正していったほうがよいだろう。

アジア人が信じているとおり、たしかに世界は複雑な場所である。日常生活においてこの立場を貫くのはおそらく正しいことだろう。しかし科学においては、関連のありそうな要因すべてを拒まずに受け入れるよりも、複雑さに対して大胆な態度で臨んだほうが、早く真実に近づける。

言うまでもなく、この節で紹介した「処方箋」は、心の習慣が簡単に変わるという考えがなければ意味をなさない。さて、実際はどうだろうか。

教育と検査の方法

教育者は、別の文化で生活するためのスキルを子どもたちに教えるべきだろうか、それとも自分の文化で重視されていることに焦点を当てるべきだろうか。

アジアでもアメリカでも、アジア人やアジア系アメリカ人の子どもは非常にできがよいという話は、アメリカ人の間でよく噂になっていた[†21]。だからこそ、アメリカで働く日本人ビジネスマンの子どもたちがアメリカの学校で「学習障害」のラベルを貼られ、送り返されることがあると聞いたときにはショックだった。日本の子どもは、たとえば歴史の授業での因果分析を苦手としているが、これはアメリカの子どもにとっては非常に基本的な能力として期待されているものである。そのため、因果分析ができないのは認知障害があるためだと考えられてしまう。

アメリカの教育者から見て、アジア人が劣っているとみなされやすいのは因果分析のスキルだけではない。討論もしかりである。分析的な思考スキルを学び、自分の考えの妥当性について自ら検討する力を身につけるためには、討論は重要な教育のツールである。こうした考え方は西洋人以外にも徐々に共有されるようになってきた[22]。討論の訓練はアメリカのちょっとした輸出産業になりつつある。世界中の若者がこれに参加するが、とくにアジアの人々はアメリカで討論キャンプを実施したりしている。

二、三年前のこと、スタンフォード大学で心理学を学ぶ韓国人大学院生のヒジャン・キムは、アメリカ人の教授からクラスでの発言を繰り返し求められて辟易していた[23]。キムは常に、「意見を述べることができないのは、教材を十分に理解していないことの証だ」「いかなる場合でも自分の意見を述べ、それに対する教師やクラスメイトの反応に耳を傾けることが、よりよい理解の助けになる」と聞かされた。キムにはそれが信じられなかった。発言したからといって何かが得られるとは思えなかったし、友人のアジア人やアジア系アメリカ人学生にとってもそれは同じだろうと思われた。彼らは基本的に、教材を理解する際に言語に頼ってはいなかったからである。

たしかに東洋人は伝統的に、話すことよりもむしろ沈黙と知を同等視する。紀元前六世紀に老子が述べたように、「知者は言わず、言う者は知らず」である。キムはこうした違いを、われわれが提唱する分析的思考と包括的思考の区別を用いて説明する。分析的思考では世界を有限個の各々独立した対象物に切り分けて捉える。個々の対象物がもっている属性は明確にカテゴリーに分類することができる。したがって分析的思考はそれ自体、言語によって表現することが可能である。一方、包括的な思考では多くの対象物とその関係の集合を問題にする。さまざまな属性やカテゴリーの間に明確な区別がなされることは少ない。したがって包括的思考を言語的に表現することは難しい。

アジア人やアジア系アメリカ人は思考を言語で表現することに困難を感じるのか。この可能性を検証するため、キムは実験参加者にさまざまな種類の問題を与え、自分の考えを大きな声で口に出しながら解くように求めた。この操作はヨーロッパ系アメリカ人の成績には何の効果ももたらさなかった。しかし、考えを口に出すようにと言われると、アジア人やアジア系アメリカ人の成績は大きく落ち込んだ。

本書で紹介した他の研究と同じく、アジア人と西洋人の思考の性質が異なっているというキムの知見には説得力がある。この研究の実践的な意義は非常に大きい。アメリカの教室でアジア人やアジア系アメリカ人を教育するにはどうすべきか。彼らに発言を求め、自分の考えをクラスメイトと共有することを強いるのは、一種の「植民地主義」ではないか。知らないうちに、世界に対して包括的にアプローチするためのスキルが損なわれてしまうのではないか。それとも、今後彼らが言語的表現スキルを重視する世界で生きていく以上、たとえ大変でもそれに対する準備をさせるのが当たり前なのだろうか。

アジア人の認知には際立って優れた点が二つある。（1）アジア人は西洋人よりも場面や状況をよく見ている。（2）包括的、弁証法的に問題にアプローチし、「中庸」を求める。こうしたスキルを西洋人に教えるべきか否かは別として、認知心理学者のデイヴィッド・メイヤーとデイヴィッド・キーラスによる研究は、認知スキルの教育の可能性についていくつかのヒントを与えてくれた。[†24]

メイヤーらによれば、ものごとを知覚するとき、および知覚に関わる課題を行うときの「ボトルネック」は、驚くほど簡単に広げられる。少々の訓練を課すだけで、人はより広い範囲の多様な刺激に注意を向け、より速く、より正確に反応する力を身につけることができるという。ただし、包括的で弁証法的な推論を行うための認知の枠組みとなると、話はまったく別になるだろう。そういった枠組みは知覚、哲学、ひいては気質にまで深く浸透しているため、変化させることができるかどうかは疑わしい。しかし、もし私のこうした考えが間違っているとわかれば喜ばしいことである。

どの文化に対しても公正な検査は可能か

二〇世紀には、知能は文化を問わず公正な方法で測定することができると信じて疑われることはなかった。専門家たちは、言語を基盤とする知能検査には文化による歪みがあるという考えで一致していた。ひとつの文化に生きる人々の間でさえ、社会的、経済的地位が異なれば、言語に対する接し方にも違いが生じる。まして文化や言語が異なれば、それらを比較する意味はほとんどない。しかし言語を用いずに知能を測定すれば、文化の異なる人々を比較することには意味があると誰もが考えていたのである。

図12のたくさんの四角形を見てほしい。これは、キャッテル知能検査やレーヴン色彩マトリックス検査など、どの文化に対しても公正であるとされる著名な検査で用いられているのとよく似た問題で

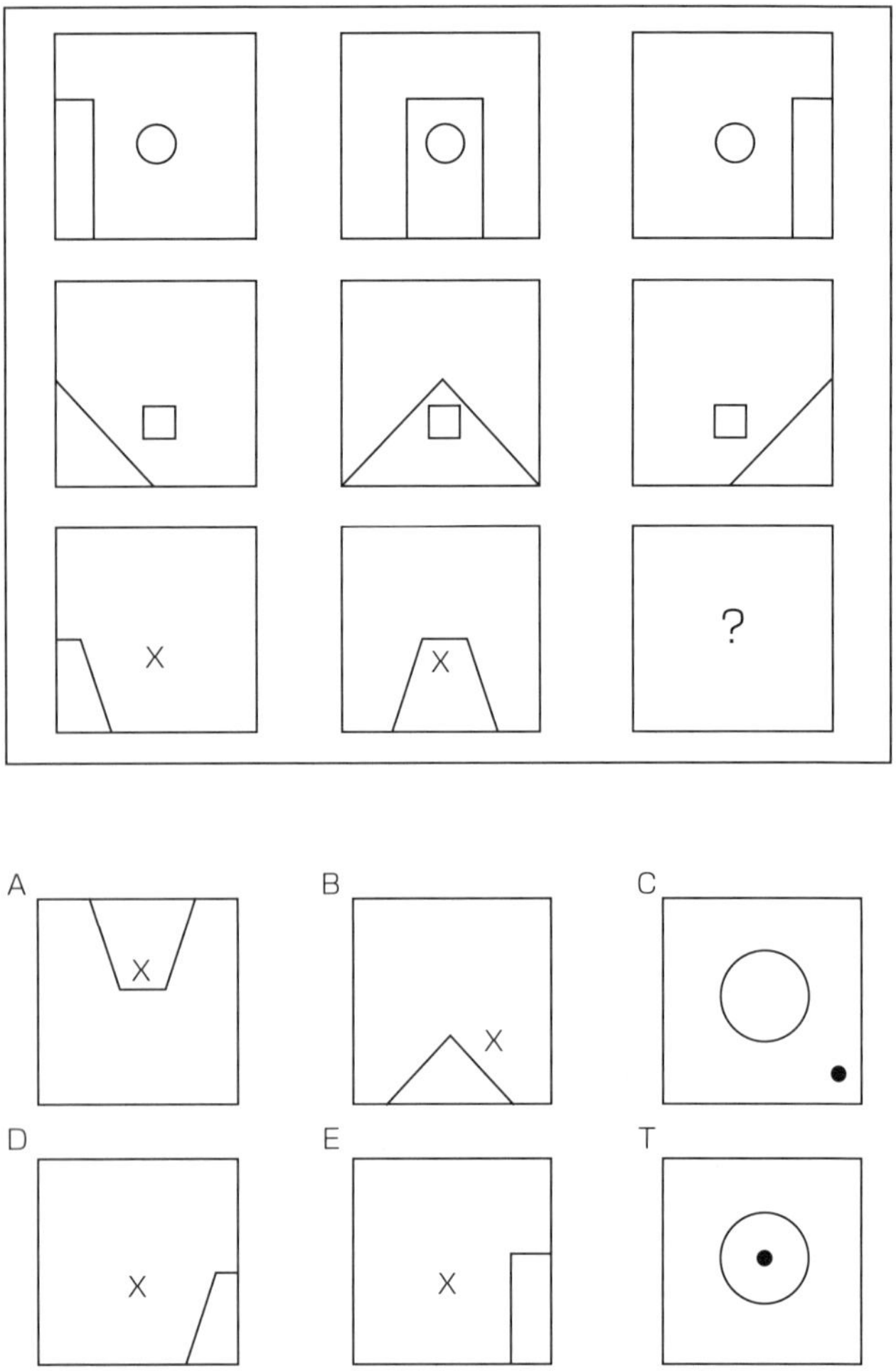

図12　「どの文化に対しても公正」であるはずの知能検査の問題例

ある。被検査者が取り組む課題は、上に並んだいくつかの図形を見て、次（「？」の箇所）にくる図形がどれかを下の六つのなかから選ぶことである。

円や三角形や四角形は誰でも知っているので、ここには不公正な要素が入る余地はないように感じられる。しかし、本書の考え方に照らせば、この検査が西洋人に有利にはたらくことがわかるだろう。この課題を解くには、適切な特徴を見極め、カテゴリーへの分類のしかたを決め、カテゴリーに施される操作を最もうまく説明する規則を見つけるという作業が求められるのである。

デニス・パークとトレイ・ヘデンを中心とするミシガン大学のチームと、中国科学院心理研究所のキチェン・ジン、そして私は、三つの異なった検査を用いてアメリカ人と中国人の大学生および年長者の知能を測定した。[†25] 処理速度・記憶検査、一般知識力検査（母集団中の上位何％に入るかを算出）、キャッテル知能検査である。少なくとも西洋人母集団の間では、知能指数（ＩＱ）が高い人ほど、処理速度・記憶検査と一般知識力検査の得点も高いことが知られている。

われわれは、アメリカ人と中国人の若者グループの処理速度・記憶得点、アメリカ人と中国人の年長者グループの処理速度・記憶得点について、それぞれの平均値が等しくなるように調整を行った（若者のほうが処理速度、記憶力ともに年長者よりも優れているため、年齢の異なるグループ間での調整はできない）。また、一般知識力得点についても同様の調整を行った（年長者のほうが若者よりもやや知識力が高かった）。

このように二つの異なるタイプの検査についてアメリカ人と中国人の得点をマッチングさせたにもかかわらず、若者、年長者のいずれのグループにおいても、「どの文化に対しても公正」であるはずのキャッテル性格検査では、アメリカ人のほうが中国人よりも成績がよかった。両者の得点の違いは非常に大きかった（統計になじみのある読者のために付記すると、五分の四標準偏差以上のずれがあった）。もし、キャッテル検査の結果を信じ、他の検査結果を知らなければ、「アメリカ人のほうが中国人より賢い」という結論に達せざるを得なかったかもしれない（ただし、これは母集団から無作為に抽出されたサンプルを用いていればの話だが、実際はそうではない）。

さて、今度は図13を見てほしい。被検査者は、上のブロックを見たうえで、番号の振られたピースを正しく使って「走っている鳥」と「飛んでいる鳥」をつくるように指示される（うまくできない読者のために、下に答えを載せておこう！）。まるでアメリカの教育検査機関ETSがつくった高校生向けの空間認識力の検査のようだが、実は一〇〇〇年以上前の中国において官吏選抜の目的でつくられたものである。

今日の中国人や日本人は、理由はどうであれ、こうした問題の解き方を小学校で教える。表意文字である漢字を読み書きするにはこの種の空間分析が必要だし、アジアの包括的な文化のなかでは空間認識のスキルが育まれやすいと考えられる。事実、アジア人やアジア系アメリカ人は、一般に空間課題に関してヨーロッパ系アメリカ人よりも成績がよい（成績の違いはたいていの場合非常に大きく、ほぼ一標準偏差分の開きがある）。

もし、これが母集団から無作為に抽出されたサンプルであると仮定できるなら（実際にはそうではないのだが）、「東アジア人はヨーロッパ文化の人々よりも賢い」と考える人がいてもおかしくはない。現に、リチャード・ハーンスタインとチャールズ・マレイが著した『ベル・カーブ』では、この手の

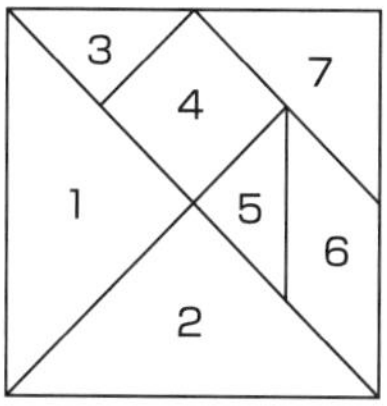

問題　上の形を使って、走っている鳥と飛んでいる鳥をつくりなさい。

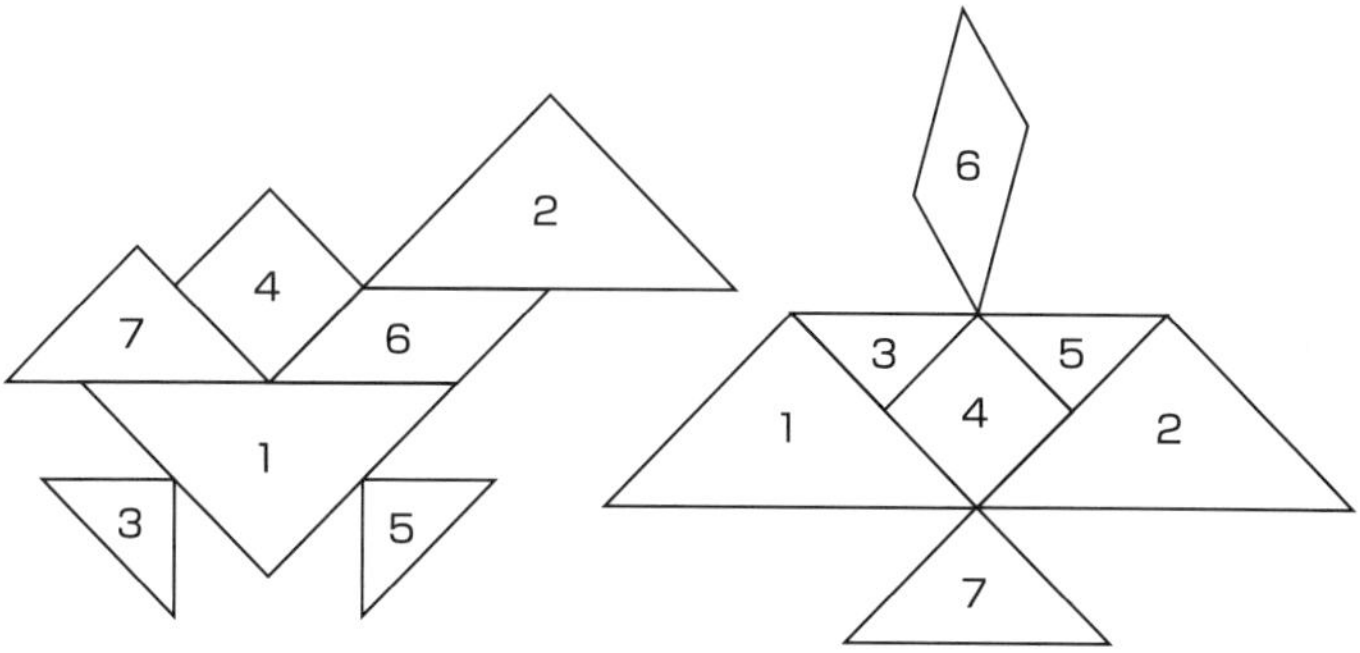

走っている鳥　　飛んでいる鳥

図13　タングラム（七巧板）

主張が数多くの疑わしい命題を通じて展開されている。[†26] ハーンスタインらは、文化による知能の違いは遺伝的なものであると強く主張しており、その根拠として、空間課題は明らかにどの文化に対しても公正であるという理由もあげている。

民族の多様性はあらゆる面において常に歓迎される。教育環境も職場環境も、異なるバックグラウンドをもった人々が集まることによって豊かなものになる。われわれの研究は、多様なものの見方をすることが問題解決に役に立つという主張を強力にサポートするものである。東アジア人とヨーロッパ人は異なった認知の志向性やスキルをもっている。それゆえ両者には、あらゆる場面でお互いを補い、豊かにしあう力がある。ほとんどの問題は、ひとつの文化の出身者ばかりが集まるよりも、異なった文化の出身者が集まることによって、よりうまく解決できるものと思われる。

こうした多様性の意義が今後とも守られるかどうかは、世界を画一化しようとする動きがどれだけ推し進められるかにかかっている。

エピローグ

われわれはどこへ向かうのか

認知の違いはなくなるか

今、二つの非常に異なった未来観が、多くの領域の社会科学者たちの間で戦わされている。ひとつは政治学者のフランシス・フクヤマが唱えた未来観で、世界の政治経済システムが一極に収束し、それに伴って価値も一極化していくことを予測するもの、もうひとつは今後とも多極化が続くことを予測するものである。

フクヤマは著書『歴史の終わり』（邦訳・三笠書房）のなかで、資本主義と民主主義が勝利をおさめた今、（中国の呪いの言葉「面白い時代に生きるがよい！」にあるような）面白い出来事を生み出すような切迫した力はもはや存在しないと述べている。[†1] 片や政治学者のサミュエル・ハンチントンは、世の中が今後とも多極化を続けると予測している。社会が収束に向かうというフクヤマの視点とは大きく異なり、ハンチントンは世界がまさに『文明の衝突』（邦訳・集英社）を迎えようとしていると断言する。[†2] 東アジア、イスラム、西洋といった主要な文化集団における価値観や世界観の違いは調整不可能であり、したがって対立は避けられない。「民族の対立と文明の衝突が生じつつある世界にあって、西洋文化の普遍性を信じる西洋人たちの信念には、三つの問題点がある。その信念が誤りだということ、道徳に反するということ、そして危険だということである」[†3]

言うまでもなく、経済や政府のかたちがどこでもみな同じならば、人の心の性質もまた、世界中どこへ行っても同じだろう。逆に、文明の衝突が避けられないならば、思考の習慣はやはり多極化を続けるだろう。

本書で紹介してきた認知の違いは、結局は歴史のお話ということになってしまうのだろうか。五〇年か一〇〇年のうちには社会システムや価値観が一極に収束し、認知の違いは消え去るだろうか。つまりは普遍主義者が正しいということになるのだろうか（仮にそうだとしても、正しいのは「誰もが同じような考え方をするようになる」という結論だけで、その理由を文化ではなく生物学的なものに求めることは間違っているのだが）。それとも、認知の違いはこれからも続くのだろうか。これまでの数千年間と同じように……。

東洋人の価値観は西洋化する？

フクヤマの未来観は、多くの西洋人、とくにアメリカ人の視点を代弁している。アメリカ人は、誰もが根はアメリカ人であるか、そうでなければこれからアメリカ人になると思っている。この信念を後押しする証拠らしきものは山ほどある。今やどの国の人々も、ジーンズとTシャツを着てナイキの靴を履き、コーラを飲み、アメリカ音楽を聴いてアメリカ映画とテレビを見ている（フランスでさえ、最近はアメリカ発のテレビ番組の配給量を全体の二五％に制限する必要性を感じている。その一方でフランスは言語教育に関してはついに降参し、今後はすべての小学校で英語を教えるという）。アジアの研究者たちに聞くと、アジアの高等教育はますます西洋流になり、分析、批判、論理、形式的アプローチによる問題解決が強調されるようになっているという。

東洋における子どもの社会化が、徐々に西洋のパターンに近づいていることを示す証拠もいくつかある。ハロルド・スティーヴンソンと共同研究者たちは、北京のある小学校の児童の母親たちを八〇年代半ばから一〇年以上にわたって調査し、母が子に何を求めるかを尋ね続けた[†4]。調査を始めて間もないころには、母親の関心は子どもの人間関係スキル、つまり他者とうまくやっていく能力に向けられていた。一〇年後、母親の関心は西洋の母親とほとんど同じになっていた。「うちの子には世の中で成功するだけのスキルと自立性がちゃんとあるかしら？」

二、三年前、カイピン・ペン、ナンシー・ウォンと私は多くの価値観調査の結果を概観し、東洋人が西洋人以上に「西洋流の」価値観を主張していることを見出した[†5]。事実、われわれが行った調査においても、北京大学の学生は、平等、創造性、自立、広い心をもつこと、変化に富んだ人生を送ることについて、ミシガン大学の学生以上に高い価値を置いていた。一方、ミシガン大学の学生は、自己規制、忠誠、さらには伝統を大切にすること、両親や年長者を敬うことについて、北京大学の学生以上に高い価値を置いていた（二人のミシガン大学生の父としての個人的経験から言うと、最後の結果には大いに疑念を覚えるところである)。

こうした奇妙な結果が生じる理由は、ひとつには価値チェックリストや態度尺度を使って価値観を調べることに限界があるのかもしれない[†6]。複数の価値が互いに競合するような状況をそれとなく描いたシナリオをつくり、その状況でどのように行動するかを参加者に尋ねてみたところ、結果はアジア人やアメリカ人のアジア研究者たちの直観と一致していた。しかし、人は自分がなりたいと思うとおりのもの、あるいは自分が言ったとおりのものになりやすいという説に幾ばくかの真実があるならば、価値観調査の結果は、あるいは未来を先取りしているかもしれない。

価値観は多極化を続ける?

ハンチントンによれば、世界の文化が西洋の文化に同化しつつあるという考えは、近視眼的かつ自民族中心主義的な発想にもとづく幻想である。社会は互いに大きく違っており、今後の国際紛争は、過去に見られたような経済的あるいは政治的な対立よりもむしろ、文化的な対立を発端として生じると考えられる。イスラム、東洋(とくに中国)、そして西洋の文化は互いに異なった方向に進みつつある。従来は比較的大きかった西洋の影響力も、東アジアの経済発展やイスラム人口の増大によって徐々に失われていくだろう。世界は必ずしも、民主主義や自由市場にとって安泰な場になろうとはしていない。

こうした未来観を支持する証拠としてまず引き合いに出されるのが日本の例である。日本が資本主義経済をとるようになって一〇〇年以上が経つ。資本主義は本来、自立、自由、合理主義を生み出すと考えられている。しかしながら、日本社会が多くの面でほとんど変わっていないことを示唆するデータは数え切れない。また、日本人と西洋人の世界の見方や考え方には大きな違いがあることもわかっている。

資本主義それ自体、日本の社会的価値に見合うように変化している。企業への忠誠や結束、合議制の経営、異業種間の協力体制などは、いずれも日本の社会的価値を体現させたものであり、これらの多くが第二次世界大戦後の「ジャパニーズ・ミラクル」と呼ばれた奇跡的な経済復興を支えてきた。それどころか、一五年前には、西洋が日本に対抗できる競争力を身につけるためには、日本の経営形態やビジネスの実践を見習わねばならないことが広く認識されていた。

言うまでもなく、現在の日本の経済状況は苦しい。成功の理由だったはずの日本の社会的価値は、今や、不況の原因として広く取りあげられている。先に見たような社会的価値のゆえに、事業の縮小を躊躇したり、取引先が傾きかけていても親密な間柄だという理由で貸し込んだりする事態が生じたというのである。こうした指摘をする西洋人は多いが、そのうちの何割かはまさに、日本の社会的価値を見習えと言ったその本人である！

日本は第二次大戦後まもなく民主主義に移行した。しかし新しい憲法はアメリカ人が書いたもので、日本の政治体制は（少なくともごく最近までは）民主主義というよりむしろ寡頭制に近いと言われることも多かった。いずれにせよ、ひとつの国がどのくらいの間民主主義を貫いていれば、それが定着したと見て差し支えないかというのは明らかではない。とくにその国が深刻な経済問題を抱えている場合には判断が難しい。

中国は、言うまでもなく現時点では民主主義にほとんど関心を示していない。少なくとも民主主義を支持する人には大きな苦労があるように見受けられる。中国には資本主義を取り入れようという動きも現時点ではあまり見られない。韓国はというと、自由な市場活動には非常に熱心なようだが、民主主義についてはまだ誕生して五年そこそこである。当然ながら、中国も韓国も、人の認知という点では今も非常に東洋的である。

ハンチントンの観察どおり、西洋人は、近代化（産業化、非常に複雑な職業構造、富や社会的流動性の増大、読み書き能力の向上、都市化）を西洋化と取り違えているきらいがある。[†7] しかし、日本を除く多くの社会は、さほど西洋化することなく近代化を果たしてきた。シンガポールも台湾もしかり、近代化の程度は小さいがイランもしかりである。近代化は西洋化によってのみ果たされると考える人は、「二〇〇七年にはインターネット上で最もよく用いられる言語は中国語になる」という現時点の見通しや、「二、三年のうちには世界の国際航空便の半数がアジア太平洋圏を通るようになる」というエコノミストの予測などに耳を傾けるべきである。

要するに、価値観は多極化を続ける。そうでないと考えている人はみな、コーラを飲んだりコンピューターをつくったりすることを、西洋化と勘違いしているのである。

世界が収束へ向かうもうひとつの可能性

しかし、未来の可能性は二つだけではない。世界が多極化ではなく収束へ向かうとしても、それは純粋な西洋化にもとづく収束とは限らない。西洋化と東洋化が同時に目指され、両者の社会システムや価値が融合した新しい認知様式にもとづいて、世界は収束に向かうかもしれない。これが第三の未来観である。

西洋は、たしかに東洋に魅力を感じている。非西洋諸国がこぞってコーラにジーンズというときに、西洋の料理には急速に東洋の味が融合し始めている。韓国の大衆は今や三分の一がクリスチャンだが、アメリカにおける仏教徒の増加率は主流派のプロテスタントよりはるかに大きく、キャッツキル山地（ニューヨーク州東部）にあった数え切れないほどの中流ユダヤ人向けリゾートは急速に仏教研究センターに様変わりつつある。

西洋医学の主流派医師の多くは、東洋医学の包括的な考え方をある程度認めている。頭痛から吐き気までの軽い症状に対しては、現代西洋医学に代えて古代アジアの治療法を推す動きさえ出てきた。さらに、治療に際しては「問題の箇所」だけを叩くのではなく、その人全体に眼を向ける必要があるという認識が広く普及している。何百万人というアメリカ人が、今やヨガや太極拳に精を出している。彼らの多くはもともとお隣のサッカー・ママ[*1]や保険外交員のように流行に敏感だったわけではない。

＊1訳注　（子どもをサッカー教室に通わせるような）都市郊外に住む典型的な中流白人家庭の主婦層のこと。一九九六年のアメリカ大統領選挙の際には、彼女たちの票の行方が選挙結果を左右するとして、流行語のように用いられた。

多くのアメリカ人は、個人主義の伝統が人間関係を疎遠にすることに気づき、社会的規範や秩序の崩壊（アノミー）をくいとめるために東洋の共同体のあり方に注目している。今や産業界全体が日本伝来の雇用主と従業員の関係のあり方を実践している。東洋人が討論《ディベート》教育を熱心に進めようとしている一方で、西洋人は真とも偽ともいえない命題を認めるような論理体系について模索している。

ニールス・ボーアをはじめとする二〇世紀の偉大な物理学者たちは、量子力学の進歩には東洋思想が大きく貢献していると言う。西洋の霊長類学者がチンパンジーにとって大切なのは母子の絆だけだと信じていたとき、日本の霊長類学者は安定的なチンパンジー社会における複雑な相互関係に気づいていた。日本人学者の見解は当初は相手にされていなかったが、今では霊長類学会の共通見解となっている。

そして、ここまでとくに強調してこなかったが、本書の発想も、西洋と東洋の思想家や経験主義者たちに等しく力を借りていることは明らかである。東アジア人が社会科学の世界に参入してきたことによって、人間の思考や行動についての考え方は全面的に変わっていくことになると私は確信している。

もし、社会的実践、価値、信念、科学のテーマといったものがひとつの方向に収束していくとすれば、思考プロセスにおける違いも次第に薄れていくことになるだろう。現に、異なった社会的実践を経験したり、異なった社会的志向性を一時的にでも意識したりすることによって、ものの見方や考え方にも変化が生じることがわかっている。

アジア系アメリカ人を対象とした多くの研究を思い出してみよう。彼らはアジア人とは異なる社会経験を非常に多く積んでいるため、いわゆる西洋人とかなりの程度似通った知覚や思考パターンをもっていると考えられる。事実、アジア系アメリカ人参加者の知覚パターンや推論スタイルは、常にアジア人とヨーロッパ系アメリカ人の中間であり、ときにはヨーロッパ系アメリカ人と区別できないこともあった。

認知が変容可能であることを示唆する知見は、純粋なバイカルチュラル（二つの文化に属している人）を対象とした研究からも得られる。それによれば、バイカルチュラルな人は単に二つの文化の中間的な価値や信念をもっているばかりか、認知プロセスまでも中間的である場合があるという。少なくとも彼らは、一方の文化に特有の推論ともう一方に特有の推論とを使い分けることができる。

香港の人々を対象とした原因推測についての研究を思い出してほしい。[†8] ミッキー・マウスや合衆国議事堂といった西洋的シンボルを見せることによって事前の方向づけ（「プライミング」）を行った場合、寺院や龍といった東洋的シンボルを見せる場合と比べて、彼らの原因推測は、より西洋的なものになった。同様に、アジア系アメリカ人に対して、まずアメリカ人としてのアイデンティティが顕現化するような経験を思い出させてから物理運動の原因について尋ねると、アジア人としてのアイデンティティが顕現化するような経験を思い出させてから尋ねたときよりも、西洋的な反応を示した。[†9]

北山忍と共同研究者たちによれば、比較的短い期間別の文化で過ごしただけでも認知プロセスの修正がなされることがあるという。[†10] 北山らの研究は非常に明快なものだった。まず、日本人とアメリカ人の実験参加者に対して、四角形のなかに一本の線分が引かれた図をいくつか見せた。それから室内の別の場所に移動してもらい、先ほどとは大きさの異なる四角形を見せて、その四角形のなかに、先ほど見たものと同じ長さの線分、または同じ比率の線分を描くよう参加者に求めた。アメリカ人は同じ長さの線分を描くほうが正確だった。つまり、アメリカ人は文脈を無視することにより長けていた。日本人は同じ比率の線分を描くほうが正確だった。つまり、日本人は対象物《オブジェクト》と文脈を関連づけることにより長けていた。

北山らはさらに、日本に住んだことのあるアメリカ人（二、三カ月程度）と、アメリカに住んだことのある日本人（二、三年程度）の描いたものに注目した。日本に住んだことのあるアメリカ人は明らかに日本人に近い傾向を示していた。アメリカに住んだことのある日本人にいたっては、純粋なアメリカ人とほとんど区別できないほどだった。

もちろん、この結果から、別の文化に身を置いたがために顕著な行動の変化が生じたと言い切ることはできない。別解釈の可能性もある。たとえば、別の文化に行って暮らそうとする人は実際に暮らす前から違っているということもあり得る。しかし、北山らの研究結果は非常に示唆に富んでおり、しばらく別の文化で生活するだけで認知プロセスに変化が生じる可能性について考えさせるだけのものがある。

ある意味、われわれの誰もが、社会的制約や社会的関心という点では「バイカルチュラル」である。他者との結びつきに対する敏感さはそのときどきで変化する。他者とどの程度関わりたいと望むかということも場合によってまちまちである。他者との関わり方がこのように変動すると、それに応じて知覚や思考も変わるのだろうか。

社会心理学者のウルリッヒ・キューネンと共同研究者はいくつかの注目すべき研究を行い、単純な実験室的な操作で社会的志向性を変えてやることによって、人の思考のしかたが変わることを示した。

たとえば、実験参加者に短い文章を読ませ、そこに出てくる複数形の一人称代名詞（we, us, our）にすべてマルをつけさせることによって、相互協調的で集団主義的な志向性をプライミングした。同様に、単数形の一人称代名詞（I, me, mine）にマルをつけさせることで、相互独立的で個人主義的な志向性をプライミングした。†11

すると、相互協調的なプライミングを受けた参加者は、相互独立的なプライミングを受けた参加者よりも、埋没図形検査（EFT）において場依存性が高くなった（つまり、複雑な図形のなかに埋め込まれた単純な図形を見つけにくくなった）。さらに、キューネンとダフナ・オイサーマンは同じ実験操作を用いて、相互協調的プライミングを受けた後のほうが相互独立的プライミングを受けた後よりも、特定の対象物を見たときの状況をよく覚えている（対象物と場の知覚的な「結合」がなされる）ことを見出した。†12

このように、人は誰しも、あるときにはより東洋人的に、あるときにはより西洋人的に振る舞っている面がある。異なる社会的実践を経験すれば、知覚や思考の典型的なパターンにも変化がもたらされると考えることができる。

一方から他方へ、他方から一方へという双方向的な変化の力によって、「両者が交わることはある」*2と私は信じる。洋の東西が交じり合うことで生まれるかもしれない新しい世界は、両方の社会や認知の特徴が生かされているものの、いずれも以前のままではない。シチューの具も同じである。それぞれの具はたしかに見てそれとわかるが、どれももとのままではなく変化している。だからこそシチューなのである。このシチューのなかに、あらゆる文化のいちばん美味しいところが入っていることを望むのは、あながち過ぎた願いとはいえないのではないだろうか。

＊2訳注　大英帝国時代のインドに生まれ、一九〇七年にノーベル文学賞を受賞したラディヤード・キプリングは、物語詩『東と西のバラード』の最初の一節で、「ああ、東は東、西は西、両者が交わることはない。大地と空とが神の審判の御前に、並んで立つそのときまでは」と記した。

謝辞

他の人が書いた本の謝辞を読むと、本当にこんなにも多くの人々が重要といえるほどの貢献をしたのだろうか、と疑いたくなることが少なくない。しかし、今から書くことは本当である。以下にあげるのはすべて、本書にとって重要な意味をもつ人ばかりであり、うち何名かはとくに多大なる貢献をしてくれた人々である。

近年、私はこれまでの大学教員生活のうちで最も素晴らしい学生たちにめぐり会うことができた。もしも彼らがいなかったら、本書を書くことは決してなかっただろう。インチョル・チェ、マリオン・デイヴィス、トレイ・ヘデン、リジュン・ジ、ジャン・リュー、増田貴彦、マイケル・モリス、アラ・ノレンザヤン、カイピン・ペン、ジェフリー・サンチェス＝バークス。本書で紹介されているアイディアのうち、とくに実験研究に関するものの多くは、学生たちによるものである。

本書の着想の多くの部分は、哲学から物理学にわたる、幅広い学問領域における同僚との議論を通じてまとめあげられたものである。スーザン・アンダーセン、スコット・アトラン、パトリシア・チェン、ローレンス・ハーシュフェルド、フィリップ・アイヴァンホー、キチェン・ジン、ゴードン・ケーン、北山忍、ヘーゼル・マーカス、ドナルド・ムンロ、デニス・パーク、リー・ロス、エドワード・E・スミス、ステファン・スティッチ、そしてフランク・イェーツ。これらの研究者たちは、東洋に対する私の理解と本書の枠組みに、深みと広がりを与えてくれた。

先に記した学生、共同研究者、同僚たちのほとんどは、本書の草稿にも眼を通してくれた。他にも草稿を読んでくれた人は数多い。リチャード・キャシディ、オオナ・チャ、ドヴ・コーエン、ジョー・ヘンリッヒ、ピーター・カッツェンスタイン、ジョエル・カッパーマン、ダリン・リーマン、デイヴィッド・リウ、アビシャイ・マルガリット、宮本百合、ランドルフ・ネッセ、新谷優、そしてパオロ・ソウサである。

出版社フリー・プレスのフィリップ・ラパポートには、本書をよりわかりやすく、読みやすくするための編集上の手直しのみならず、記述を正確なものにするための手助けをしてもらった。同社のフィリップ・メトカーフにも編集作業で大変お世話になった。さらに私のエージェントであるジョン・ブロックマンとカティーナ・マトソンは、私の仕事を世に出し、科学を広く一般の人々に紹介するために力を尽くしてくれた。これらの人々に感謝する。

資金面での援助にも非常に恵まれた。ジョン・サイモン・グッゲンハイム財団、国立加齢研究所、国立科学財団、ラッセル・セージ財団といった多くの機関が、研究資金の提供と成果公表時期に関する支援を行ってくれた。とくに、ミシガン大学および同大学社会研究所（ＩＳＲ）は、「文化と認知」教育研究プログラムに深い理解を示してくれた。ＩＳＲ集団力学研究センターのメアリー・カレンとナンシー・エクセルビー、およびラッセル・セージ財団のエリック・ロマゾフは、研究、執筆の両面で多くの協力をしてくれた。彼らの積極的な支援のおかげで、面倒な仕事も楽しくこなすことができた。ＩＳＲのローラ・レイノルズは、私が気づいてもいなかった問題を見つけては解決し、並外れた優秀さと明るさで、いつも心からの援助をしてくれた。

最後に、妻スーザンは、極めて貴重な助言と編集上のアイディアを示してくれた。さらに重要なことに、娘サラ、息子マシューをも含めた家族との日々の生活が、私の仕事にやりがいを与えてくれた。マシューは、私と同じくらい以前から東洋に関心を抱き、その若さゆえに、私よりはるかに多くのことを東洋から学びとっている。本書は、そのマシューに捧げるものである。

訳者あとがき

違う文化に生きる人は、違うものの見方、考え方をしているのではないか……。仕事や留学などで西洋社会での生活を経験した人なら誰しも、こうした思いを抱いたことがあるだろう。

たとえば、アメリカの学校では、授業中に進んで自らの意見を述べることが非常に重要で、発言の少ない生徒はしばしば授業内容を理解できていないとみなされてしまう。また、アメリカは個人の選択を非常に重んじる国でもある。訪問先の家庭で食事や飲み物の希望を聞かれたら自分の選択を明確に告げるのが普通であり、「おまかせします」、「お気遣いなく」などと言おうものなら、それこそホストに怪訝な顔をされてしまう。異文化に触れることによって感じるこうした小さな違和感は、枚挙にいとまがない。

人は、知らず知らずのうちに、自らが身を置く社会の慣習をあたりまえで唯一の「常識」として認識し、別の社会には自分たちと異なったものの見方、考え方があることを忘れてしまう。しかし、私たちが生きるこの世界には多様な文化をもつ社会があり、人々の考え方もさまざまに異なっている。人や情報が国境を越えて行き交う現代において、そうした「文化差」に思いを馳せることは極めて重要な意味をもっている。

本書の著者であるリチャード・E・ニスベットは、人の心や思考のかたちが文化によっていかに異なっているか、その違いはなぜ生じるのかという問いを探究する第一線の社会心理学者である。本書は、彼とそのチームによる最新の研究成果を、優れた理論的考察とともにまとめあげた一冊である。

「包括的思考」と「分析的思考」

本書によれば、東洋人のものの見方や考え方は「包括的」であり、西洋人のそれは「分析的」であるという。包括的思考とは、人や物といった対象を認識し理解するに際して、その対象を取り巻く「場」全体に注意を払い、対象とさまざまな場の要素との関係を重視する考え方である。他方、分析的思考とは、何よりも対象そのものの属性に注意を向け、カテゴリーに分類することによって、対象を理解しようとする考え方である。言い換えれば、東洋人は「森全体を見渡す」思考、西洋人は「大木を見つめる」思考の様式をもっているということである。

ニスベットは、自らが手がけた数々の心理学実験を紹介しながら、両者の違いをわかりやすく描き出してみせた。たとえば、水中の様子を描いたアニメーションをアメリカ人と日本人の大学生に見せたところ、アメリカ人はもっぱら大きくて目立つ魚に注目したのに対し、日本人はまず背景の環境全体に眼を向けるところから観察を始めた。また、別の実験では、アメリカ人と中国人の大学生に三つの単語（たとえばパンダ、サル、バナナ）を示して、これらのうちどの二つが仲間であるかを尋ねたところ、アメリカ人はパンダとサルを選んだが、中国人はサルとバナナを選んだ。中国人は、「動物」というカテゴリーよりも「サルはバナナを食べる」という関係を重視したのである。

こうしたものの見方や考え方の違いは、実験室のなかだけでなく一般の社会生活にもさまざまな形で現れている。一例として、日米のビジネスの現場における取引先との関係を考えてみよう。日本の場合、取引先との関係はアメリカの場合よりも包括的な視点で捉えられる。取引のあり方はその都度独立した契約としてではなく、過去のつき合いや将来の展望などを総合的に勘案して決められる。取引における公平な関係は必ずしも短期的なギブ・アンド・テイクとして達成されなくても、長い目で見てバランスがとれていればよい。たとえば、将来良好な関係が築かれるという期待のもとに、単独でみると利益のない契約が結ばれることもある。これに対し、アメリカの分析的な視点では、長期的信頼関係のような不確定な目標よりも、個々の契約について投資対効果を高めることが重視される。

ニスベットはさらに、古代ギリシアや中国の歴史を紐解くことによって、それぞれの文化における思考の「起源」へとさかのぼっていく。彼の理論の最大の魅力は、個人の心のメカニズムというミクロな概念と、歴史や生態環境、経済、社会構造といったマクロな概念の両方に目を向けて両者を結びつけるという、そのスケールの大きさにあるといえるだろう。

グローバル化と文化摩擦への示唆

今や、異文化に触れるという経験は海外に移り住んだ人だけのものではない。世界の動きはメディアを通じて誰の目にもリアルタイムで飛び込んでくる。資本やサービスも、容易に国境を越えて広がっていく。こうして急速に「グローバル化」する社会においては、さまざまな異文化との接触は日常の一部になりつつある。

「どの国の人々も、ジーンズとTシャツを着てナイキの靴を履き、コーラを飲み、……アメリカ映画とテレビを見ている」とニスベットが例示したとおり、当初、グローバル化はほとんど「アメリカ化」と同義だった。しかし、その後の世界市場における中国やインドの台頭にも見られるように、アジアを中心とする非西洋諸国が世界のなかで果たす役割は飛躍的に高まってきた。

こうした変化のなかで、非西洋諸国の間には、従来「グローバル・スタンダード」と呼ばれてきたアメリカン・スタンダードに対する違和感が生まれつつある。最近のイラク戦争をめぐる国際的な論争は、アメリカ的な考え方の限界を示すひとつの例であるとともに、同じ考え方を共有してきたはずの西洋の国々もまた、一枚岩ではないことを示唆している。このような状況において特に問題なのは、ニスベットが言うように「世界に対する見方はひとつではなく別の見方もあり得るということに」、アメリカがこれまでほとんど気づいていなかったことだろう。

ニスベットは本書のなかで、「アメリカ人は、誰もが根はアメリカ人であるか、そうでなければこれからアメリカ人になると思っている」と指摘したうえで、異なる文化に生きる人々が西洋とは異なる別の見方、考え方を持っていること、それがときとして西洋流の考え方以上に重要なものであり得ることを明言する。ニスベットが見据える未来は、西洋化（もしくはアメリカ化）という方向で収束する世界ではなく、かといってさまざまな文化が歩み寄ることのないまま多極化を続ける世界でもない。本書の理論は、「グローバル化」をアメリカもしくは西洋に偏ったものとしてではなく、さまざまな文化の融合的なコラボレーションとして実現させるための重要な提言を含んでいる。

もちろん、変わるべきは西洋諸国だけではない。アジアの一員でありながら最も西洋に近い形で近代化してきた日本もまた、今後の方向性を問われている。日本はこれまで、西洋的な価値や体制を半ば無批判に受容しつつもなお、西洋とは異なる考え方を保持してきた。今後はそうした自らのアイデンティティを再認識したうえで、「東西の架け橋」としての役割を果たすことが求められるだろう。本書の提言はその意味でも示唆に富むものである。

当然のことながら、文化の共生と融合という大きな目標のための研究努力は本書で完結するものではない。ニスベットが自ら述べているとおり、「西洋vs.東洋」という図式だけですべてが語り尽くされるはずはないだろう。アメリカというひとつの国のなかにも、また東アジアの国々の間にも、多様性があることは言うまでもない。皮肉なことに、「西洋vs.東洋」という二分法的なモデルを用いることは、ニスベット自身がやはり分析的な思考の持ち主であることの現れでもある。

本書で提起された理論をさらに精緻なものにしていくには、より多角的で包括的な視点から、絶え間なく変化する世界の動き、人々の動きをダイナミックに捉えていくことも大切だろう。まさに、アジアの研究者の出番というわけである。今後も各国の研究者が互いに手を携え、ともに新しい時代への提言を行っていくことが求められる（訳者自身もアジアの研究者のひとりとして、その一翼を担うことができればと思う）。

最後になるが、訳者を信頼して翻訳方針をすべて任せてくださったニスベット教授と、編集の労をとってくださったダイヤモンド社の中嶋秀喜氏に、この場をお借りして心より御礼申し上げたい。

二〇〇四年五月

村本由紀子

10. Kitayama, Duffy, and Kawamura (2003).
11. Kühnen, Hannover, and Schubert (2000).
12. Kühnen (2002).

12. Stich (1990).
13. Liu (1974), p. 325.
14. Basseches (1980); Riegel (1973).
15. Basseches (1984).
16. 「両義的な論理」の概念はアルフレッド・コーシブスキー（Alfred Korzybski, 1933/1994）が提唱した一般意味論に端を発し、カリフォルニア大学バークレー校の教授だったS. I. ハヤカワ（S. I. Hayakawa, 後にカリフォルニア州選出の共和党上院議員）によって広められた。1950年代から60年代にかけて、知的な野心を持った若い西洋人たちは、アリストテレスの思想に異を唱えるという意味で「Null-A（非A)」と派手に描かれたボタンをこぞって身につけていた。東ヨーロッパ人やアジア系アメリカ人がこうした反形式主義の潮流の旗手であったことはおそらく偶然のなせるわざではないだろう。彼らが標榜する立場には評価すべき点が多いものの、彼らの主張は次のとおり、あまりに極端だった。「命題が真か偽のいずれかである必要はないということに人々が気づきさえすれば、戦争や狂気は過去のものとなるだろう」
17. Miller and Bersoff (1995).
18. Doris (2002); Harman (1998-1999); Vranas (2001).
19. Choi (2001).
20. Abelson (1995).
21. Watanabe (in press).
22. Wilgoren (2001).
23. Kim (2001).
24. Meyer and Kieras (1997).
25. Park et al. (2002).
26. Herrnstein and Murray (1994).

エピローグ　われわれはどこへ向かうのか

1. Fukuyama (1992).
2. Huntington (1996).
3. Huntington［Kaplan (2001) による引用］.
4. ハロルド・スティーヴンソン（Harold Stevenson）との個人的やりとりから。
5. Peng, Nisbett, and Wong (1997).
6. Heine, Lehman, Peng, and Greenholtz (2002).
7. Huntington (1996).
8. Hong, Chiu, and Kung (1997).
9. Peng and Knowles (in press).

18. Peng (1997); Peng and Nisbett (1999).
19. Peng (1997).
20. Cao (1982); Liu (1988); Wang (1979).
21. Chan (1967), p. 54.
22. Lao-Zi (1993), p. 16.
23. Mao (1937/1962), p. 42.
24. Lin (1936), p. 110.
25. Peng and Knowles (in press).
26. Peng and Nisbett (1999).
27. Peng and Nisbett (1999).
28. Yates, Lee, and Bush (1997).
29. Briley, Morris, and Simonson (2000).
30. Korzybyski (1933/1994); Lin (1936); Liu (1974); Nagashima (1973); Saul (1992).
31. Choi (2001).
32. Peng, Keltner, and Morikawa (2002).
33. Bagozzi, Wong, and Yi (1999).
34. Geary, Salthouse, Chen, and Fan (1996); Hedden et al. (in press).
35. Stevenson and Stigler (1992).
36. Stevenson and Lee (1996).

第8章　思考の本質が世界共通でないとしたら

1. Lin (1936), p. 80.
2. Ohbuchi and Takahashi (1994).
3. French (2001). とはいえ、アメリカのノーベル賞受賞者の中には他国出身者も数多い。
4. French (2001).
5. Hampden-Turner and Trompenaars (1993).
6. Hampden-Turner and Trompenaars (1993), pp. 123-24.
7. Gries and Peng (2001).
8. Munro (1985).
9. Chan (1967), p. 31.
10. Dyson (1998).
11. Goodman (1965). この語は哲学者ジョン・ロールズ（John Rawls）によって提起されたが、本書で示した概念はグッドマン（Goodman）によるものである。

21. Gelman and Tardif (1998).
22. Gopnik and Choi (1990).
23. Stevenson and Lee (1996).
24. とはいえ、必要十分条件に対する懐疑論は、スコットランド啓蒙期から存在していた。
25. Lucy (1992).
26. Moser (1996).
27. Heath (1982).
28. Cousins (1989).
29. トウィラ・ターディフ（Twila Tardif）は、こうした興味深い言い回しの違いは情報処理の見地からすれば単なる一事例にすぎないが、言語学的には本質的なものだと指摘している。
30. Whorf (1956).
31. Ji, Zhang and Nisbett (2002).
32. Ervin and Osgood (1954); Lambert, Havelka, and Crosby (1958).

第7章　東洋人が論理を重視してこなかった理由

1. Graham (1989), p. 6.
2. Liu (1974).
3. Lin (1936), p. 109.
4. Nagashima (1973), p. 96.
5. Chan (1967).
6. Disheng (1990-91), p. 49.
7. Disheng (1990-91), p. 51; Lloyd (1990), p. 119.
8. Disheng (1990-91), p. 51.
9. Disheng (1990-91), p. 52.
10. Chan (1967); Disheng (1990-91), p. 51.
11. Norenzayan (1999); Norenzayan, Smith, Kim, and Nisbett (in press).
12. Sloman (1996).
13. Norenzayan, et al. (in press).
14. Norenzayan, et al. (in press).
15. われわれは「妥当でない」議論の妥当性についても参加者の判断を求めた。これらの議論に関しては、韓国人とアメリカ人は結論のもっともらしさの影響を同程度に受けていた。その理由は明らかではない。
16. McGuire (1967).
17. Norenzayan and Kim (2002).

の報酬を提示された学生はそれを引き受ける傾向があったが、報酬金額が小さい場合には断る率が高かった。しかし第三者にその様子を観察させると、観察者は、前者の学生は気前よく時間を割く人間であると考え、後者の学生は手助けをしたがらない人間であると考えやすかった（Nisbett, Caputo, Legant, and Maracek, 1973）。
17. Jones and Harris (1967) など。
18. Choi and Nisbett (1998); Kitayama and Masuda (1997); Krull et al. (1996).
19. Choi and Nisbett (1998).
20. Norenzayan et al. (2002).
21. Watanabe (1998).
22. Choi, Dalal, and Kim-Prieto (2000).
23. Fischhoff (1975).
24. Choi (1998); Choi and Nisbett (2000).
25. Darley and Batson (1973).

第６章　世界は名詞の集まりか、動詞の集まりか

1. Borges (1966).
2. Munro (1969), p. 41.
3. Moser (1996), p. 171.
4. Mote (1971), p. 102.
5. Hansen (1983) による引用 (p. 108)。
6. Chan (1967); Hansen (1983), p. 34; Moser (1996), p. 171.
7. Chiu (1972).
8. Ji, Nisbett, and Zhang (2002).
9. Norenzayan, Smith, Kim and Nisbett (in press).
10. Norenzayan, et al. (in press).
11. この実験は、Allen and Brooks (1991) が開発した手続きにもとづいている。
12. Osherson, Smith, Wilkie, Lopez, and Shafir (1990).
13. Choi, Nisbett, and Smith (1997).
14. Gentner (1981), p. 168.
15. Gentner (1982).
16. Tardif (1996).
17. Gopnick and Choi (1990); Tardif (1996).
18. Fernald and Morikawa (1993).
19. Fernald and Morikawa (1993), p. 653.
20. Smith, Jones, Landau, Gershkoff-Stowe, and Samuelson (2002).

15. Yates and Curley (1996).
16. Ji, Peng and Nisbett (2000).
17. Witkin et al. (1954).
18. Sastry and Ross (1998).
19. Morling, Kitayama, and Miyamoto (in press).
20. Sastry and Ross (1998).
21. Earley (1989).
22. Yamaguchi, Gelfand, Mizuno, and Zemba (1997).
23. Langer (1975).
24. Glass and Singer (1973).
25. Ji, Peng and Nisbett (2000).
26. Ji, Su, and Nisbett (2001).

第５章　原因推測の研究から得られた証拠

1. Morris and Peng (1994).
2. Miller (1984).
3. Lee, Hallahan, and Herzog (1996).
4. セリフの例はフィオーナ・リー（Fiona Lee）から個人的に提供してもらった。
5. Morris and Peng (1994).
6. Peng and Knowles (in press); Peng and Nisbett (2000).
7. Hong, Chiu, and Kung (1997).
8. Peng and Knowles (in press).
9. Norenzayan, Choi, and Nisbett (2002).
10. Erdley and Dweck (1993).
11. Morris et. al. (1999).
12. Leung, Cheung, Zhang, Song, and Dong (in press); McRae, Costa, and Yik (1996); Piedmont and Chae (1997); Yang and Bond (1990).
13. Yang and Bond (1990).
14. Cheung et al. (in press); Cheung, Leung, Law, and Zhang (1996).
15. Ross (1977). 基本的帰属錯誤はしばしば、行動に対応する特性や態度を推測するという意味で「対応性バイアス」とも呼ばれる (Gilbert and Malone, 1995)。属性への推測を好んで行うような事例は「錯誤」と言えるが、逆に「錯誤」であると言い切れないような事例の場合には、こちらの語が用いられる。
16. これは実際に行われた実験である。キャンパス案内を頼まれたとき、多く

33. この実験方法はTrafimowら（1991）によって開発された。
34. Heine and Lehman (1997).
35. Kitayama, Markus, Matsumoto, and Norasakkunit (1997).
36. Sowell(1978).
37. Bellah (1957/1985); Dien (1997; 1999); Lin (1936); Nakamura (1964/1985).
38. Dien (1999), p. 377.
39. Doi (1971/1981; 1974).
40. Leung (1987).
41. 西洋と東洋の交渉スタイルの違いについて概観するには、Cohen (1997) を参照のこと。
42. Mushakoji (1976), pp. 45-46［Cohen (1997) による引用］.
43. Mushakoji (1976), p. 40［Cohen (1997) による引用］.
44. Cohen (1997), p. 37.
45. これは、顕著な違いが継続的に存在してきたという意味ではない。たとえば、11世紀ヨーロッパの小作農が大いなる個人主義者だったと言う人はいないだろう。逆に中国や日本においても、少なくとも芸術家や知識人層の間では、個人主義に高い価値が置かれることがあった。

第4章　目に映る世界のかたち

1. Imai and Gentner (1994).
2. Shore (1996) は西洋におけるモジュール化について興味深い説明を提起している。
3. Hampden-Turner and Trompenaars (1993).
4. Ji, Schwarz, and Nisbett (2000).
5. Hedden et al. (2000).
6. 統計的に意味のある差は大学生の間でのみ見出された。成人の参加者も大学生と同じ方向の差を示したが、こちらは統計的な有意差にはいたらなかった。
7. Han, Leichtman, and Wang (1998).
8. Cohen and Gunz (2002).
9. Masuda and Nisbett (2001).
10. 知覚における刺激の結合の概念はChalfonte and Johnson (1996) による。
11. Simons and Levin (1997).
12. Masuda and Nisbett (2002).
13. Ji, Peng, and Nisbett (2000).
14. 両者の相関係数は、ある程度の関連がある条件では .40、非常に強い関連がある条件では .60だった。

Triandis (1995) を参照のこと。
2. Shih (1919), p. 116［King (1991) による引用］.
3. Hall (1976).
4. Munro (1985).
5. Iyengar, Lepper, and Ross (1999).
6. 今日の中国では状況に依存しない呼称である「我」がよく用いられるが、これは20世紀初めの孫文革命の後に広まった傾向である。
7. Holmberg, Markus, Herzog, and Franks (1997).
8. Cousins (1989).
9. Ip and Bond (1995).
10. Markus and Kitayama (1991b).
11. Markus and Kitayama (1991b).
12. Kim and Markus (1999).
13. Holmberg et al. (1997).
14. Kitayama, Markus and Lieberman (1995); Bond and Cheung (1983) など。
15. 東洋と西洋の自尊心に関する最近の研究を概観するには、Heine, Lehman, Markus, and Kitayama (1999) を参照のこと。
16. Heine et al. (2001).
17. Tönnies (1887/1988).
18. Hofstede (1980); Hsu (1953; 1981); Triandis (1972; 1995).
19. Markus and Kitayama (1991b).
20. Shweder, Balle-Jensen, and Goldstein (in press).
21. Iyengar and Lepper (1999).
22. Azuma (1994); Fernald and Morikawa (1993).
23. Sanchez-Burks et al. (2002).
24. Masuda and Nisbett (2001).
25. Peng and Ellsworth (2002) による未発表研究。
26. 事例はH. Kojima (1984) より。
27. 理論的な問題については、以下の文献に詳しく論じられている。Doi (1971/1981); Hampden-Turner and Trompenaars (1993); Hofstede (1980); Hsu (1953); Markus and Kitayama (1991a); and Triandis (1994a; 1995).
28. Hofstede (1980).
29. Hampden-Turner and Trompenaars (1993).
30. Hampden-Turner and Trompenaars (1993), p. 123.
31. Han and Shavitt (1994).
32. Gardner, Gabriel, and Lee (1999).

29. Needham (1962), p. 60.
30. Hadingham (1994).
31. Logan (1986), p. 122; Moser (1996), p. 116.
32. Nakamura (1964/1985), p. 189.
33. Atran (1998).
34. Needham (1962).
35. Lin (1936), p. 90.
36. Chan (1967), p. 47.
37. Becker (1986), p. 83.
38. Becker (1986), p. 84.
39. Cromer (1993), p. 89.
40. Chan［Becker (1986) による引用］; Mao (1937/1962).

第２章　思考の違いが生まれた社会的背景

1. Barry, Child, and Bacon (1959); Berry (1976); Cole, Gay, Glick, and Sharp (1971); Cole and Scribner (1974); Cromer (1993); Nakamura (1964/1985); Needham (1954); Vygotsky (1930/1971), (1978); Whiting and Whiting (1975); Witkin and Berry (1975).
2. McNeil (1962).
3. Markus and Kitayama (1991b), p. 246.
4. Cromer (1993), p. 144.
5. Lloyd (1990), pp. 124, 130; Tweed and Lehman (2002).
6. Witkin, Dyk, Faterson, Goodenough, and Karp (1974).
7. Berry and Annis (1974); Witkin and Berry (1975).
8. Witkin and Berry (1975).
9. Dershowitz (1971).
10. Witkin (1969).
11. Witkin and Goodenough (1977).
12. Eagle, Goldberger, and Breitman (1969).
13. Greene (1973).
14. この理論に関するより厳密な議論や予測については、Nisbett, Peng, Choi, and Norenzayan (2001) を参照のこと。

第３章　西洋的な自己と東洋的な自己

1. 東アジア人と西洋人の社会的差異について概観するには、Fiske, Kitayama, Markus, and Nisbett (1998); Hsu (1981); Markus and Kitayama (1991b);

注記

序章　世界に対する見方はひとつではない

1. Nisbett and Ross (1980).
2. Nisbett (1992); Nisbett, Fong, Lehman, and Cheng (1987).

第１章　古代ギリシア人と中国人は世界をどう捉えたか

1. Cromer (1993); Hamilton (1930/1973).
2. Hamilton (1930/1973), p. 25.
3. Galtung (1981).
4. Hamilton (1930/1973), p. 33.
5. Lin (1936); Toulmin and Goodfield (1961), p. 84.
6. Rosemont (1991), p. 90.
7. Lin (1936), p.121.
8. Munro (1985).
9. Lloyd (1990), p. 550.
10. Nakayama (1969).
11. Logan (1986), p. 51.
12. Nakamura (1964/1985).
13. Munro (1969), p. 55.
14. Lloyd (1990), pp. 117-18.
15. Logan (1986).
16. Lin (1936), p. 117.
17. Lin (1936), p. 122.
18. Lin (1936), pp. 119-20.
19. Lin (1936), p. 117.
20. Munro (1985), p. 119.
21. Munro (1985).
22. Lin (1936), p. 83.
23. Hansen (1983), p. 31.
24. Needham (1962), p. 14.
25. Munro (1985), p. 19.
26. Lloyd (1991).
27. Cromer (1993), p. viii.
28. Fung (1983).

al behavior." *Psychological Bulletin 84*, 661-689.

Witkin, H. A., Lewis, H. B., Hertzman, M., Machover, K., Meissner, P. B., and Karp, S. A. (1954). *Personality Through Perception*. New York: Harper.

Yamaguchi, S., Gelfand, M., Mizuno, M., and Zemba, Y. (1997). Illusion of collective control or illusion of personal control: Biased judgment about a chance event in Japan and the U. S. Paper presented at the Second conference of the Asian Association of Social Psychology, Kyoto, Japan.

Yang, K. S., and Bond, M. H. (1990). "Exploring implicit personality theories with indigenous or imported constructs: The Chinese case." *Journal of Personality and Social Psychology 58*, 1087-1095.

Yates, J. F., and Curley, S. P. (1996). "Contingency judgment: Primacy effects and attention decrement." *Acta Psychologica 62*, 293-302.

Yates, J. F., Lee, J., and Bush, J. (1997). "General knowledge overconfidence: Cross-national variation." *Organizational Behavior and Human Decision Processes 63*, 138-147.

Transaction Books.
Trafimow, D., Triandis, H. C., and Goto, S. G. (1991). "Some tests of the distinction between the private self and the collective self." *Journal of Personality and Social Psychology 60*, 649-655.
Triandis, H. C. (1972). *The Analysis of Subjective Culture*. New York: Wiley.
Triandis, H. C. (1994). *Culture and Social Behavior*. New York: McGraw-Hill.
Triandis, H. C. (1995). *Individualism and Collectivism*. Boulder, CO: Westview Press.
Tweed, R. G., and Lehman, D. (2002). "Learning considered within a cultural context: Confucian and Socratic approaches." *American Psychologist 57*, 89-99.
Vranas, P. B. M. (2001). Respect for persons: An epistemic and pragmatic investigation. Unpublished Ph. D. thesis, University of Michigan, Ann Arbor, MI.
Vygotsky, L. S. (1930/1971). "The development of higher psychological functions." In J. Wertsch, ed., *Soviet Activity Theory*. Armonk, NY: Sharpe.
Vygotsky, L. S. (1978). *Mind in Society: The Development of Higher Psychological Processes*. Cambridge: Harvard University Press.
Wang, D. J. (1979). *The History of Chinese Logical Thought*. Shanghai: People's Press of Shanghai.
Watanabe, M. (1998). Styles of reasoning in Japan and the United States: Logic of education in two cultures. Paper presented at the American Sociological Association, San Francisco, CA.
Weisz, J. R., Rothbaum, F. M., and Blackburn, T. C. (1984). "Standing out and standing in: The psychology of control in America and Japan." *American Psychologist 39*, 955-969.
Whiting, B. B., and Whiting, J. W. M. (1975). *Children of Six Cultures; A Psychocultural Analysis*. Cambridge: Harvard University Press.
Whorf, B. L. (1956). *Language, Thought and Reality*. New York: Wiley.
Wilgoren, J. (2001, August 9). "World of debating grows and Vermont is the lab." *New York Times*, pp. A12.
Witkin, H. A., (1969). *Social Influences in the Development of Cognitive Style*. New York: Rand McNally.
Witkin, H. A., and Berry, J. W. (1975). "Psychological differentiation in cross-cultural perspective." *Journal of Cross Cultural Psychology 6*, 4-87.
Witkin, H. A., Dyk, R. B., Faterson, H. F., Goodenough, D. R., and Karp, S. A. (1974). *Psychological Differentiation*. Potomac: Lawrence Erlbaum Associates.
Witkin, H. A., and Goodenough, D. R. (1977)."Field dependence and interperson-

Conversing across cultural ideologies: East-West communication styles in work and non-work contexts, Unpublished manuscript, University of Southern California.

Sastry, J., and Ross, C. E. (1998). "Asian ethnicity and the sense of personal control." *Social Psychology Quarterly 61*, 101-120.

Saul, J. R. (1992). *Voltaire's Bastards: The Dictatorship of Reason in the West.* New York: Random House.

Shih, H. (1919). *Chung-kuo che-hsueh shi ta-kang (An Outline of the History of Chinese Philosophy)*. Shanghai: Commercial Press.

Shore, B. (1996).*Culture in Mind: Cognition, Culture and the Problem of Meaning.* New York: Oxford University Press.

Shweder, R., Balle-Jensen, L., and Goldstein, W. (in press)."Who sleeps by whom revisited: A method for extracting the moral goods implicit in praxis." In P. J. Miller, J. J. Goodnow and F. Kessell, eds., *Cultural Practices as Contexts for Development.* San Francisco: Jossey-Bass.

Simons, D. J., and Levin, D. T. (1997). "Change blindness." *Trends in Cognitive Sciences 1*, 261-267.

Sloman, S.(1996)."The empirical case for two systems of reasoning."*Psychological Bulletin 119*, 30-22.

Smith, L. B., Jones, S. S., Landau, B., Gershkoff-Stowe, L., and Samuelson, L. (2002). "Object name learning provides on-the-job training for attention." *Psychological Science 13*, 13-19.

Sowell, T., ed. (1978). *Essays and Data on American Ethnic Groups.* New York: The Urban Institute.

Stevenson, H. W., and Lee, S. (1996). "The academic achievement of Chinese students." In M. H. Bond, cd., *The Handbook of Chinese Psychology* (pp. 124-142). New York: Oxford University Press.

Stevenson, H. W., and Stigler, J. W. (1992). *The Learning Gap: Why Our Schools Are Failing and What We Can Learn from Japanese and Chinese Education.* New York: Summit Books.

Stich, S. (1990). *The Fragmentation of Reason*. Cambridge, MA: MIT Press.

Tardif, T. (1996). "Nouns are not always learned before verbs: Evidence from Mandarin-speakers early vocabularies." *Developmental Psychology 32*, 492-504.

Toulmin, S., and Goodfield, J. (1961). *The Fabric of the Heavens: The Development of Astronomy and Physics.* New York: Harper & Row.

Tönnies, F. (1887/1988). *Community and Society.* New Brunswick, Oxford:

in Japanese and Americans: Passivity, covertness, and effectiveness of strategies." *Journal of Applied Psychology 24*, 1345-1366.

Osherson, D. N., Smith, E. E., Wilkie, O., Lopez, A., and Shafir, E. (1990). "Category-based induction." *Psychological Review 97*, 185-200.

Park, D., Hedden, T., Jing, Q., Shulan, J., Yao, C., and Nisbett, R. E. (2002). Culture and the aging mind. Unpublished manuscript, University of Michigan, Ann Arbor, MI.

Peng, K. (1997). Naive dialecticism and its effects on reasoning and judgment about contradiction. Unpublished Ph.D. thesis, University of Michigan, Ann Arbor, MI.

Peng, K. (2001). "Psychology of dialectical thinking." In N. J. Smelser and P. B. Baltes, eds., *International Encylopedia of the Social and Behavioral Sciences,* Vol. 6 (pp. 3634-3637). Oxford: Elsevier Science.

Peng, K., Keltner, D., and Morikawa, S. (2002). Culture and judgment of facial expression. Unpublished manuscript, University of California, Berkeley.

Peng, K., and Knowles, E. (in press). "Culture, ethnicity and the attribution of physical causality." *Personality and Social Psychology Bulletin.*

Peng, K., and Nisbett, R. E. (1999). "Culture, dialectics, and reasoning about contradiction." *American Psychologist 54*, 741-754.

Peng, K., and Nisbett, R. E. (2000). Cross-cultural Similarities and Differences in the Understanding of Physical Causality. Unpublished manuscript, University of California, Berkeley.

Peng, K., Nisbett, R. E., and Wong, N. (1997). "Validity problems of cross-cultural value comparison and possible solutions." *Psychological Methods 2*, 329-341.

Piedmont, R. L., and Chae, J. H. (1997). "Cross-cultural generalizability of the five-factor model of personality: Development and validation of the NEO-PI-R for Koreans." *Journal of Cross-Cultural Psychology 28*, 131-155.

Riegel, K. F. (1973). "Dialectical operations: The final period of cognitive development." *Human Development 18*, 430-443.

Rosemont, H., Jr. (1991). "Rights-bearing individuals and role-bearing persons." In M. I. Bockover, ed., *Rules, Rituals and Responsibility: Essays Dedicated to Herbert Fingarette*. LaSalle, IL: Open Court Press.

Ross, L. (1977)."The intuitive psychologist and his shortcomings."In L. Berkowitz, ed., *Advances in Experimental Social Psychology,* Vol. 10 (pp. 173-220). New York: Academic Press.

Sanchez-Burks, J., Lee, F., Choi, I., Nisbett, R. E., Zhao, S., and Koo, J. (2002).

University Press.
Mushakoji, K. (1976). "The cultural premises of Japanese diplomacy." In J. C. f. I. Exchange, ed., *The Silent Power: Japan's Identity and World Role*. Tokyo: Simul Press.
Nagashima, N. (1973)."A reversed world: Or is it?" In R. Horton and R. Finnegan, eds., *Modes of Thought*. London: Faber and Faber.
Nakamura, H.(1964/1985).*Ways of Thinking of Eastern Peoples*. Honolulu: University of Hawaii Press.
Nakayama, S. (1969). *A History of Japanese Astronomy*. Cambridge, MA: Harvard University Press.
Needham, J. (1954). *Science and Civilisation in China,* Vol. 1. Cambridge, UK: Cambridge University Press.
Needham, J. (1962). *Science and Civilisation in China: Physics and Physical Technology,* Vol. 4. Cambridge, UK: Cambridge University Press.
Nisbett, R. E. (1992). *Rules for Reasoning*. Hillsdale, NJ: Lawrence Erlbaum.
Nisbett, R. E., Caputo, C., Legant, P., and Maracek, J. (1973). "Behavior as seen by the actor and as seen by the observer." *Journal of Personality and Social Psychology 27*, 154-164.
Nisbett, R. E., Fong, G. T., Lehman, D. R., and Cheng, P. W. (1987). "Teaching reasoning." *Science 238*, 625-631.
Nisbett, R. E., Peng, K., Choi, I., and Norenzayan, A. (2001)."Culture and systems of thought: Holistic vs. analytic cognition." *Psychological Review 108*, 291-310.
Nisbett, R. E., and Ross, L. (1980). *Human Inference: Strategies and Shortcomings of Social Judgment*. Englewood Cliffs, NJ: Prentice-Hall.
Norenzayan, A. (1999). Rule-based and experience-based thinking: The cognitive consequences of intellectual traditions. Unpublished Ph. D. thesis, University of Michigan, Ann Arbor, MI.
Norenzayan, A., Choi, I., and Nisbett, R. E. (2002). "Cultural similarities and differences in social inference: Evidence from behavioral predictions and lay theories of behavior." *Personality and Social Psychology Bulletin 28*, 109-120.
Norenzayan, A., and Kim, B. J. (2002). A cross-cultural comparison of regulatory focus and its effect on the logical consistency of beliefs. Unpublished manuscript, University of British Columbia, Vancouver, B. C.
Norenzayan, A., Smith, E. E., Kim, B. J., and Nisbett, R. E. (in press). "Cultural preferences for formal versus intuitive reasoning." *Cognitive Science*.
Ohbuchi, K. I., and Takahashi, Y. (1994). "Cultural styles of conflict management

Comparing the context sensitivity of Japanese and Americans." *Journal of Personality and Social Psychology 81*, 922-934.

Masuda, T., and Nisbett, R. E. (2002). Change blindness in Japanese and Americans. Unpublished manuscript, University of Michigan, Ann Arbor.

McGuire, W. J. (1967). "Cognitive consistency and attitude change." In M. Fishbein, ed.,*Attitude Theory and Measurement*(pp. 357-365).New York: John Wiley.

McNeil, W. H. (1962). *The Rise of the West: A History of the Human Community.* Chicago: University of Chicago Press.

McRae, R. R., Costa, P. T., and Yik, M. S. M.(1996)."Universal aspects of Chinese personality structure." In M. H. Bond, ed., *The Handbook of Chinese Psychology.* Hong Kong: Oxford University Press.

Meyer, D. E., and Kieras, D. E. (1997). "A computational theory of executive cognitive processes and multiple-task performance: I. Basic mechanisms." *Psychological Review 104*, 3-65.

Miller, J. G. (1984)."Culture and the development of everyday social explanation." *Journal of Personality and Social Psychology 46*, 961-978.

Miller, J. G., and Bersoff, D. M. (1995). "Development in the context of everyday family relationships: Culture, interpersonal morality, and adaptation." In M. Killen and D. Hart, eds., *Morality of Everyday Life: A Developmental Perspective* (pp. 259-282). Cambridge: Cambridge University Press.

Morling, B., Kitayama, S., and Miyamoto, Y. (in press). "Cultural practices emphasize influence in the U.S. and adjustment n Japan." *Personality and Social Psychology Bulletin.*

Morris, M., Leung, K., and Sethi, S. (1999). Person perception in the heat of conflict: Perceptions of opponents' traits and conflict resolution in two cultures: Unpublished manuscript, Stanford University.

Morris, M. W., and Peng, K. (1994). "Culture and cause: American and Chinese attributions for social and physical events." *Journal of Personality and Social Psychology 67*, 949-971.

Moser, D. J. (1996). Abstract thinking and thought in ancient Chinese and early Greek societies. Unpublished Ph.D. thesis, University of Michigan, Ann Arbor.

Mote, F. W. (1971). *Intellectual Foundations of China.* New York: Knopf.

Munro, D. (1985) .Introduction. In D. Munro, ed., *Individualism and Holism: Studies in Confucian and Taoist Values* (pp. 1-34). Ann Arbor: Center for Chinese Studies, University of Michigan.

Munro, D. J. (1969). *The Concept of Man in Early China.* Stanford, CA: Stanford

Unpublished manuscript, University of Michigan, Ann Arbor.
Lambert, W. E., Havelka, J., and Crosby, C. (1958). "The influence of language acquisition contexts on bilingualism." *Journal of Abnormal and Social Psychology 56*, 239-244.
Langer, E. (1975). "The illusion of control." *Journal of Personality and Social Psychology 32*, 311-328.
Lao-Zi. (1993). *The Book of Lao Zi*. Beijing: Foreign Language Press.
Lee, F., Hallahan, M., and Herzog, T. (1996). "Explaining real life events: How culture and domain shape attributions." *Personality and Social Psychology Bulletin 22*, 732-741.
Leung, K. (1987). "Some determinants of reactions to procedural models for conflict resolution: A cross-national study." *Journal of Personality and Social Psychology 53*, 898-908.
Leung, K., Cheung, F. M., Zhang, J. X., Song, W. Z., and Dong, X.(in press). "The five factor model of personality in China."In K. Leung, Y. Kashima, U. Kim, and S. Yamaguchi, eds., *Progress in Asian Social Psychology 1*. Singapore: John Wiley.
Lin, Y. (1936). *My Country and My People*. London: William Heinemann.
Liu, S. H. (1974). "The use of analogy and symbolism in traditional Chinese philosophy." *Journal of Chinese Philosophy 1*, 313-338.
Liu, X. G. (1988). *The Philosophy of Zhung Zi and Its Evolution*. Beijing: The Social Science Press of China.
Lloyd, G. E. R. (1990). *Demystifying Mentalities*. New York: Cambridge University Press.
Lloyd, G. E. R. (1991). "The invention of nature." In G. E. R. Lloyd, ed., *Methods and Problems in Greek Science*. Cambridge: Cambridge University Press.
Logan, R. F. (1986). *The Alphabet Effect*. New York: Morrow.
Lucy, J. A. (1992). *Grammatical Categories and Cognition: A Case Study of the Linguistic Relativity Hypothesis*. New York: Cambridge University Press.
Mao, T.-t. (1937/1962). *Four Essays on Philosophy*. Beijing: People's Press.
Markus, H., and Kitayama, S. (1991a). "Cultural variation in the self-concept." In J. Strauss and G. R. Goethals, eds., *The Self: Interdisciplinary Approaches*. New York: Springer-Verlag.
Markus, H. R., and Kitayama, S. (1991b). "Culture and the self: Implications for cognition, emotion, and motivation." *Psychological Review 98*, 224-253.
Masuda, T., and Nisbett, R. E. (2001). "Attending holistically vs. analytically:

context in different cultures: A cultural look at the New Look. Unpublished manuscript, Kyoto University, Kyoto.

Kitayama, S., Markus, H. R., and Lieberman, C. (1995). "The collective construction of self-esteem: Implications for culture, self, and emotion." In J. Russell, J. Fernandez-Dols, T. Manstead and J. Wellenkamp eds., *Everyday Conceptions of Emotion: An Introduction to the Psychology, Anthropology, and Linguistics of Emotion*. Dordrecht: Kluwer Academic Publishers.

Kitayama, S., Markus, H. R., Matsumoto, H., and Norasakkunit, V. (1997). "Individual and collective processes in the construction of the self: Self-enhancement in the United States and self-depreciation in Japan." *Journal of Personality and Social Psychology 72*, 1245-1267.

Kitayama, S., and Masuda, T. (1997). Cultural psychology of social inference: The correspondence bias in Japan. In K. Kashiwagi, S. Kitayama, and H. Azuma, eds., *Cultural Psychology: Theory and Evidence*. Tokyo: University of Tokyo Press.（北山忍・増田貴彦「社会的認識の文化的媒介モデル——対応性バイアスの文化心理学的検討」　柏木惠子・北山忍・東洋（編）『文化心理学：理論と実証』東京大学出版会）

Kojima, H. (1984). "A significant stride toward the comparative study of control." *American Psychologist 39*, 972-973.

Korzybyski, A. (1933/1994). *Science and Sanity: An Introduction to non-Aristotelian Systems and General Semantics*. Englewood, NJ: Institute of General Semantics.

Krull, D. S., Loy, M., Lin, J., Wang, C.-F., Chen, S., and Zhao, X.(1996).The Fundamental attribution error: Correspondence bias in independent and interdependent cultures. Paper presented at the 13th Congress of the International Association for Cross-Cultural Psychology, Montreal, Quebec, Canada.

Kühnen, U., Hannover, B., Röder, U., Schubert, B., Shah, A. A., and Zakaria, S. (2000). "Cross-cultural variations in identifying embedded figures: Comparisons from the U.S., Germany, Russia and Malaysia." *Journal of Cross-Cultural Psychology 32*, 365-371.

Kühnen, U., Hannover, B., and Schubert, B. (2001). "The semantic-procedural interface model of the self: The role of self-knowledge for context-dependent versus context-independent modes of thinking." *Journal of Personality and Social Psychology 80*, 397-409.

Kühnen, U., and Oyserman, D. (2002). Thinking About the Self Influences Thinking in General: Cognitive Consequences of Salient Self-concept.

Huntington, S. P. (1996). *The clash of Civilizations and the Remaking of World Order*. New York: Simon & Schuster.
Imai, M., and Gentner, D. (1994). "A cross-linguistic study of early word meaning: Universal ontology and linguistic influence." *Cognition 62*, 169-200.
Ip, G. W. M., and Bond, M. H. (1995). "Culture, values, and the spontaneous self-concept." *Asian Journal of Psychology 1*, 29-35.
Iyengar, S. S., and Lepper, M. R. (1999). "Rethinking the role of choice: A cultural perspective on intrinsic motivation."*Journal of Personality and Social Psychology 76*, 349-366.
Iyengar, S. S., Lepper, M. R., and Ross, L. (1999). "Independence from whom? Interdependence from whom? Cultural perspectives on ingroups versus outgroups". In D. A. Prentice and D. T. Miller, eds., *Cultural Divides: Understanding and Overcoming Group Conflict*. New York: Russell Sage Foundation.
Ji, L., Peng, K., and Nisbett, R. E. (2000). "Culture, control, and perception of relationships in the environment." *Journal of Personality and Social Psychology 78*, 943-955.
Ji, L., Schwarz, N., and Nisbett, R. E. (2000). "Culture, autobiographical memory, and social comparison: Measurement issues in cross-cultural studies." *Personality and Social Psychology Bulletin 26*, 585-593.
Ji, L., Su, Y., and Nisbett, R. E. (2001). "Culture, prediction, and change." *Psychological Science 12*, 450-456.
Ji, L., Zhang, Z., and Nisbett, R. E. (2002). Culture, language and categorization. Unpublished manuscript, Queens University, Kingston, Ontario.
Jones, E. E., and Harris, V. A. (1967). "The attribution of attitudes." *Journal of Experimental Social Psychology 3*, 1-24.
Kaplan, R. D. (2001, December). "Looking the world in the eye." *Atlantic Monthly*, 68-82.
Kim, H. (in press). "We talk, therefore we think? A cultural analysis of the effect of talking on thinking". *Journal of Personality and Social Psychology*.
Kim, H., and Markus, H. R. (1999). "Deviance or uniqueness, harmony or conformity?: A cultural analysis." *Journal of Personality and Social Psychology 77*, 785-800.
King, A. Y.-c. (1991). "Kuan-hsi and network building: A sociological interpretation." *Daedelus 120*, 60-84.
Kitayama, S., Duffy, S., and Kawamura, T. (2003). Perceiving an object in its

school." *Language in Society 11*, 49-79.
Hedden, T., Ji, L., Jing, Q., Jiao, S., Yao, C., Nisbett, R. E., and Park, D. C. (2000). Culture and age differences in recognition memory for social dimensions. Paper presented at the Cognitive Aging Conference, Atlanta.
Hedden, T., Park, D. C., Nisbett, R. E., Ji, L., Jing, Q., and Jiao, S. (2002). "Cultural variation in verbal versus spatial neuropsychological function across the lifespan." *Neuropsychology 16*, 65-73.
Heine, S. J., Kitayama, S., Lehman, D. R., Takata, T., Ide, E., Leung, C., and Matsumoto, H. (2001). "Divergent consequences of success and failure in Japan and North America: An investigation of self-improving motivation." *Journal of Personality and Social Psychology 81*, 599-615.
Heine, S. J., and Lehman, D. R. (1997). Acculturation and self-esteem change: Evidence for a Western cultural foundation in the construct of self-esteem. Paper presented at the second meeting of the Asian Association of Social Psychology, Kyoto, Japan.
Heine, S. J., Lehman, D. R., Markus, H. R., and Kitayama, S. (1999). "Is there a universal need for positive self-regard?" *Psychological Review 106*, 766-794.
Heine, S. J., Lehman, D. R., Peng, K., and Greenholtz, J. (2002). What's Wrong with Cross-cultural Comparisons of Subjective Likert Scales?: The Reference Group Effect. Unpublished manuscript, University of British Columbia, Vancouver, B.C..
Herrnstein, R. J., and Murray, C. (1994). *The Bell Curve: Intelligence and Class Structure in American Life*. New York: The Free Press.
Hofstede, G. (1980). *Culture's Consequences: International Differences in Work-related Values*. Beverly Hills: Sage.
Holmberg, D., Markus, H., Herzog, A. R., and Franks, M. (1997). Self-making in American Adults: Content, Structure and Function. Unpublished manuscript, University of Michigan, Ann Arbor.
Hong, Y., Chiu, C., and Kung, T. (1997). "Bringing culture out in front: Effects of cultural meaning system activation on social cognition." In K. Leung, Y. Kashima, U. Kim, and S. Yamaguchi, eds., *Progress in Asian Social Psychology 1*. Singapore: Wiley, 135-146.
Hsu, F. L. K. (1953). *Americans and Chinese: Two Ways of Life*. New York: Schuman.
Hsu, F. L. K. (1981). "The self in cross-cultural perspective". In A. J. Marsella, B. D. Vos, and F. L. K. Hsu, eds., *Culture and Self* (pp. 24-55). London: Tavistock.

Gentner, D. (1982). "Why nouns are learned before verbs: Linguistic relativity vs. natural partitioning." In S. A. Kuczaj, ed., *Language Development: Vol. 2. Language, Thought and Culture*. Hillsdale, NJ: Lawrence Erlbaum.
Gilbert, D. T., and Malone, P. S. (1995). "The correspondence bias." *Psychological Bulletin 117*, 21-38.
Glass, D. C., and Singer, J. E. (1973). "Experimental studies of uncontrollable and unpredictable noise." *Representative Research in Psychology 4*, 165-183.
Goodman, N. (1965). *Fact, Fiction and Forecast* (2nd ed.). Indianapolis: Bobbs-Merrill.
Gopnik, A., and Choi, S. (1990). "Do linguistic differences lead to cognitive differences? A cross-linguistic study of semantic and cognitive development." *First Language 10*, 199-215.
Graham, A. C. (1989). *Disputers of the Tao*. La Salle: Open Court Press.
Greene, L. R. (1973). "Effects of field independence, physical proximity and evaluative feedback, affective reactions and compliance in a dyadic interaction." *Dissertation Abstracts International 34*, 2284-2285.
Gries, P. H., and Peng, K. (2002). "Culture clash? Apologies East and West." *Journal of Contemporary China 11*, 173-178.
Hadingham, E. (1994). "The mummies of Xinjiang." *Discover 15*, 68-77.
Hall, E. T. (1976). *Beyond Culture*. New York: Anchor Books.
Hamilton, E. (1930/1973). *The Greek Way*. New York: Avon.
Hampden-Turner, C., and Trompenaars, A. (1993). *The Seven Cultures of Capitalism: Value Systems for Creating Wealth in the United States, Japan, Germany, France, Britain, Sweden, and the Netherlands*. New York: Doubleday.
Han, J. J., Leichtman, M. D., and Wang, Q. (1998). "Autobiographical memory in Korean, Chinese, and American children." *Developmental Psychology 34*, 701-713.
Han, S., and Shavitt, S. (1994). "Persuasion and culture: Advertising appeals in individualistic and collectivistic societies." *Journal of Experimental Social Psychology 30*, 326-350.
Hansen, C. (1983). *Language and Logic in Ancient China*. Ann Arbor: University of Michigan Press.
Harman, G. (1998-1999). "Moral philosophy meets social psychology: Virtue ethics and the fundamental attribution error." *Proceedings of the Aristotelian Society 1998-99*, pp. 315-331.
Heath, S. B. (1982). "What no bedtime story means: Narrative skills at home and

memory for social vs. neutral and relevant vs. irrelevant incidental stimuli." *Perceptual and Motor Skills 29*, 903-910.

Earley, P. C. (1989). "East meets west meets mideast: Further explorations of collectivistic and individualistic work groups." *Academy of Management Journal 36*, 565-581.

Erdley, C. A., and Dweck, C. S. (1993). "Children's implicit personality theories as predictors of their social judgments." *Child Development 64*, 863-878.

Ervin, S. M., and Osgood, C. E. (1954). "Second language learning and bilingualism." *Journal of Abnormal and Social Psychology 49, Supplement*, 139-146.

Fernald, A., and Morikawa, H. (1993). "Common themes and cultural variations in Japanese and American mothers' speech to infants." *Child Development 64*, 637-656.

Fischhoff, B. (1975). "Hindsight ≠ Foresight: The effect of outcome knowledge on judgment under uncertainty." *Journal of Experimental Psychology: Human Perception and Performance 1*, 288-299.

Fiske, A. P., Kitayama, S., Markus, H. R., and Nisbett, R. E. (1998). "The cultural matrix of social psychology." In D. T. Gilbert, S. T. Fiske and G. Lindzey (eds.), *Handbook of Social Psychology* (4th ed.), pp. 915-981. Boston: McGraw-Hill.

French, H. W. (2000, May 2). "Japan debates culture of covering up." *New York Times*, p. A12.

Fukuyama, F. (1992). *The End of History and the Last Man*. New York: Free Press.

Fung, Y. (1983). *A History of Chinese Philosophy* (D. Bodde, Trans., vol. 1-2). Princeton: Princeton University Press.

Galtung, J. (1981). "Structure, culture, and intellectual style: An essay comparing saxonic, teutonic, gallic and nipponic approaches." *Social Science Information 20*, 817-856.

Gardner, W. L., Gabriel, S., and Lee, A. Y. (1999). "'I' value freedom, but 'we' value relationships: Self-construal priming mirrors cultural differences in judgment." *Psychological Science 10*, 321-326.

Geary, D. C., Salthouse,T. A., Chen, G-P., and Fan, L. (1996). "Are East Asian versus American differences in arithmetical ability a recent phenomenon?" *Developmental Psychology* 32, 254-262.

Gelman, S. A., and Tardif, T. (1998). "A cross-linguistic comparison of generic noun phrases in English and Mandarin." *Cognition 66*, 215-248.

Gentner, D. (1981). "Some interesting differences between nouns and verbs." *Cognition and Brain Theory 4*, 161-178.

Easterners and Westerners. Unpublished manuscript: University of Illinis.
Cohen, R. (1997).*Negotiating Across Cultures: International Communication in an Interdependent world*. Washington, D.C.: United States Institute of Peace Press.
Cole, M., Gay, J., Glick, J. A., and Sharp, D. W. (1971). *The Cultural Context of Learning and Thinking*. New York: Basic Books.
Cole, M., and Scribner, S. (1974). *Culture and Thought: A Psychological Introduction*. New York: Wiley.
Cousins, S. D. (1989). "Culture and self-perception in Japan and the United States." *Journal of Personality and Social Psychology 56*, 124-131.
Cromer, A. (1993). *Uncommon Sense: The Heretical Nature of Science*. New York: Oxford University Press.
Darley, J. M., and Batson, C. D. (1973). "From Jerusalem to Jericho: A study of situational and dispositional variables in helping behavior." *Journal of Personality and Social Psychology 27*, 100-119.
Dershowitz, Z. (1971). "Jewish subcultural patterns and psychological differentiation." *International Journal of Psychology 6*, 223-231.
Diamond, J. (1997). *Guns, Germs, and Steel: The Fates of Human Societies*. New York:Norton.
Dien, D. S.-f. (1997). *Confucianism and Cultural Psychology: Comparing the Chinese and the Japanese*. Hayward, CA: California State University.
Dien, D. S.-f. (1999). "Chinese authority-directed orientation and Japanese peer-group orientation: Questioning the notion of collectivism." *Review of General Psychology 3*, 372-385.
Disheng, Y. (1990-91). "China's traditional mode of thought and science: A critique of the theory that China's traditional thought was primitive thought." *Chinese Studies in Philosophy*, Winter, 43-62.
Doi, L. T. (1971/1981). *The Anatomy of Dependence* (2nd ed.). Tokyo: Kodansha.（土居健郎『「甘え」の構造』講談社）
Doi, L. T. (1974). "*Amae*: A key concept for understanding Japanese personality structure.ŧ In R. J. Smith and R. K. Beardsley (eds.), *Japanese Culture: Its Development and Characteristics*. Chicago: Aldine.
Doris, J. M. (2002). *Lack of Character: Personality and Moral Behavior*. New York: Cambridge University Press.
Dyson, F. J. (1998, May 28). "Is God in the lab?" *New York Review of Books*, pp. 8-10.
Eagle, M., Goldberger, L., and Breitman, M. (1969). "Field dependence and

Journal of Consumer Research 27, 157-178.
Cao, C. J. (1982). *Explanation of Zhung Zi*. Beijing: Zhong Hua Publishing House.
Chalfonte, B. L., and Johnson, M. K. (1996). "Feature memory and binding in young and older adults." *Memory and Cognition 24*, 403-416.
Chan, W. T. (1967). "The story of Chinese philosophy." In C. A. Moore (ed.), *The Chinese Mind: Essentials of Chinese Philosophy and Culture*. Honolulu: East-West Center Press.
Chan, W. T. (1967). "Chinese theory and practice, with special reference to humanism." In C. A. Moore (ed.), *The Chinese Mind: Essentials of Chinese Philosophy and Culture*. Honolulu: East-West Center Press.
Cheung, F. M., Leung, K., Fang, R. M., Song, W. Z., Zhang, J. X., and Zhang, J. P. (in press). "Development of the Chinese personality assessment inventory." *Journal of Cross-Cultural Psychology*.
Cheung, F. M., Leung, K., Law, J. S., and Zhang, J. X. (1996). "Indigenous Chinese Personality Constructs." Paper presented at the XXVI International Congress of Psychology, Montreal, Canada.
Chiu, L.-H. (1972). "A cross-cultural comparison of cognitive styles in Chinese and American children." *International Journal of Psychology 7*, 235-242.
Choi, I. (1998). The cultural psychology of surprise: Holistic theories, contradiction, and epistemic curiosity. Unpublished Ph. D. thesis, University of Michigan, Ann Arbor.
Choi, I. (2001). The conflicted culture or who reads fortune-telling? Unpublished manuscript, Seoul National University.
Choi, I., Dalal, R., and Kim-Prieto, C. (2000). Information search in causal attribution: Analytic vs. holistic. Unpublished manuscript, Seoul National University.
Choi, I., and Nisbett, R. E. (1998). "Situational salience and cultural differences in the correspondence bias and in the actor-observer bias." *Personality and Social Psychology Bulletin 24*, 949-960.
Choi, I., and Nisbett, R. E. (2000). "The cultural psychology of surprise: Holistic theories and recognition of contradiction." *Journal of Personality and Social Psychology 79*, 890-905.
Choi, I., Nisbett, R. E., and Smith, E. E. (1997). "Culture, categorization and inductive reasoning." *Cognition 65*, 15-32.
Cohen, D., and Gunz, A. (2002). As seen by the other...: The self from the "outside in" and the "inside out" in the memories and emotional perceptions of

引用文献

Abelson, R. P. (1995). *Statistics as Principled Argument.* Hillsdale, NJ: Lawrence Erlbaum.

Allen, S. W., and Brooks, L. R. (1991). Specializing in the operation of an explicit rule. *Journal of Experimental Social Psychology, General, 120,* 3-19.

Atran, S. (1998). "Folk biology and the anthropology of science: Cognitive universals and cultural particulars." *Behavioral and Brain Sciences 21,* 547-569.

Azuma, H. (1994). *Education and Socialization in Japan.* Tokyo: University of Tokyo Press.（東洋『日本人のしつけと教育：発達の日米比較にもとづいて』東京大学出版会）

Bagozzi, R. P., Wong, N., and Yi, Y. (1999). "The role of culture and gender in the relationship between positive and negative affect." *Cognition and Emotion 13,* 641-672.

Barry, H., Child, I., and Bacon, M.(1959). Relation of child training to subsistence economy. *American Anthropologist 61,* 51-63.

Basseches, M. (1980)."Dialectical schemata: A framework for the empirical study of the development of dialectical thinking." *Human Development 23,* 400-421.

Basseches, M. (1984). *Dialectical Thinking and Adult Development.* New Jersey: Ablex.

Becker, C. B. (1986). "Reasons for the lack of argumentation and debate in the Far East." *International Journal of Intercultural Relations 10,* 75-92.

Bellah, R. (1957/1985). *Tokagawa Religion: The Cultural Roots of Modern Japan.* New York: Free Press.

Berry, J. W. (1976). *Human Ecology and Cognitive Style: Comparative Studies in Cultural and Psychological Adaptation.* New York: Sage/Halsted.

Berry, J. W., and Annis, R. C. (1974). "Ecology, culture and differentiation." *International Journal of Psychology 9,* 173-193.

Bond, M. H., and Cheung, T. S. (1983). "College students' spontaneous self-concept: The effect of culture among respondents in Hong Kong, Japan, and the United States." *Journal of Cross-Cultural Psychology 14,* 153-171.

Borges, J. L. (1966). *Other Inquisitions 1937-1952.* New York: Washington Square Press.

Briley, D. A., Morris, M., and Simonson, I. (2000)."Reasons as carriers of culture: Dynamic vs. dispositional models of cultural influence on decision making."

ヤ 行

ラ 行

ワ 行

タ 行

ナ 行

サ 行

索 引

ア 行

カ 行

[著者]

リチャード・E・ニスベット（Richard E. Nisbett）

エール大学助教授、ミシガン大学准教授を経て、現在ミシガン大学心理学教授（セオドア・M・ニューカム冠教授）。アメリカ心理学会科学功労賞、アメリカ心理学協会ウィリアム・ジェームズ賞、グッゲンハイム・フェローシップ受賞。2002年、同世代の社会心理学者として初めて全米科学アカデミー会員に選ばれる。『Culture of Honor（名誉の文化）』（共著）をはじめ、著書、論文多数。ミシガン州アナーバー在住。

[訳者]

村本由紀子（むらもと・ゆきこ）

1999年、東京大学大学院人文社会系研究科博士課程修了。博士（社会心理学）。スタンフォード大学客員研究員、京都大学助手、岡山大学助教授を経て、現在、横浜国立大学経営学部助教授。専門は社会心理学・文化心理学。主な著書に、箕浦康子編『フィールドワークの技法と実際』（共著、ミネルヴァ書房）、山口勧編『社会心理学：アジアからのアプローチ』（共著、東京大学出版会）ほか。

木を見る西洋人 森を見る東洋人——思考の違いはいかにして生まれるか

2004年6月10日　第1刷発行
2010年10月6日　第9刷発行

著　者——リチャード・E・ニスベット
訳　者——村本由紀子
発行所——ダイヤモンド社
〒150-8409　東京都渋谷区神宮前6-12-17
http://www.diamond.co.jp/
電話／03·5778·7232（編集）　03·5778·7240（販売）
装丁————重原隆
製作進行——ダイヤモンド・グラフィック社
DTP————インタラクティブ
印刷————慶昌堂印刷
製本————本間製本
編集担当——中嶋秀喜

ISBN 4-478-91018-9